活页式

高等职业教育校企合作新形态系列教材——城市轨道交通类

# 城市轨道交通车辆机械（第2版）

主　编○彭建武　张桥平
副主编○刘　畅　王东升　周志刚
参　编○杨乐乐　唐明清

西南交通大学出版社
·成都·

图书在版编目（CIP）数据

城市轨道交通车辆机械 / 彭建武，张桥平主编. —2版. —成都：西南交通大学出版社，2021.6
高等职业教育校企合作新形态系列教材. 城市轨道交通类
ISBN 978-7-5643-8059-5

Ⅰ. ①城… Ⅱ. ①彭… ②张… Ⅲ. ①城市铁路－铁路车辆－机械设备－高等职业教育－教材 Ⅳ. ①U270.3

中国版本图书馆 CIP 数据核字（2021）第 114614 号

高等职业教育校企合作新形态系列教材——城市轨道交通类
Chengshi Guidao Jiaotong Cheliang Jixie
**城市轨道交通车辆机械**（第 2 版）

主　编 / 彭建武　张桥平
责任编辑 / 李晓辉
封面设计 / 何东琳设计工作室

西南交通大学出版社出版发行
（四川省成都市金牛区二环路北一段 111 号西南交通大学创新大厦 21 楼　610031）
发行部电话：028-87600564　028-87600533
网址：http://www.xnjdcbs.com
印刷：四川玖艺呈现印刷有限公司

成品尺寸　185 mm × 260 mm
印张　14.5　　字数　254 千
版次　2012 年 8 月第 1 版　　2021 年 6 月第 2 版　　印次　2021 年 6 月第 6 次

书号　ISBN 978-7-5643-8059-5
定价　48.00 元

课件咨询电话：028-81435775

# 第 1 版前言

日前，我国正在经历着有史以来规模最大的城市轨道交通建设。城市轨道交通的高速发展，对城市轨道交通专业人才有着巨大的需求，为了配合职业教育城市轨道交通专业的教学，推动职业教育城市轨道交通教材建设，培养符合企业实际需求的应用型、综合性人才，我校组织了轨道交通专业部分有经验的专业教师编写了此套教材——城市轨道交通职业教育系列教材。

轨道交通车辆是城市轨道交通系统中最重要、最关键的设备，也是技术含量很高的综合性机电产品，涉及机械、电气、控制、材料等多门学科。我国城市轨道交通尚处于发展的初期阶段，各地城轨车辆如雨后春笋般不断涌现。车辆的新技术、新结构层出不穷。为了更好地反映我国城轨车辆结构和技术的特点，本书在编写中引用了广州、深圳、南京、武汉及成都等地铁公司的资料，在此表示衷心感谢。

本书共七章，深入浅出地介绍了城市轨道车辆各部分的构造和原理，采用了大量形象生动的工作原理图和照片，以期帮助学生对车辆各部结构、原理的认识与理解。本书内容包括城市轨道交通车辆基本知识、车体、车辆设备及其布置、车门、转向架、车辆连接装置以及空调装置。

本书作为城市轨道交通专业驾驶、检修方向教材，编写中融入了“基础理论适度、强化基础及共性的知识、专业针对性强、以培养能力为主、反映本学科技术科学领域的现状及发展”的指导思想。

本书可作为职业院校城市轨道交通专业的教学用书，同时，还可供从事城市轨道交通车辆专业工作的广大技术人员学习参考。

由于编者水平有限，加之时间仓促，书中难免有疏漏、失误之处，恳请读者给予批评指正。

编　者

2018.5

# 第 2 版前言

2019 年，教育部先后印发《国家职业教育改革实施方案》《关于组织开展“十三五”职业教育国家规划教材建设工作的通知》《职业院校教材管理办法》，明确提出职业教育要突出职业教育的类型特点，统筹推进教师、教材、教法改革，深化产教融合、校企合作，推动校企“双元”合作开发教材。倡导使用新型活页式、工作手册式教材并配套开发信息化资源。每三年修订一次教材，其中专业教材随信息技术发展和产业升级情况及时动态更新，本教材正是按照此要求在原教材的基础上进行改版编写的。

本书以《高等职业学校专业教学标准》为指导，以培养应用型人才为目的。结合立德树人，促进全面发展；就业导向，明确规格定位；工学结合，注重知行合一；科学性、可行性，突出先进性、引领性等为目标。组织本校该专业的骨干老师对原有教材不适应轨道交通车辆新技术、新材料、新工艺、新结构等方面的内容进行了修改和补充。以期更好的贴近现场实际，更好地为学生和现场服务。

本书共分七章，深入浅出地介绍了城市轨道车辆各部分的构造和原理，采用了大量形象生动的工作原理图和照片，以期帮助学生对车辆各部结构、原理的认识与理解。本书内容包括城市轨道交通车辆基本知识、车体、车辆设备及其布置、车门、转向架、车辆连接装置以及空调装置。

本书作为城市轨道交通专业驾驶、检修方向教材，编写指导思想是：基础理论适度、强化基础及共性的知识、专业针对性强、以培养能力为主、反映本学科技术科学领域的现状及发展。本书可作为职业院校城市轨道交通专业的教学用书，同时，还可供从事城市轨道交通车辆专业工作的广大科技人员学习参考。

本书具有以下特点：

1. 采用新型活页式教材形式，配套有丰富的数字化资源，方便实现线上线下互动教学。
2. 以职业技能等级标准为依据设计教材框架和内容，将新知识、新技术以案例形式引入教学。
3. 配套有丰富的数字化资源，如微课、动画、仿真、习题答案等。这些资源均可通过扫描书中相应位置的二维码或登录“轨道在线”超媒体数字教育平台进行学习。
4. 采用新型活页式教材形式，加入二维码，充分体现了“互联网+职业教育”的新要求。
5. 教材装帧精美，版式新颖。

编　者

2021.2

# 目录

# 第一章　城市轨道交通概要

## 第一节　城市轨道交通的类型

### 一、城市轨道交通的定义

在中国国家标准《城市公共交通常用名词术语》中，城市轨道交通是指以电能为动力，采取轮轨运转方式的快速大运量公共交通的总称。这个定义涵盖了三方面内容：

（1）城市内或郊区的公共客运交通。

（2）以电力牵引、轨道运输方式为主要技术特征。

（3）单位时间内客运量大、旅行速度高的客运服务系统。

一个国家、一个城市的活力很大程度体现在它的公共交通运营质量上，如果说发达的高速铁路和航空网是一个国家现代化的标志，那么发达的城市轨道交通网络就是一个城市现代化不可缺少的标志。作为一种现代化的交通工具，与城市其他运输系统相比，城市轨道交通以运量大、速度快、能耗低、污染少、安全可靠、准点舒适等不可替代的优势，逐步发展成为城市公共客运体系中的骨干运输系统。

### 二、城市轨道交通的分类

自 1863 年世界上第一条地下铁路在英国伦敦诞生后，经过 150 年左右的发展，当今城市轨道交通的形式呈现多元化发展态势，但因其技术特征的复杂性和各地定义的标准不一，使得各地的轨道交通系统没有统一、规范的分类标准。为此，建设部于 2007 年颁布了《城市公共交通分类标准》（以下简称《标准》），该《标准》将城市轨道交通分为以下几类。

#### （一）地下铁道

地铁（Metro 或 Subway）是一种大运量的轨道交通系统，采用钢轮-钢轨体系，标准轨距 1 435 mm，主要在大城市地下空间修筑的隧道中运行。当条件允许时，也可穿出地面，在地上或高架桥上运行。图 1-1 所示为广州地铁车辆，即在地上运行。

地铁系统的列车编组通常由 4 ~ 8 辆组成，列车长 70 ~ 190 m，要求线路有较长的站台与之相匹配，最高运行速度不应小于 80 km/h。地铁系统的主要标准及特征见表 1-1 所示。

**图 1-1　在地上运行的广州地铁车辆**

**表 1-1　地铁系统的主要标准及特征**

| 项目 | | 标准及特征 | | |
| --- | --- | --- | --- | --- |
| 车辆 | 车型 | A 型 | B 型 | LB 型 |
| | 车辆基本宽度/mm | 3 000 | 2 800 | 2 800 |
| | 车辆基本长度/m | 22.0 | 19.0 | 16.8 |
| | 车辆最大轴重/kN | ≤160 | ≤140 | ≤130 |
| | 列车编组/辆 | 4～8 | 4～8 | 4～8 |
| | 列车长度/m | 100～190 | 80～160 | 70～140 |
| 线路 | 类型 | 地下、高架及地面，全封闭型 | | |
| | 线路半径/m | ≥300 | ≥250 | ≥100 |
| | 线路坡度/‰ | ≤35 | ≤35 | ≤60 |
| 客运能力/（万人·次/h） | | 4.5～7 | 2.5～5 | 2.5～4 |
| 供电电压及方式 | | DC 1 500 V<br>接触网供电 | DC 1 500/750 V<br>接触网或三轨 | DC 1 500/750 V<br>接触网或三轨 |
| 平均运行速度/（km/h） | | ≥35 | | |

注：① 表中客运能力按行车间隔 2 min 和列车额定载客量（站立 6 人/$m^2$）计算。
② 平均运行速度即旅行速度。

地铁具有以下特点：

（1）运量大，速度快。地铁单向运能约为 2.5 ~ 7 万人 · 次/h，最高运行速度≥80 km/h。

（2）路权专用，安全可靠。地铁线路建在地下隧道、高架或全隔离路基上，与其他城市交通线路没有平面交叉，且按信号运行，行车安全性好，可靠性强。

（3）采用电力牵引，双钢轮、钢轨支撑和导向，线路转弯半径大。

（4）投资大、建设周期长。目前，国内地铁造价一般在 5 亿元/km 左右，建设周期为 4～5 年。

（5）虽然建设费用高，但对既有建筑物和市政道路的影响较小，征地拆迁量小，适用于大、中型城市中心区。

## （二）轻　轨

轻轨系统（Light Rail Transit，LRT）是一种中运量的轨道运输系统，采用钢轮-钢轨体系，标准轨距为 1 435 mm，主要在城市地面或高架桥上运行。线路采用地面专用轨道或高架轨道，遇繁华街区，也可进入地下或与地铁接轨。图 1-2 所示为运行在广佛线上的轻轨车辆。

图 1-2　运行在广佛线上的轻轨车辆

轻轨系统的主要标准及特征见表 1-2 所示。

表 1-2　轻轨系统的主要标准及特征

| 项　目 | | 标准及特征 | | |
|---|---|---|---|---|
| 车辆 | 车　型 | C-Ⅰ型单节四轴车 | C-Ⅱ型单铰双节六轴车 | C-Ⅲ型双铰三节八轴车 |
| | 车辆基本宽度/mm | 2 600 | 2 600 | 2 600 |
| | 车辆基本长度/m | 18.9 | 22.3 | 30.4 |
| | 车辆最大轴重/kN | 110 | 110 | 110 |
| | 列车编组/辆 | 1～3 | 1～3 | 1～3 |
| | 列车长度/m | 20～60 | 25～70 | 35～90 |
| 线路 | 类　型 | 高架、地面或地下，封闭或专用车道 | | |
| | 线路半径/m | ≥50 | ≥50 | ≥50 |
| | 线路坡度/‰ | ≤60 | ≤60 | ≤60 |
| 客运能力/（万人·次/h） | | 1～3 | 1～3 | 1～3 |
| 供电电压及方式 | | DC 750 V/1 500 V 接触网或三轨 | DC 750 V /1 500 V 接触网或三轨 | DC 750 V/1 500 V 接触网或三轨 |
| 平均运行速度/（km/h） | | 25～35 | | |

轻轨具有以下特点：

（1）中等运量。单向运输能力约为 1 ~ 3 万人 · 次/h，最高运行速度 60 ~ 80 km/h。

（2）路权专用，但有的线路与公路有平交道口。在平交道口，轻轨享有优先通过权。

（3）采用电力牵引，双钢轮、钢轨支撑和导向，线路转弯半径大。

（4）建设周期和费用相对地铁较低。造价一般为 3 ~ 4 亿元/km，约为地铁的 3/4 ~ 4/5；建设周期为 2 ~ 3 年，约为地铁的 1/2。

（5）线路布置灵活。轻轨在城市中心可用高架或地下线，郊区用地面线；可以立交，也可以平交；如果条件适当，郊区地面线甚至可以和汽车共道，变成有轨电车的形式。

## （三）单轨系统

单轨系统是一种车辆与特制轨道梁组合成一体运行的中运量轨道运输系统，轨道梁不仅是车辆的承重结构，同时也是车辆运行的导向轨道。单轨系统的类型主要有以下两种：

（1）车辆跨骑在单片梁上运行的方式，称为跨座式单轨系统，如图 1-3 所示。

（2）车辆悬挂在单根梁上运行的方式，称为悬挂式单轨系统，如图 1-4 所示。

**图 1-3　跨座式单轨系统**

**图 1-4　悬挂式单轨系统**

单轨系统的主要标准及特征见表 1-3 所示。

**表 1-3　单轨系统的主要标准及特征**

| 项　目 | | 标准及特征 | |
|---|---|---|---|
| 车辆 | 车　型 | 跨座式 | 悬挂式 |
| | 车辆基本宽度/mm | 3 000 | — |
| | 车辆基本长度/m | 15.0 | — |
| | 车辆最大轴重/kN | 110 | — |
| | 列车编组/辆 | 4～6 | — |
| | 列车长度/m | 60～85 | — |

续表

| 项　目 | | 标准及特征 | |
|---|---|---|---|
| 线路 | 类　型 | 封闭 | 高架 |
| | 线路半径/m | ≥50 | |
| | 线路坡度/‰ | ≤60 | |
| 客运能力/（万人·次/h） | | 1～3 | — |
| 供电电压及方式 | | DC 750 V/1 500 V | 接触轨 |
| 平均运行速度/（km/h） | | 30～35 | ≥20 |

单轨具有以下特点：

（1）中等运量。单向运输能力约为 1 ~ 3 万人 · 次/h，最高运行速度 60 ~ 80 km/h。

（2）路权专用，安全可靠。

（3）采用电力牵引，单一轨道梁支撑，橡胶轮胎导向，噪声小、振动小，但运行阻力大、能耗大，有轻度的橡胶粉尘污染。

（4）建设费用和周期相对较低，其造价和建设周期与轻轨相近。

（5）道岔结构复杂，转换时间较长。

## （四）现代有轨电车

现代有轨电车（Tram 或 Streetcar）又称路面电车，是以电力牵引、轮轨导向、单辆或两辆编组运行在城市道路上的低运量的轨道交通系统。

传统有轨电车走行方式与轻轨地铁类似，如图 1-5 所示；新型的现代有轨电车为导轨式胶轮电车，如图 1-6 所示。

图 1-5　传统有轨电车

现代有轨电车具有以下特点：

（1）运量相对较小，速度低。一般使用链接车，根据输送要求可单节运行，也可自由编组运行，单向运输能力约为 0.6 ~ 0.8 万人 · 次/h，最高运行速度为 70 km/h。

图 1-6　现代有轨电车

（2）路权混用，安全性和准点性差。有轨电车与地面其他交通共享路面通行权，在交叉口同样服从信号指挥，无优先权，适用于大、中型城市中心区。

（3）采用电力牵引，钢轮、钢轨导向，橡胶轮胎支撑和牵引。

（4）建设周期短，投资少，运营费用低。现代有轨电车线路造价一般为 0.5～1.5 亿元/km，约为地铁的 1/10，是单轨交通的 1/3，建设周期为 2～3 年。

## （五）自动导向交通

自动导向交通（Automated Guideway Transit，AGT）又称自动旅客输送系统，是一种车辆采用橡胶轮胎在专用轨道上运行的中运量旅客运输系统。列车沿着特制的导向装置行驶，车辆运行和车站管理采用计算机控制，可实现全自动化和无人驾驶技术。通常在繁华市区线路可采用地下隧道，市区边缘或郊区采用高架结构，如图 1-7 所示。

图 1-7　自动导向交通列车

自动导向交通适用于城市机场专用线或城市中客流相对集中地点对点运营线路，必要时中间可设少量中间停靠站。

车辆定员标准按车箱座位数设定，定员约 70～90 人，车辆轴重不超过 9 t，车辆宽度不推荐采用大于 2.6 m 宽的车型。

自动导向交通的主要标准及特征见表 1-4 所示。

**表 1-4　自动导向交通主要标准及特征**

| 项　目 | | 标准及特征 |
|---|---|---|
| 车辆 | 车　型 | 胶轮导向车 |
| | 车辆基本宽度/mm | 2 500～2 600 |
| | 车辆基本长度/m | 7.6～8.6 |
| | 车辆最大轴重/t | 9 |
| | 列车编组/辆 | 2～6 |
| | 列车长度/m | 17.2/52 |
| 线路 | 类　型 | 架空或地下、全封闭型 |
| | 线路半径/m | ≥30 |
| | 线路坡度/‰ | ≤60 |
| 客运能力/（万人·次/h） | | 1.5～3 |
| 供电电压及方式 | | DC 750 V/1 500 V<br>三轨供电 |
| 平均运行速度/（km/h） | | ≥25 |

自动导向交通具有以下特点：

（1）中等运量。单向运输能力约为 1.5 ~ 3 万人 · 次/h，最高运行速度为 50 ~ 80 km/h。

（2）路权专用，计算机自动控制运行，属无人驾驶服务类型，安全可靠。

（3）采用电力牵引，轨道混凝土结构，橡胶轮胎导向，噪声小，爬坡能力强。

（4）地下线路投资和建设周期与地铁相近，地上线路与轻轨相近。

## （六）磁悬浮列车

磁悬浮列车（Maglev Train）是一种利用电磁力抗拒地心引力，使车体浮离轨道，并用直线电机牵引的现代轨道交通系统。因此，车辆没有转向架，现行标准轨距为 2 800 mm，主要在高架桥上运行，特殊地段也可在地面或地下隧道中运行。

磁悬浮列车适用于城市人口超过 200 万的特大城市，是重大客流集散区域或城市群市际之间较为理想的直达客运交通，也是中运量轨道运输系统的一种先进技术客运方式，对客运能力 1.5 ~ 3 万人 · 次/h 的中远程交通走廊较为适用。

目前，磁悬浮列车主要有两种基本类型：

（1）高速磁悬浮列车，其最高行车速度可达 500 km/h，如图 1-8 所示。

（2）中低速磁悬浮列车，其最高行车速度可达 100 km/h。

图 1-8　上海磁悬浮列车

1. 高速磁悬浮系统

高速磁悬浮系统的主要技术参数：

车辆长度……………………………………端车 27 m，中间车 24.8 m

车辆宽度……………………………………3 700 mm

车辆高………………………………………4.2 m

车辆的定员标准（一般按座位数来确定）…端车 120 人，中间车 144 人，不考虑站立定员

线路最小半径………………………………不宜 < 350 m

线路坡度……………………………………≤100‰

最高行车速度………………………………≤500 km/h

高速磁悬浮系统由于行车速度很高，通常对于站间距离不小于 30 km 的城市之间远程客运交通较为适宜。

高速磁悬浮系统的列车编组通常由 5 ~ 10 辆组成，列车长度在 130 ~ 260 m，要求线路有较长的站台相匹配。

2. 中低速磁悬浮系统

中低速磁悬浮系统的主要技术参数：

车辆长度……………………………………12 ~ 15 m

车辆宽度……………………………………2 600 mm

车辆高………………………………………3 200 mm

列车载客定员：

4 辆编组…………………………………约 320 ~ 480 人

6 辆编组…………………………………约 480 ~ 720 人

线路半径……………………………………≥50 m

线路坡度……………………………………≤70‰

最高行车速度………………………………≤100 km/h

中低速磁悬浮系统由于行车速度相对较低，对于城市区域内站间距大于 1 km 的中短途客运交通线路较为适宜。

中低速磁悬浮系统的列车编组通常由 4 ~ 10 辆组成，列车长度在 60 ~ 150 m 左右，要求线路有较长的站台相匹配。

磁悬浮列车具有以下特点：

（1）通过磁力支撑起车体，导轨与车体之间不发生摩擦，没有轮轨摩擦关系，所以运行阻力小，突破了传统轮轨列车的速度极限，最高速度可达 500 km/h，有速度高、爬坡能力强、平稳、舒适等优点。

（2）通过直线电机牵引列车运行。直线电机的一个极固定在地面，与导轨一起延伸到远处，另一个极安装在列车上，向电极通交流电后，列车在磁场力作用下沿导轨前行，实现无弓网接触受电、无机械传动牵引运行，因而噪声小、列车机械维护量小。

（3）磁浮系统是 20 世纪一项伟大的发明，它集中展示了电磁悬浮技术、计算机控制技术、信息传输技术、供电技术、材料学、空气动力学等高新技术和学科的应用。

### （七）市域快速轨道系统

市域快速轨道系统是一种大运量的轨道交通系统，客运量可达 20 ~ 45 万人 · 次/日。市域快速轨道系统适用于城市区域内重大经济区之间中长距离的客运交通。市域快速轨道列车，主要在地面或高架桥上运行，必要时也可采用隧道。当采用钢轮-钢轨体系时，标准轨距也为 1 435 mm，由于线路较长，站间距相应较大，必要时可不设中间站，因而可选用最高运行速度在 120 km/h 以上的快速专用车辆，也可选用中低速磁悬浮列车。

## 第二节　城轨交通车辆的类型及组成

城轨车辆是技术含量较高的机电设备，也是城轨交通工程中最关键的设备。其选型和技术参数不仅是界定线路技术标准的基础，也是确定系统运营管理模式和维修方式的基本条件，而且还是系统设备选型和确定设备规模的重要依据。各城市的城轨车辆的结构和性能不尽相同，这与许多因素有关，除城轨车辆提供商的技术背景和设计时考虑问题的角度有所不同以外，还与当时城轨车辆的发展水平及城市运用环境等有很密切的关系，它们都尽可能结合城市各自的特点，满足城市交通客流量大、安全、快速、舒适、美观、节能和环保的要求，具有先进性、可靠性和实用性。

### 一、车辆类型

目前，我国城轨交通建设尚处于初始阶段，城轨车辆的提供商较多，各城市的要求也不一样，因此，车辆品种较多，规格各异。为有利于我国城轨车辆制造、运营、维修的良性发展，车辆类型的规范化及主要技术规格的统一是十分必要的。建设部于 1999 年颁布的《城市快速轨道交通工程项目建设标准（试行本）》根据我国各城市对城轨车辆选型的不同要求和城轨车辆的发展现状提出了 A、B、C 型车的概念，它主要是按车体宽度的不同进行分类，其主要技术规格见表 1-5 所示。《地铁车辆通用技术条件》（GB7928—2003）中对用于地铁的运营车辆的技术规格也作出了相应的具体规定。

**表 1-5　各类车型主要的技术规格**

| 序号 | 项目名称 | | A 型车 | B 型车 | C 型车 | | |
|---|---|---|---|---|---|---|---|
| | | | 四轴车 | 四轴车 | 四轴车 | 六轴车 | 八轴车 |
| 1 | 车辆基本长度/m | | 22 | 19 | 18.9 | 22.3 | 29.5 |
| 2 | 车辆基本宽度/m | | 3 | 2.8 | 2.6 | | |
| 3 | 车辆高度(m) | 受流器车/m（加空调/无空调） | 3.8/3.6 | 3.8/3.6 | 3.7/3.25 | | |
| | | 受电弓车/m（落弓高度） | 3.8 | 3.8 | 3.7 | | |
| | | 受电弓工作高度/m | 3.9～5.6 | | | | |
| 4 | 车内净高/m | | 2.10～2.15 | | | | |
| 5 | 地板面高/m | | 1.1 | | 0.95 | | |
| 6 | 车辆定距/m | | 15.7 | 12.6 | 11 | 7.2 | |
| 7 | 固定轴距/m | | 2.2～2.5 | 2.1～2.2 | 1.8～1.9 | | |
| 8 | 车轮直径/m | | 0.840 | | 0.760 | | |
| 9 | 车门数（每侧）/个 | | 5 | 4 | 4 | 4 | 5 |
| 10 | 车门宽度/m | | ≥1.3 | | | | |
| 11 | 车门高度/m | | ≥1.8 | | | | |
| 12 | 定员人数/人 | 单司机室车 | 295 | 230 | 200 | 240 | 315 |
| | | 无司机室车 | 310 | 245 | 210 | 250 | 325 |
| 13 | 车辆轴重/t | | ≤16 | ≤14 | ≤11 | | |
| 14 | 站立人员标准 | 定员/（人/$m^2$） | 6 | | | | |
| | | 超员/（人/$m^2$） | 9 | | | | |
| 15 | 最高运行速度/（km/h） | | ≥80 | | ≥70 | | |
| 16 | 起动平均加速度/（$m/s^2$） | | ≥0.9 | | ≥0.85 | | |
| 17 | 常用制动减速度/（$m/s^2$） | | 1.0 | | 1.1 | | |
| 18 | 紧急制动减速度/（$m/s^2$） | | 1.2 | | 1.3 | | |
| 19 | 噪声[dB(A)] | 司机室内 | ≤80 | | ≤70 | | |
| | | 客室内 | ≤83 | | ≤75 | | |
| | | 车外 | 80～85(站台) | | ≤82 | | |

注：① 车辆详细技术条件，可参照《轻轨交通车辆通用技术条件》（CJ/T5021—95）和《地铁车辆通用技术条件》（GB7928—2003）。

② C 型车未包括低地板车。

各种车型与线路运能的关系见表 1-6 所示。

表 1-6　车型与线路运能的关系

| 线路运能分类 | Ⅰ（高运量） | Ⅱ（大运量） | Ⅲ（中运量） |
|---|---|---|---|
| | （地铁） | （轻轨） | |
| 单向运能/（万人次/h） | 5～7 | 3～5 | 1～3 |
| 适用车型 | A | B（或 A） | C（或 B） |
| 列车最大长度/m | 185 | 140 | 100 |
| 线路形式（市中心区） | 全封闭 | 全封闭 | 半封/全封闭 |
| 最高速度/（km/h） | ≥80 | 80 | 60～80 |
| 旅行速度/（km/h） | 30～40 | 30～40 | 20～30/30～40 |
| 适用城市市区人口规模/万人 | ＞300 | ＞200 | ＞100 |

## 二、车辆组成

城轨车辆类型不同，技术参数不一样，但其基本结构类似，一般城轨车辆由以下几部分组成。

### （一）车　体

车体分有司机室车体和无司机室车体两种。它主要是容纳乘客和司机驾驶（对于有司机室的车辆）的地方，又是安装与连接其他设备和部件的基础。城轨车辆车体均采用整体承载的钢结构或轻金属结构，以达到满足强度、刚度要求的同时最大限度地减轻自重。车体由车顶、底架、端墙、侧墙、车窗、车门等组成。

### （二）转向架

转向架是车辆的走行装置，安装于车体与轨道之间，用来牵引（对动力转向架而言）和引导车辆沿轨道行驶，承受并传递车体与轨道之间的各种载荷并缓和其动力作用，它是保证车辆运行品质的关键部件。一般由构架、轮对轴箱装置、弹簧悬挂装置、制动装置和中央牵引连接装置等组成。城轨车辆转向架有动力转向架和非动力（拖车）转向架之分，动力转向架还装有牵引电机及传动装置。

### （三）车辆连接装置

车辆连接装置包括车钩缓冲装置和贯通道。车钩是连接车辆使其编组成列车，并传递纵向力的一套装置。通常在车钩的后部装设缓冲装置，在车钩传递纵向力时缓和车辆之间的纵向冲击。通过车钩还可将车辆之间的电路和空气管路进行连接。贯通道是车辆与车辆之间的客室连接通道。城轨车辆通常采用密接式车钩和宽体式贯通道。

### （四）制动装置

制动装置是保证列车运行安全所必不可少的装置。不管是动车还是拖车都设有制动装置，它可以保证运行中的列车按需要减速或在规定的距离内停车。城轨车辆制动装置除常规的空气制动装置外，还有再生制动、电阻制动和磁轨制动等先进的装置。

### （五）受流装置

从接触导线（接触网）或导电轨（第三轨）将电流引入列车的装置称为受流装置或受流器。受流装置按其受流方式可分为以下 5 种：

1. 杆形受流器

外形为两根平行杆，上部有两个受电轨（导线），广泛用于城市无轨电车。

2. 弓形受流器

形状如“⏢”，属上部受流，弓可升可降，其接触有一根导线，下面有导轨构成电路，用于城市有轨电车。

3. 侧面受流器

在车顶的侧面受流，又称为“旁弓”，多用于矿山的电力机车上。

4. 轨道式受流器

从底部导电轨受流，又称第三轨受流，空间可得到充分利用，多用于速度较高的隧道列车运行。北京地铁及目前欧美大部分地铁均采用这种受流方式。

5. 受电弓受流器

属上部受流，形状如“∇”，弓可升可降，适用于列车速度较高的干线电力机车上。上海、广州等地铁也采用这种方式。

在受电制式上，目前世界上地铁发展较早的城市大都采用直流 750 V，个别有采用 600 V 的。北京地铁为直流 750 V，上海、广州、深圳地铁均采用直流 1 500 V。直流 1 500 V 与 750 V 比较有以下优点：

（1）可提高牵引电网供电质量，降低地铁迷流数值，增加牵引供电距离，从而可减少牵引变电所数量。

（2）便于地铁线路实现地下、地面和高架的连接。

### （六）车辆设备

车辆设备包括服务于乘客的设备和服务于车辆运行的设备。

（1）服务于乘客的设备有照明、广播、通风、取暖、空调、座椅、吊环、扶手等。

（2）服务于车辆运行的设备一般不占车内空间，吊挂于车底的有：蓄电池箱、斩波器、逆变器、继电器箱、主控制箱、接触器箱、空气压缩机组和储风缸等，安装于车顶的有受电弓等。

### （七）车辆电气系统

车辆电气系统包括车辆上的各种电气设备及其控制电路。按其作用和功能可分为主电路系统、辅助电路系统和电子与控制电路系统 3 个部分。

## 第三节　城轨交通车辆的编组及标识

对于城轨车辆来说，标识是指对车辆及其设备进行标记或编号。为了车辆运用和检修等情况下管理和识别的方便，必须对车辆进行标识。由于城轨车辆仅运行在各城市相对固定的线路上，目前我国没有统一的车辆标识规定，用户和制造商一般参照国外成熟的做法，车辆的标识方法比较类似。

### 一、列车编组

由于城轨车辆采用的动力分散型的组合形式，所以城轨车辆有动车和拖车之分，动车以 M 表示，拖车以 T 表示。同为动车或拖车，由于车载设备不尽相同，为了便于车辆的管理和维护，车辆提供商及运营公司对其车辆又进行了分类。例如：上海地铁车辆一、二号线的车辆分为三类，即：A、B、C 类车（与上述按车体宽度分类的 A、B、C 型车不同）。

A 类车：拖车，一端设有驾驶室。

B 类车：动车，车顶上装有受电弓。

C 类车：动车，车下装有一套空气压缩机组。

广州地铁二、三、四号线均采用了此种分类方法。

城市轨道列车中，动车和拖车通过车钩连接而成的一个相对固定的编组称为一个（动力）单元，一列车可以由一个或几个单元编组而成。

我国地铁列车编组形式为：六辆编组的主要有“三动三拖”和“四动二拖”，四辆编组的主要有“二动二拖”。

列车的编组有以下几种表示方法：

1. 用字母 A、B、C 加车钩表示符来表示

广州地铁一号线每一列车由六节车辆组成，采用“四动二拖”形式，六节车有 A、

B、C 三类车各两辆，编组为：—A*B*C = C*B*A—。A 车为拖车，一端设有驾驶室，车顶上装有受电弓，车下装有一套空气压缩机组。B 车和 C 车均为动车，结构基本相同。广州地铁二号线与一号线基本一样，只是受电弓装于 B 车车顶，而空气压缩机组装于 C 车车底。

上海地铁一、二号线车辆在开通近期为六节编组，也采用“四动二拖”形式，即：—A=B*C=B*C=A—；而远期为八节编组，采用“六动二拖”形式，即：—A=B*C=B*C=B*C=A—。A 车为拖车，一端设有驾驶室。B 车为动车，车顶上装有受电弓。C 车为动车，车下装有一套空气压缩机组。

2. 用动车“M”和拖车“T”加车钩表示符来表示

天津滨海轻轨车辆在开通近期为四节编组，采用“二动二拖”形式，编组为：= Mcp*T = T*Mcp =；而远期为六节车编组，采用“三动三拖”形式，编组为：= Mcp*T = T*M= T*Mcp =。其中，“Mcp”表示带司机室、受电弓的动车，“c”表示司机室，“p”表示受电弓；“M”表示动车。

上述编组表达式中，“—”表示全自动车钩；“=”表示半自动车钩；“*”表示半永久车钩。

车钩的表示符号各地铁公司也不尽相同，例如：武汉地铁用“=”表示半自动车钩，用“—”表示半永久性牵引杆，武汉地铁的编组为：=Tc—M—M—Tc=。

## 二、车辆编号

一般每节城轨车辆都有属于自己的固定编号，但各城轨车辆制造商或运营商的编号方式不一样。下面列举三种车辆编号方法。

第一种编号方法是采用 YYCCT 的编号方法，如图 1-9 所示。

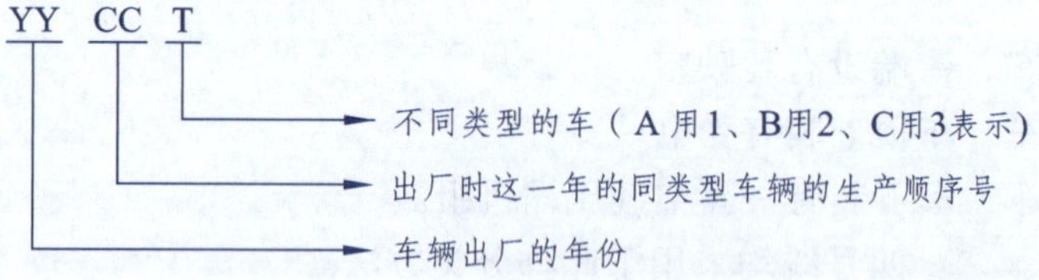


图 1-9 YYCCT 的编号示意图

上海地铁一、二号线车辆的编号由五位数组成，采用 YYCCT 形式。其中 YY 为车辆出厂的年份；CC 为出厂时这一年的同类型车辆的生产顺序号；T 为车辆类型代号，其中“1”为 A 车，“2”为 B 车，“3”为 C 车。例如“92082”为 1992 年出厂的第 8 辆车，其车辆类型为 B 车。目前，上海地铁列车的编组是固定的，编号后的车辆在列车中的编组位置没有变化。

第二种编号方法是广州地铁车辆采用的编号方法，其车辆编码包含信息有：车辆所属线路（一个字母或数字的位置）、车辆类型（A，B 或 C 车）、生产顺序号（同类型车辆的连续编号（2 位数字），不同的车辆类型以新的顺序开始编号）。表 1-7 是广州地铁二号线车辆编号的范例。

表 1-7　广州地铁二号线各编号车辆在列车中的编组情况

| 第 1 列车 | 第 2 列车 | … | 第 26 列车 |
|---|---|---|---|
| 2A43 | 2A45 | … | 2A93 |
| 2B43 | 2B45 | … | 2B93 |
| 2C43 | 2C45 | … | 2C93 |
| 2C44 | 2C46 | … | 2C94 |
| 2B44 | 2B46 | … | 2B94 |
| 2A44 | 2A46 | … | 2A94 |

例如：车辆编号为 2B44，释义如图 1-10 所示。

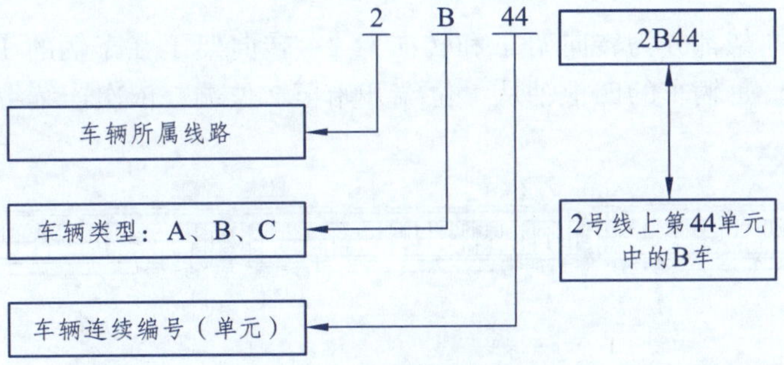


图 1-10　编号 2B44 释义

第三种车辆编号的方法是线路号 + 列车顺序编号 + 车辆顺序编号。

例如：武汉轻轨的车辆编号为 A032，其释义如图 1-11 所示。

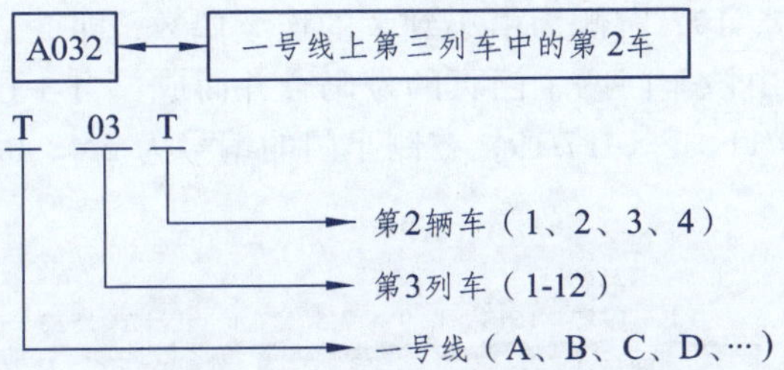


图 1-11　武汉轻轨车辆编号释义

西安地铁也采用此类编号方法，只不过线路号用数字来表示。

## 三、车端、车侧、车门、座位等的标识与定义

目前，国内地铁公司对车辆车端、车侧、车门、座位等的标识定义有很多不同之处，下面以广州地铁二号线和成都地铁一号线为参考，对地铁车辆的方位标识作初步介绍。

### （一）广州地铁二号线车辆的标识方法

1. 车辆车端、车侧的定义

车端：A 车 1 位端是带有全自动车钩的一端（或司机室所在端）；B 车 1 位端是与 A 车连接的一端；C 车 1 位端是与 B 车连接的一端，另一端就是 2 位端。

车侧：人立于车辆的 2 位端，面向 1 位端，则人的右侧就称为该车辆的右侧，人的左侧则称为该车辆的左侧。

2. 列车车侧的定义

列车的车侧的定义与车辆的车侧的定义是不同的。它是以司机为主体，司机坐于列车驾驶端座位上，司机的右侧即为列车的右侧，左侧为列车的左侧。换句话说，是按列车的行驶方向来定义的，这与公路上汽车按行驶方向定义左右侧是相同的。

3. 转向架和轴的编号（见图 1-12）

每辆车的转向架都分为转向架 1 和转向架 2。转向架 1 在车辆的 1 位端，转向架 2 在车辆的 2 位端。每辆车的四根轴从 1 位端开始至 2 位端，依次连续编号轴 1 至轴 4。

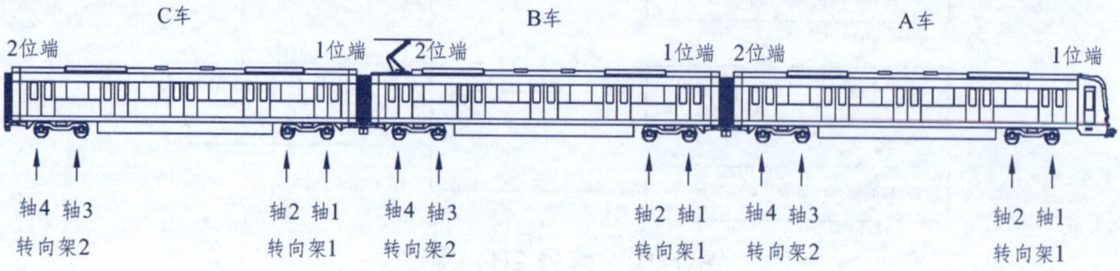


图 1-12　转向架和轴的编号

4. 车门和门页的编号（见图 1-13）

门页的编号：自 1 位端到 2 位端，沿着每辆车的左侧为由小到大的连续奇数，即 1、3、5、7、9、11、…、17、19；右侧为由小到大的连续偶数，即 2、4、6、8、10、12、…、18、20。车门的编号则由该车门两个门页的号码合并而成：自 1 位端到 2 位端，左侧车门的编号为 1/3、5/7、9/11、…、17/19，右侧车门的编号为 2/4、6/8、10/12、…、18/20。

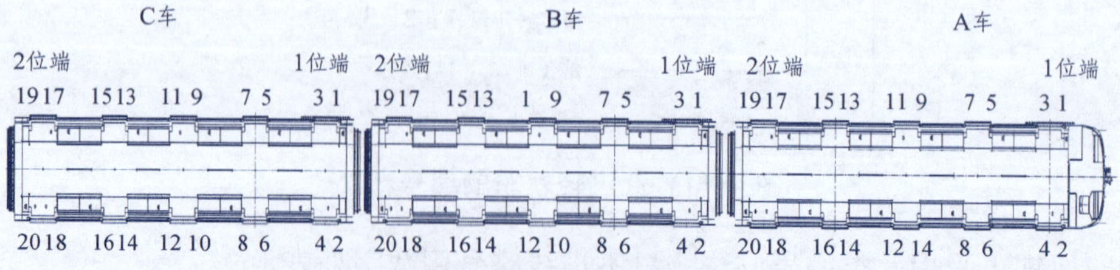


图 1-13　车门的编号

5. 座椅编号（见图 1-14）

每辆车有 8 个座椅纵向排列在车辆内部的两侧。自 1 位端到 2 位端，这些座椅的编号是从 1 ~ 8，左侧是奇数，右侧是偶数。

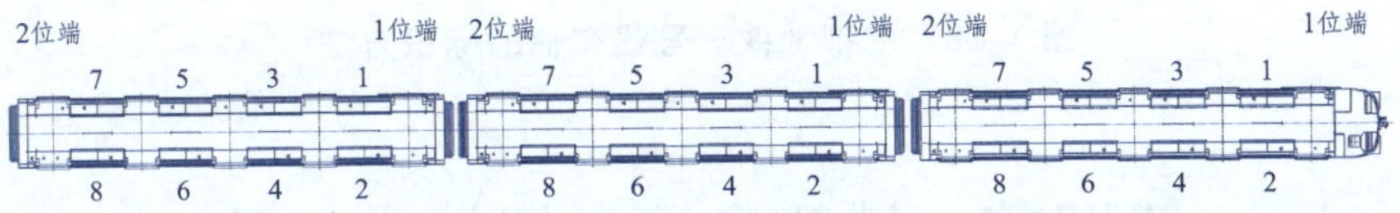


**图 1-14　座椅编号**

6. 空调单元编号

每辆车的车顶安装有两个空调单元，位于 1 位端的空调单元称作空调单元Ⅰ，位于 2 位端的空调单元称作空调单元Ⅱ。

7. 其他编号与标记

车窗、扶手、立柱、吊环、照明灯、指示灯、扬声器等设备也采用同样的编号方法。而车辆的重量、顶车位置、应急设备位置等必须用相关符号或文字在规定位置作出明确的标记。

## （二）成都地铁一号线车辆的标识方法

编组：列车为内部贯通式六辆编组，4M2T。

编组形式为：+Tc—MP—M1—M2—MP—Tc+。

其中，Tc：带司机室拖车；MP：带受电弓的动车；M1、M2：中间动车；+：半自动车钩；—：半永久牵引杆。

对应车辆编组“+Tc—MP—M1—M2—MP—Tc+”的车辆编号为 1、2、3、4、5、6。

对应车辆编组“+Tc—MP—M1—M2—MP—Tc+”的车辆，1（Ⅰ）、2（Ⅱ）位端顺序为+Tc 车（Ⅰ—Ⅱ）—Mp（Ⅰ—Ⅱ）—M1 车（Ⅰ—Ⅱ）—M2 车（Ⅱ—Ⅰ）—Mp（Ⅱ—Ⅰ）—Tc 车（Ⅱ—Ⅰ）+，如图 1-15 所示。

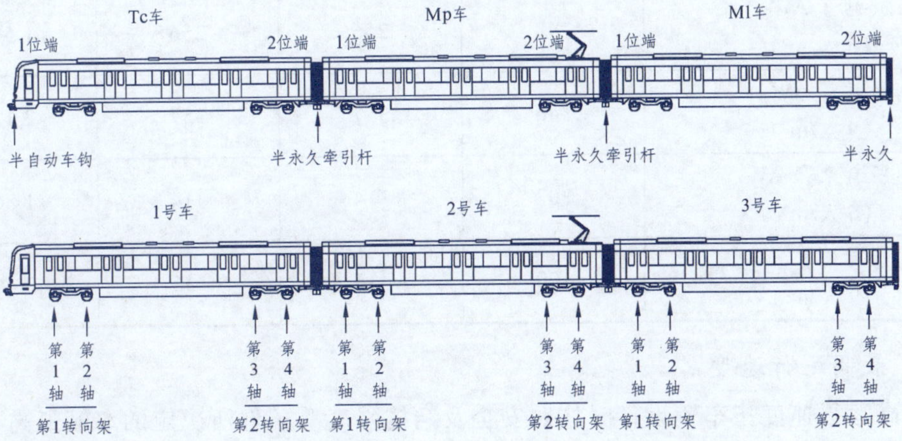

| 车号 | 1 | 2 | 3 | 4 | 5 | 6 |
|---|---|---|---|---|---|---|
| 右侧门 | 1 3 5 7 | 1 3 5 7 | 1 3 5 7 | 8 6 4 2 | 8 6 4 2 | 8 6 4 2 |
| 左侧门 | 2 4 6 8 | 2 4 6 8 | 2 4 6 8 | 7 5 3 1 | 7 5 3 1 | 7 5 3 1 |

车门编号（左偶右奇）

**图 1-15 成都地铁一号线车辆的标识方法**

# 第四节　城轨交通车辆技术参数

## 一、技术参数解析

车辆技术参数是概括介绍车辆技术规格的某些指标，是从总体上表征车辆性能及结构的一些参数，一般可分为性能参数与主要尺寸两大类。

### （一）车辆性能参数

1. 自重、载重

自重指车辆整备状态下的本身结构及设备组成的全部质量，载重指正常情况下车辆允许的最大装载质量，以吨（t）为单位。

城轨车辆的自重加载重：A 型车≤64 t；B 型车≤56 t；C 型车≤44 t。

城轨车辆主要是运输旅客的，因此车辆的载重也可以用载客容量来表示，表示方法见表 1-8 所示（以南京地铁一号线为例）。

**表 1-8　南京地铁一号线载客容量**

| 工况 | A | B | C | 6-车编组 |
|---|---|---|---|---|
| 坐客 $AW_1$ | 54 | 58 | 58 | 340 |
| 站客 $AW_2$（6 人/m²） | 248 | 256 | 256 | 1 520 |
| 站客 $AW_3$（9 人/m²） | 346 | 357 | 357 | 2 120 |
| 所有乘客 $AW_2$（6 人/m²） | 302 | 314 | 314 | 1 860 |
| 所有乘客 $AW_3$（9 人/m²） | 400 | 415 | 415 | 2 460 |

2. 最高运行速度

最高运行速度指车辆设计时按照安全及结构强度等条件所决定的车辆最高行驶速

度，并要求连续以该速度运行时车辆具有足够良好的运行性能。城轨车辆的最高运行速度一般为 80 km/h。

设计/构造速度是实验时的理论速度，设计/构造速度一般大于最高运行速度 10 km/h。

### 3. 轴　重

轴重指按车轴型式及在某个运行速度范围内，车轴允许负担（包括轮对自身的质量）的最大质量。轴重的选择与线路、桥梁及车辆走行部的设计有关。

城轨车辆的轴重为：A 型车≤16 t；B 型车≤14 t；C 型车≤11 t。

### 4. 通过最小曲线半径

通过最小曲线半径指配用某种形式转向架的车辆在站场或厂、段内调车时所能安全通过的最小曲线半径。当车辆在此曲线区段上行驶时不得出现脱轨、倾覆等危及行车安全的事故，也不允许转向架与车体底架或车下其他悬挂物相碰撞。

车辆通过最小曲线半径的大小与车辆的结构有关。

### 5. 制动形式

制动形式指车辆获得制动力的方式，有摩擦制动、再生制动、电阻制动以及磁轨制动等多种形式。

城轨车辆常用制动时的制动优先级别是：再生制动→电阻制动→摩擦制动。

### 6. 起动平均加速度

起动平均加速度是指在平直线路上，列车载荷为额定定员，自牵引电动机取得电流开始，至起动过程结束，该速度的值被全过程经历的时间所除得的商，以 $m/s^2$ 为单位。起动加速度可以反映车辆的起动性能。

### 7. 制动平均减速度

制动平均减速度是指在平直线路上，列车载荷为额定定员，自制动指令发出至列车完全停止的全过程，相应的制动初始速度被全过程经历的时间所除得的商。制动平均减速度可以反映车辆的制动性能。

### 8. 冲击率

冲击率是指由于工况改变引起的列车中各车辆所受到的纵向冲击。在城轨车辆中，主要用于说明车辆电气装置及制动控制系统所应达到的冲动限制。用加速度变化率来衡量，以 $m/s^3$ 为单位。如地铁车辆正常运行（包括起动加速和电制动，紧急制动情况例外）时，纵向冲击率不得超过 1 $m/s^3$。

### 9. 列车平稳性指标

车辆平稳性指标是评定旅客舒适程度的主要依据，反映了车辆振动对人体感受的影响。因此，评定平稳性的方法主要是以人的感觉疲劳程度为依据，通常以平稳性指标表示。我国主要用斯佩林公式来计算平稳性指标 $W$，$W$ 值越大，说明车辆的平稳性越差，并规定地铁、轻轨车辆运行的平稳性指标应 $< 2.5$。

斯佩林公式计算方法：

$$W = 0.896\sqrt[10]{\frac{j^3}{f}F(f)}$$

式中 $j$——振动加速度（$\mathrm{cm/s^2}$）；

$f$——振动频率（Hz）；

$F(f)$——与频率有关的修正公式，反映人体对不同方向和频率振动的敏感度。研究表明，人体对 2 Hz 左右的水平振动很敏感，而对垂直振动 4 ~ 8 Hz 最敏感。

## （二）车辆的主要尺寸

### 1. 车辆长度

车辆长度指车辆处于自由状态，车钩呈锁闭状态时，两端车钩连接面之间的距离。区别于车体长度的概念，车体长度指不包含牵引缓冲装置或折棚的车体结构的长度。

### 2. 车辆最大宽度

车辆最大宽度指车体横断面上最宽部分的尺寸。

### 3. 最大高度

最大高度指车辆顶部最高点与钢轨顶面之间的距离。通常需说明与最高点相关的结构，如有无空调、受电弓的状态等。

### 4. 车辆定距

车辆定距指同一车辆的两转向架回转中心之间的距离。

### 5. 固定轴距

固定轴距指同一转向架的两车轴中心线之间的距离。

### 6. 车钩中心线距离钢轨面高度

车钩中心线距离钢轨面高度简称车钩高，以 $\mathrm{H}_0^{+10}$ 表示，它是指车钩连接面中点（铁路车钩是指钩舌外侧面的中心线）至轨面的高度，取新造或修竣后空车的数值。列车中各车辆的车钩高基本一致，是保证车辆正确连挂、列车运行中正常传递牵引力及不会发生脱钩事故所必需的。A 型车车钩高为 720 mm，B 型车车钩高为 660 mm。

### 7. 地板面高度

地板面高度是指车辆地板面与钢轨顶面之间的距离。地板面高度与车钩高一样，指新造或修竣后空车的数值。它主要受车辆转向架结构的限制，站台的高度要与车辆地板面高度相协调。A 型、B 型车地板高在 1 100 mm 左右。

## 二、广州地铁一号线车辆主要技术参数

### （一）车辆基本设计参数

车辆的总体设计寿命……………………………………………30 年

每辆车的平均轴重………………………………………………≤16 t

牵引电机额定功率………………………………………………190 kW

列车平稳性指标…………………………………………………2.7

最高运行速度……………………………………………………80 km/h

设计/结构速度 ……………………………………………………90 km/h

列车载客容量与车辆重量见表 1-9、表 1-10 所示。

表 1-9 列车载客容量

| 工 况 | 定 义 | 每车乘客数/人 | 列车乘客数/人 |
|---|---|---|---|
| $AW_0$ | 无乘客（空载） | 0 | 0 |
| $AW_1$ | 座客载荷/t | 56 | 336 |
| $AW_2$ | 定员载荷（6 人/$m^2$） | 310 | 1 860 |
| $AW_3$ | 超员载荷（9 人/$m^2$） | 432 | 2 592 |

表 1-10 车辆重量

| 工 况 | 乘客载荷/t | | | 车辆质量/t | | | 列车质量/t |
|---|---|---|---|---|---|---|---|
| | A | B | C | A | B | C | |
| 空载 $AW_0$ | 0 | 0 | 0 | 33 | 36 | 36 | 220 |
| 座客载荷 $AW_1$ | 3.36 | 3.36 | 3.36 | 37.36 | 41.36 | 41.36 | 240.16 |
| 定员载荷 $AW_2$ | 18.60 | 18.60 | 18.60 | 52.60 | 56.60 | 56.60 | 331.60 |
| 超员载荷 $AW_3$ | 25.92 | 25.92 | 25.92 | 59.92 | 63.92 | 63.92 | 375.52 |

注：每名乘客重量按 60 kg 计算。

### （二）车辆主要尺寸

车辆长度（车钩连接面之间）：

A 车…………………………………………………………24.4 m

B、C 车 ……………………………………………………22.8 m

列车长度……………………………………………………140 m

车辆宽度……………………………………………………3.0 m

车辆高度……………………………………………………3.8 m

车辆最高点（含排气口）…………………………………3 860 mm

受电弓工作范围……………………………………………175 ~ 1 600 mm

受电弓最大升起高度………………………………………1 700 mm

轨道至地板面高度（$AW_0$）……………………………$1\ 130^{+15}_{-5}$ mm

转向架中心距………………………………………………15.7 m

转向架固定轴距……………………………………………2 500 mm

车门全开宽度………………………………………………1 400 mm

开、关门时间………………………………………………$3^{+0.5}_{-0.5}$ s

开、关门调整范围…………………………………………1.5 ~ 4 s

贯通通道宽…………………………………………………1 500 mm

窗宽度………………………………………………………1 300 mm

车钩中心线距轨面距离 ……………………………………（720 ± 8）mm

车轮直径：

　　新轮直径………………………………………………840 mm

　　半磨耗轮………………………………………………805 mm

　　磨耗轮…………………………………………………770 mm

轮对内侧距（$AW_0$）……………………………………$1\ 353^{+3}_{-0}$ mm

轮缘厚度……………………………………………………32 mm

## 三、天津滨海轻轨车辆主要技术参数

### （一）主要技术参数

1. 速　度

最高运行速度………………………………………………100 km/h

构造速度……………………………………………………110 km/h

2. 车辆的平稳性指标

车辆的平稳性指标…………………………………………$W \leqslant 2.5$

运行 150 000 km 后，平稳性指标…………………………2.5 ~ 2.75

3. 列车载客容量

列车载客容量如表 1-11 所示。

**表 1-11　列车载客容量**

| 工　况 | 定　义 | 乘客数/人 | | 列车乘客数/人 |
|---|---|---|---|---|
| | | Mcp 车 | T 车 | |
| $AW_0$ | 无乘客（空载） | 0 | 0 | 0 |
| $AW_1$ | 座客载荷/t | 54 | 62 | 232 |
| $AW_2$ | 定员载荷（6 人/$m^2$） | 190 | 210 | 800 |
| $AW_3$ | 超员载荷（9 人/$m^2$） | 240 | 266 | 1 012 |

4. 列车在平直线路上紧急制动距离

对 $AW_0$～$AW_2$ 载荷条件制动距离…………≤350 m（制动初速度为 100 km/h）

对 $AW_3$ 载荷条件制动距离…………………≤370 m（制动初速度为 100 km/h）

5. 列车牵引功率

列车牵引功率 ………………………………2×4×200 kW=1 600 kW

6. 轴　重

轴重…………………………………………≤14 t

7. 车辆重量

车辆重量如表 1-12 所示。

**表 1-12　车辆重量**

| 定　义 | 乘客载荷/t | | 车辆重量/t | | 列车重量/t |
|---|---|---|---|---|---|
| | Mcp | T | Mcp | T | |
| 空载($AW_0$) | 0 | 0 | 36 | 32 | 136 |
| 座客载荷($AW_1$) | 3.24 | 3.72 | 39.24 | 35.72 | 149.92 |
| 定员载荷($AW_2$) | 11.4 | 12.6 | 47.4 | 44.6 | 184 |
| 超员载荷($AW_3$) | 14.40 | 15.96 | 50.40 | 47.96 | 196.72 |

## （二）车辆主要尺寸

车辆长度（车钩连接面之间长度）:

T 车……………………………………………………19 520 mm

Mcp 车（车头前端面距一位转向架中心 3 700 mm）……20 020 mm

编组列车长度…………………………………………79 080 mm

车辆最大宽度…………………………………………2 800 mm

车辆高度（新轮，不含受电弓、空调机组）……………3 700 mm
空调机组最上面距轨面……………………………………3 800 mm
Mcp 车受电弓落弓时高度…………………………………3 820 mm
受电弓工作范围……………………………………………175～1 600 mm
受电弓最大升起高度………………………………………1 700 mm
车辆内中心高度（客室内净空高度）……………………2 100 mm
客室内乘客站立区最小高度………………………………1 850 mm
$AW_0$ 载荷下空气弹簧充气和新轮状态时……………1 100 mm
转向架中心距………………………………………………12 600 mm
转向架固定轴距……………………………………………2 300 mm
转向架非弹簧承载部分最低点离轨面最小距离…………60 mm
车钩中心线距轨面高度 …………………………………（660±10）mm
车轮直径：
新轮………………………………………………………840 mm
半磨耗轮…………………………………………………805 mm
磨耗轮……………………………………………………770 mm
轮对内侧距（在空载情况下） …………………………（1 353±2）mm
客室侧门：
侧门数量…………………………………………………6 对/辆
侧门开宽度………………………………………………1 300 mm
侧门开启时，门槛顶面以上高度………………………1 850 mm
司机室侧门：
侧门净开度………………………………………………560 mm
侧门开启时，门槛顶面以上高度………………………1 850 mm
贯通道：
贯通道宽度………………………………………………1 300 mm
贯通道高度………………………………………………1 900 mm
牵引座安装面距轨面高度………………………………895 mm

## 第五节　地铁、轻轨车辆限界

### 一、车辆限界的概念

限界是限定车辆运行及轨道周围构筑物超越的轮廓线。限界分车辆限界、设备限界和建筑限界三种，是工程建设、管线和设备安装位置等必须遵守的依据。规定限界的目的主要是防止车辆在直线或曲线上运行时与各种建筑物及设备发生接触，以保证车辆安全通行。在设计城轨车辆时，其横断面的形状和尺寸要与隧道或线路所留出的空间相适应，因此对车辆横断面轮廓尺寸必须有一限制。车辆限界就是一个限制车辆横断面最大允许尺寸的轮廓图形。无论空车或重车直线地段运行时，所有突出和悬挂部分都应容纳在限界之内，因此车辆限界是车辆在正常运行状态下形成的最大动态包络线，如图 1-16 所示。

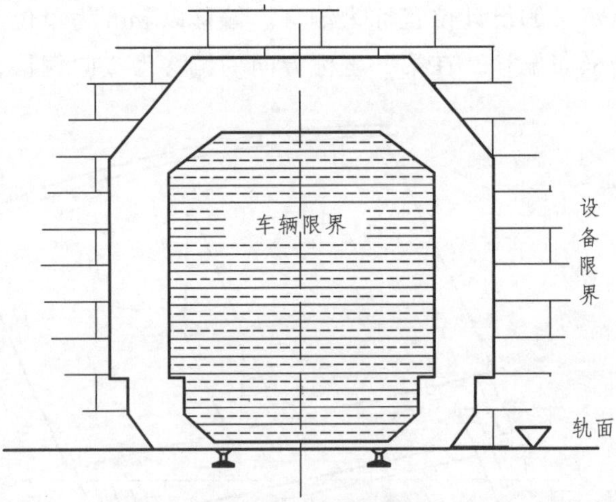


图 1-16　车辆限界

建筑限界和设备限界是建筑物或设备距轨道中心和轨面所允许的最小尺寸所形成的轮廓。车辆限界与建筑和设备限界之间，必须留出一定的、为确保行车安全所需的空间，这个空间考虑了以下因素：

（1）车辆制造公差引起的上下、左右方向的偏移或倾斜。

（2）车辆在名义载荷作用下弹簧受压引起的下沉，以及弹簧由于性能上的误差可能引起的超量偏移或倾斜。

（3）由于各部分磨耗或永久变形而造成的车辆下沉，特别是左右侧不均匀磨耗或变形而引起的车辆倾斜与偏转。

（4）由于轮轨之间以及车辆自身各部分存在的横向间隙而造成车辆与线路间可能形成的偏移。

（5）车辆在走行过程中因运动中力的作用而造成车辆相对线路的偏移。它包括曲线区段运行时实际速度与线路超高所要求的运行速度不一致而引起的车体倾斜，以及车辆在振动中产生的上下、左右各个方向的位移。

（6）线路在列车反复作用下可能产生的变形，包括轨道产生的随机不平顺现象等。

有关限界的名词术语如下：

1. 基准坐标系

基准坐标系是与线路的纵向中心线相垂直的平面内的一个二维直角坐标，该坐标的第一坐标轴与两根钢轨在名义位置且无磨耗时的顶面相切，第二坐标轴垂直于前者，并与左右两根钢轨的名义位置等距离。

2. 偏移及偏移量

在基准坐标系内，车辆横断面上各点因车辆本身原因或线路原因，在运行中离开原来在基准坐标系中所定义的设计位置称为偏移。偏移以 mm 为单位，称为偏移量。在第一坐标方向的偏移为横向偏移，在第二坐标方向的偏移为竖向偏移，如图 1-17 所示。

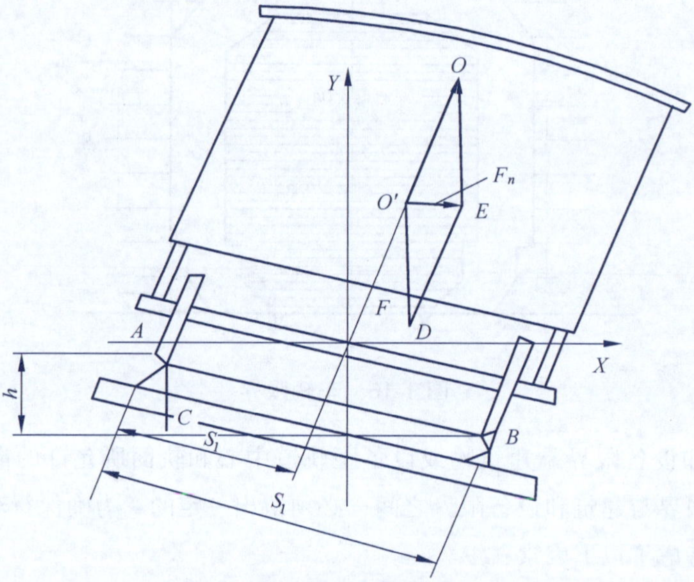


**图 1-17　偏移**

3. 曲线几何偏移量

车辆在曲线上运行时，线路中心线是曲线，车辆纵向中心线是直线，两者不可能完全重合。车辆纵向中心线上各点在水平投影图上偏移线路中心线的距离称为曲线几何偏移，简称曲线偏移。其中，车辆定距以内的车辆纵向中心线上各点向曲线的内侧偏离称为内侧偏移；车辆定距以外的车辆纵向中心线上各点向曲线的外侧偏离称为外侧偏移。据此，车辆在竖曲线上产生的曲线偏移称为竖曲线偏移。

4. 计算车辆

认定具有某一横断面轮廓尺寸和水平投影轮廓尺寸及认定结构的车辆在地铁及轻轨线路上运行，并使用该车辆作为确定车辆限界及设备限界尺寸的依据，这个车辆称为计算车辆。在地铁及轻轨线路上实际运行的新车和旧车只要符合车辆限界及其纳入限界的校核，就能通行无阻，不必与计算车辆取得一致。

## 二、地铁限界

1. 地铁车辆限界

地铁车辆限界是基准坐标系中的一个轮廓线，是车辆在正常运行状态下形成的最大动态包络线。车辆及轨道线路各尺寸在具有最不利公差及磨耗时（包括两次维修期间所发生的尺寸偏差）、车辆在运动中处于最不利位置、涉及了由各要素引起的车辆各部位的统计最大偏移后均应容纳在轮廓内。《地铁设计规范》规定了钢轨钢轮、标准轨距系列的地铁限界，包括车辆限界。直线地段车辆限界分为隧道内车辆限界和高架或地面线车辆限界，后者应在前者的基础上另加当地最大风荷载引起的横向和竖向偏移量。受电弓或受流器限界是车辆限界的组成部分。地铁隧道限界如图 1-18 所示（单位：mm）。

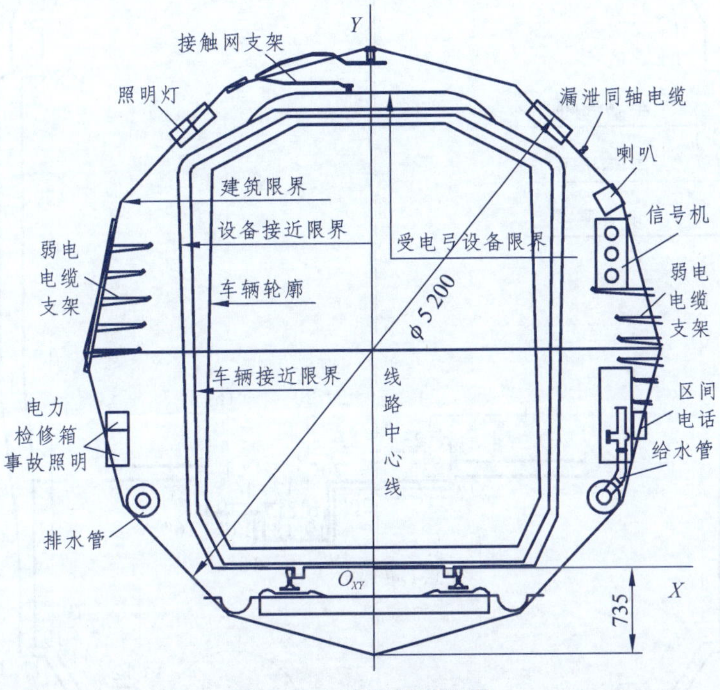


图 1-18 地铁隧道限界

我国最早建成的北京地铁车辆横截面尺寸为 2 650 mm × 3 509 mm（宽 × 高），与莫斯科地铁车辆相仿。1990 年以后，为充分利用限界，增加载客量，将车辆截面扩大为“鼓形”，车体最宽处达到 2 800 mm。这期间新建的上海地铁采用了与香港地铁相近的大型车体，车体的尺寸达到 22 000 mm × 3 000 mm × 3 800 mm（长 × 宽 × 高），这样就有了 A 型、B 型车之分。《地铁设计规范》（GB 50157—2003）对两种车型的车辆限界经计算做了新的界定，其中有接触网受电的 A 型限界（计算车辆车宽 3 m）、接触轨受电的 B1 型限界（计算车辆车宽 2.8 m)和接触网受电的 B2 型限界（计算车辆车宽 2.8 m）三类，适用于运行速度不超过 100 km/h 的地铁工程。运行速度超过 100 km/h 的地铁工程，亦可参照执行。图 1-19 是 A 型车隧道内直线地段车辆轮廓、车辆限界、设备限界图，对应车辆轮廓、车辆限界坐标如表 1-13、表 1-14 所示。A 型车辆设备限界坐标如表 1-15 所示。A 型车高架或地面直线地段的车辆限界和 B1 型、B2 型车的车辆限界参见《地铁设计规范》GB（50157—2003）。

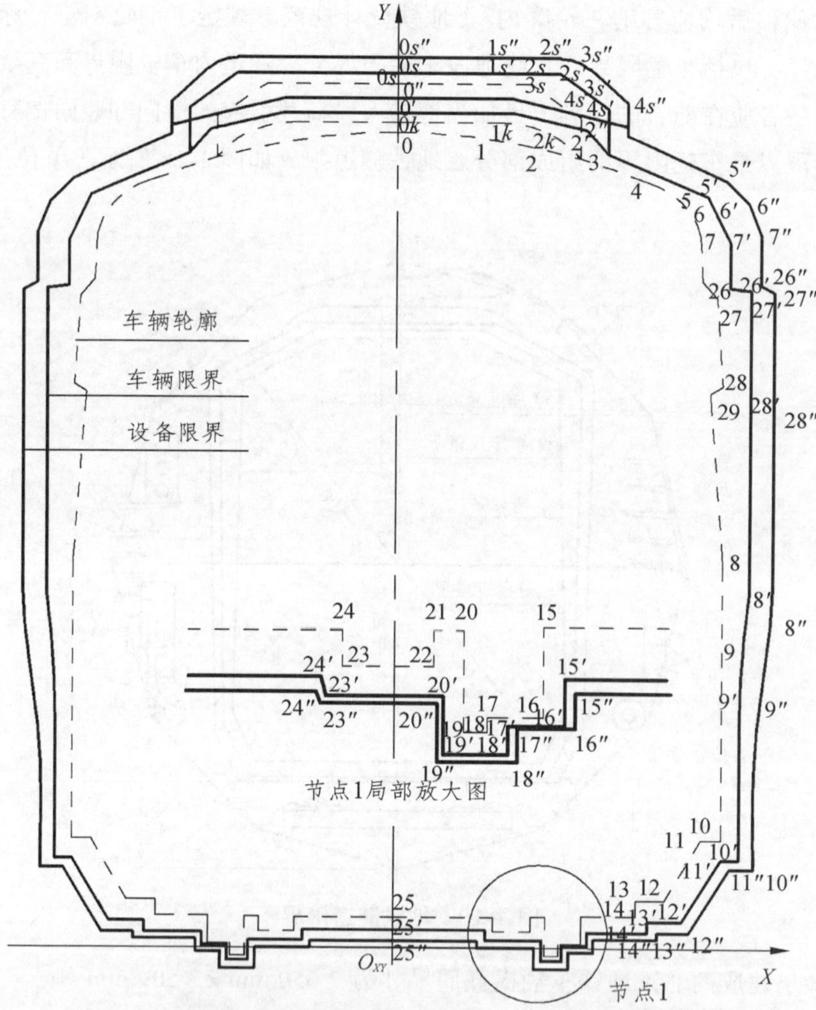


图 1-19　A 型车隧道内直线地段车辆轮廓、车辆限界、设备限界图

表 1-13　A 型车辆轮廓坐标

单位：mm

| 点号 | 0 | 1 | 2 | 3 | 4 | 5 | 6 | 7 | 8 | 9 |
|---|---|---|---|---|---|---|---|---|---|---|
| $X$ | 0 | 250 | 500 | 850 | 1 031 | 1 300 | 1365 | 1 412 | 1 500 | 1 500 |
| $Y$ | 3 800 | 3 790 | 3 759 | 3 677 | 3 623 | 3 504 | 3 416 | 3 313 | 1 800 | 1 130 |

续表

| 点号 | 10 | 11 | 12 | 13 | 14 | 15 | 16 | 17 | 18 | 19 |
|---|---|---|---|---|---|---|---|---|---|---|
| $X$ | 1 500 | 1 400 | 1 250 | 1 120 | 1 120 | 811.5 | 811.5 | 708.5 | 708.5 | 676.5 |
| $Y$ | 520 | 520 | 234 | 234 | 170 | 170 | 0 | 0 | –28 | –28 |
| 点号 | 20 | 21 | 22 | 23 | 24 | 25 | 26 | 27 | 28 | 29 |
| $X$ | 676.5 | 626 | 626 | 450 | 450 | 0 | 1 425 | 1 481 | 1 507 | 1 452 |
| $Y$ | 160 | 160 | 95 | 95 | 160 | 160 | 3 078 | 3 064 | 2 621 | 2 605 |
| 点号 | 0*s* | 1*s* | 2*s* | 3*s* | 4*s* | … | 0*k* | 1*k* | 2*k* | … |
| $X$ | 0 | 325 | 615 | 687 | 850 | … | 0 | 466 | 772 | … |
| $Y$ | 4 040 | 4 040 | 4 022 | 3 992 | 3 856 | … | 3 842 | 3 842 | 3 780 | … |

注：表中第 0～13 点是车体上的控制点；第 13～15 点是转向架上的控制点；第 16、17 点为车轮踏面上的控制点；第 18、19 点为轮缘上的控制点；第 22、23 点为连接在车轴上的齿轮箱点；第 20、21、24、25 点为连接在转向架构架上的车载信号设备的最低点；第 26～29 点为信号灯预留位置；第 0*s*、1*s*、2*s*、3*s*、4*s* 点为隧道内受电弓控制点；第 0*k*、1*k*、2*k* 点是车顶空调器点。

**表 1-14　A 型车辆限界坐标**　　单位：mm

| 点号 | 0′ | 1′ | 2′ | 3′ | 4′ | 5′ | 6′ | 7′ | 8′ | 9′ |
|---|---|---|---|---|---|---|---|---|---|---|
| $X$ | 0 | 525 | 916 | 984 | 1 171 | 1 437 | 1 499 | 1 544 | 1 642 | 1 578 |
| $Y$ | 3 878 | 3 885 | 3 794 | 3 700 | 3 630 | 3 503 | 3 414 | 3 309 | 1 677 | 1 007 |
| 点号 | 10′ | 11′ | 12′ | 13′ | 14′ | 15′ | 16′ | 17′ | 18′ | 19′ |
| $X$ | 1 565 | 1 465 | 1 303 | 1 155 | 1 155 | 846 | 841 | 738 | 738 | 647 |
| $Y$ | 399 | 401 | 122 | 125 | 80 | 82 | −18 | −18 | −54 | −54 |
| 点号 | 20′ | 23′ | 24′ | 25′ | 26′ | 27′ | 28′ | … | … | … |
| $X$ | 643 | 421 | 415 | 0 | 1 550 | 1 606 | 1 620 | … | … | … |
| $Y$ | 42 | 42 | 73 | 75 | 3 074 | 3 058 | 2 498 | … | … | … |
| 点号 | 0*s*′ | 1*s*′ | 2*s*′ | 3*s*′ | 4*s*′ | … | … | … | … | … |
| $X$ | 0 | 464 | 753 | 824 | 984 | … | … | … | … | … |
| $Y$ | 4 084 | 4 084 | 4 066 | 4 036 | 3 900 | … | … | … | … | … |

**表 1-15　A 型车辆设备限界坐标**　　单位：mm

| 点号 | 0″ | 1″ | 2″ | 3″ | 4″ | 5″ | 6″ | 7″ | 8″ | 9″ |
|---|---|---|---|---|---|---|---|---|---|---|
| $X$ | 0 | 531 | 952 | 1 016 | 1 193 | 1 477 | 1 570 | 1 644 | 1 703 | 1 622 |
| $Y$ | 3 938 | 3 945 | 3 848 | 3 758 | 3 686 | 3 551 | 3 452 | 3 309 | 1 677 | 1 007 |
| 点号 | 10″ | 11″ | 12″ | 13″ | 14″ | 15″ | 16″ | 17″ | 18″ | 19″ |
| $X$ | 1 593 | 1 482 | 1 308 | 1 170 | 1 170 | 859 | 856 | 753 | 753 | 633 |
| $Y$ | 368 | 371 | 71 | 74 | 50 | 52 | −18 | −18 | −69 | −69 |

续表

| 点号 | 20″ | 23″ | 24″ | 25″ | 26″ | 27″ | 28″ | … | … | … |
|---|---|---|---|---|---|---|---|---|---|---|
| *X* | 629 | 408 | 405 | 0 | 1 645 | 1 700 | 1 700 | … | … | … |
| *Y* | 30 | 30 | 43 | 45 | 3 074 | 3 058 | 2 498 | … | … | … |
| 点号 | 0s″ | 1s″ | 2s″ | 3s″ | 4s″ | … | … | … | … | … |
| *X* | 0 | 465 | 765 | 851 | 1 016 | … | … | … | … | … |
| *Y* | 4 134 | 4 134 | 4 115 | 4 079 | 3 938 | … | … | … | … | … |

2. 地铁设备限界

地铁设备限界是基准坐标系中位于车辆限界外的一个轮廓线，是用以限制设备安装的控制线。除另有规定外，建筑物及地面固定设备的任一部分，即使涉及了它们的刚性和柔性运动在内，均不得向内侵入此限界。接触轨限界属于设备限界的辅助限界。

设备限界和车辆限界之间留有一定的间隙，这个间隙主要作为未涉及因素的安全留量。按照限界制定时的规定，某些偏移量计入此间隙。计算车辆曲线上和竖曲线上的曲线偏移也计入这个间隙内，因此，设备限界在水平曲线上需要加宽，在竖曲线上需要加高。

3. 地铁建筑限界

地铁建筑限界是基准坐标系中位于设备限界以外的一个轮廓线，是在设备限界基础上，考虑了设备和管线安装尺寸之后的最小有效断面。它规定了地下铁道隧道的形状、尺寸、位置，地下车站及站台位置以及地面建筑物（包括接触网支柱、声屏障和站台屏蔽门等）的位置，涉及施工误差、测量误差及结构永久变形在内，任何永久性建筑物均不得向内侵入此限界。建筑限界和设备限界之间的空间应能安排各种电缆线、消防水管及消防栓、动力箱、信号箱及信号灯、照明灯、扩音器、通风管、架空线及其固定设备。地铁建筑限界应理解为建筑物的最小尺寸，比地铁建筑限界大的隧道、高架桥等建筑应认为是符合地铁建筑限界的。图 1-20 所示为车站限界实例。

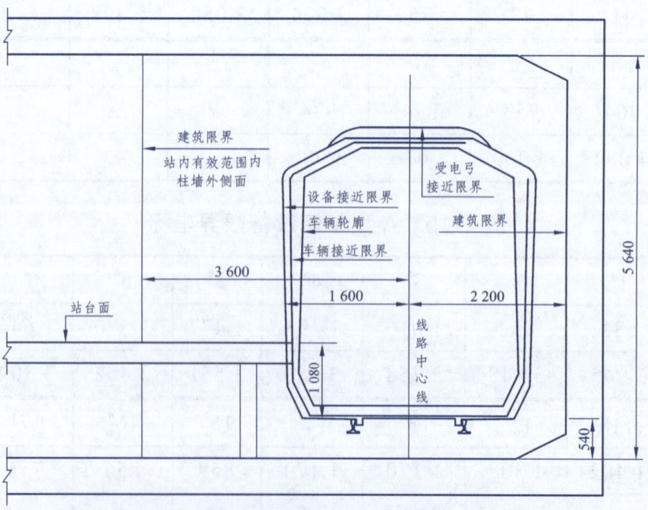


图 1-20 车站限界实例（单位：mm）

## 三、轻轨限界

1. 车辆轮廓限界

车辆轮廓限界是指根据车体横断面和车辆下部设备外轮廓各点所规定的纵横坐标值。表 1-16 所列为根据轻轨 6 轴单铰车辆样车资料所确定的车辆轮廓各点的 *X*、*Y* 坐标值。

**表 1-16　车辆轮廓限界坐标**　　单位：mm

| 坐标点 | 0 | 1 | 2 | 3 | 4 | 5 | 6 | 7 |
|---|---|---|---|---|---|---|---|---|
| *X* | 0 | 880 | 1 250 | 1 300 | 1 300 | 1 250 | 1 250 | 1 100 |
| *Y* | 3 700 | 3 700 | 3 100 | 950 | 800 | 360 | 250 | 120 |
| 坐标点 | 8 | 9 | 10 | 11 | 12 | 13 | | |
| *X* | 806 | 806 | 717.5 | 717.5 | 686 | 686 | | |
| *Y* | 80 | 0 | 0 | −25 | −25 | 80 | | |

2. 车辆接近限界

车辆接近限界是以轻轨 6 轴单铰车辆样车的构造和有关的参数为依据，考虑到车辆弹簧挠度和各项间隙、误差、磨耗等技术参数的影响，对车辆在运行中可能出现的各种工况所产生的横向偏移量和垂直偏移量进行分析计算，所得出的各点 *X*、*Y* 坐标值。车辆在具有最不利的公差和磨耗情况下，并计及车辆在运行中最不利位置所引起的最大偏差，均应容纳在该轮廓之内。

## 复习思考题

1.1　城轨车辆有哪些基本种类？其结构如何？

1.2　城轨车辆是如何编组的？请举例说明某种编组方式的优、缺点。

1.3　为什么要对车辆进行标识？如何对车辆进行标识？

1.4　什么是车辆的技术参数，主要有哪些参数？举例说明这些参数的用处。

1.5　什么是限界？有哪几种限界？它们之间有何关系？

# 第二章　车　体

本章相关视频资源

## 第一节　概　述

### 一、车体的作用与分类

1. 车体的作用

地铁车辆车体是车辆结构的主体，是供旅客乘坐和司机驾驶的部分，也是安装和连接其他设备及组件的基础。车体由底架、侧墙、端墙、车顶、车门、车窗等部分组成。A 车车体前端为司机室。

2. 车体的分类

（1）按使用的主要材料分，有普通碳素钢车体、耐候钢车体、不锈钢车体和铝合金车体。早期的城轨车辆车体基本上是碳素钢（普通碳素钢或耐候钢），目前主要使用铝合金或不锈钢。

（2）按承载方式分类：

① 底架承载：全部载荷由底架来承担的车体结构，称底架承载结构，也称自由承载结构，如图 2-1 所示。

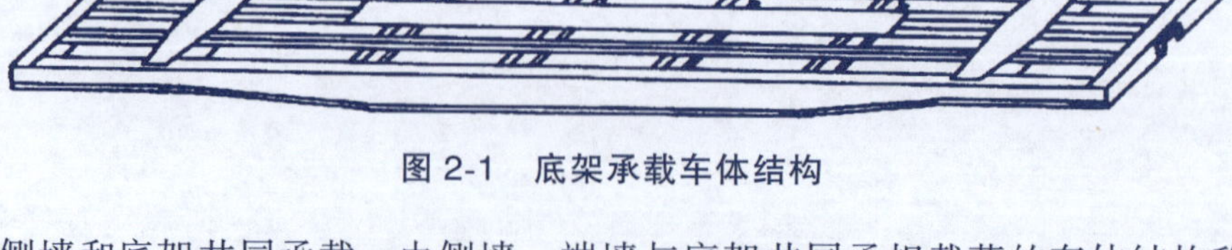

图 2-1　底架承载车体结构

② 侧墙和底架共同承载：由侧墙、端墙与底架共同承担载荷的车体结构称侧墙和

底架共同承载结构，也称侧墙承载结构，如图 2-2 所示。其侧、端墙与底架等通过固接形成一个整体，具有较高的强度、刚度。

③ 整体承载：如果在板梁式侧墙、底架共同承载结构的车体上部还有由金属板、梁组焊而成的车顶，使车体的底架、侧墙、端墙、车顶牢固地组成为一个整体，则构成箱型结构，此时车体各部分均参与承受载荷，因而称为整体承载结构。整体承载结构的承载能力最强，如图 2-3 所示。

图 2-2　侧墙和底架共同承载车体结构

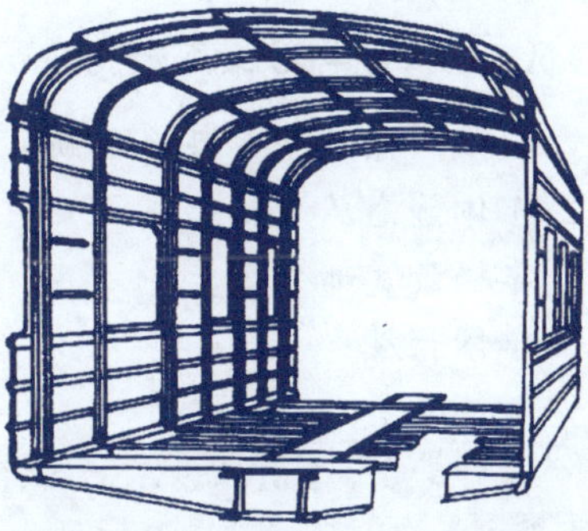

图 2-3　整体承载车体结构

铁道车辆三种承载方式均有，城轨车辆承载方式只有整体承载一种。

（3）按结构形式分，有板梁组合结构、开口型材与大型中空型材组合结构、大型中空型材结构三种形式。这些结构都属于整体承载结构。

（4）按结合方式分，有焊接、铆接、螺栓连接或混合连接结构。我国和日本大多采用焊接结构，欧洲多采用焊接-铆接或焊接-螺栓连接结构。

（5）按车体结构工艺不同分，有一体化结构和模块化结构。如广州地铁一号线车辆采用的是一体化设计，而二号线采用的则是模块化设计。

## 二、车体的基本特征和技术参数

地铁车辆的车体与一般铁路客车车体有许多相同之处，但由于其特殊的用途，又具有其自身的特征。

### （一）车体的基本特征

（1）一般为电动车组，有单节、双节、三节式等；有头车（即带司机室的车辆）和中间车，以及动车与拖车之分。

（2）由于属于城市轨道交通范畴，乘客数量多，旅行时间短，乘客上下车频繁，因此座位少、车门数量多且开度大，内部服务乘客的设备较为简单等。

（3）对重量的限制较为严格，要求总重轻、轴重小，以降低线路的工程投资。

（4）为使车体轻量化，对于车体承载结构一般采用大型中空截面挤压铝型材、高强度复合材料或不锈钢。对车体其他辅助设施也尽量采用轻型化材料。

（5）对车体的防火性能要求高，在车体的结构及选材上均采用防火设计和阻燃处理。

（6）对车辆的隔音降噪有严格要求，以最大限度地降低噪声对乘客和沿线居民的影响。

（7）车辆外观造型和色彩具有美化和与城市景观相协调的要求。

## （二）车体的技术参数

（1）广州地铁一号线车辆（A 型）车体的主要技术参数如下：

车体静态压缩载荷……………………………………………120 t

车辆最宽部分宽度……………………………………………$3\,000^{+0}_{-8}$ mm

车体长度：

A 车………………………………………………………$23\,690^{+15}_{-10}$ mm

B、C 车 …………………………………………………$22\,100^{+15}_{-10}$ mm

车辆高度（轨面到车顶高度，新轮，不含受电弓）………3 800 mm

地板面到天花板中心最小高度………………………………2 100 mm

轨面到地板面高度（空气弹簧充分充气，新轮，空载）…$1\,130^{+15}_{-5}$ mm

（2）武汉轨道交通一号线车辆（B 型）车体的主要技术参数如下：

可承受纵向最大压缩（拉伸）载荷…………………………100 t（75 t）

车辆最宽部分宽度……………………………………………2 800 mm

车体长度：Tc 车（M 车）……………………………………19 300 mm（19 000 mm）

车辆高度………………………………………………………3 800 mm

车体内高………………………………………………………2 100 mm

车辆地板面高…………………………………………………1 100 mm

车体自重：M（Tc）车…………………………………………6.7 t（6.5 t）

## （三）车体的基本结构

车体是由若干纵向、横向梁和立柱组成的钢骨架，再安装内饰板、外蒙皮、地板、顶板、隔热隔音材料、车窗、车门及采光设施等，一般包括底架、端墙、侧墙、车顶、车窗、车门、贯通道和车内设施等部分。

### 1. 底　架

底架采用无中梁结构，由牵引梁、枕梁、边梁、横梁、地板等组成。它承托着车体，是车体的基础。车底架上部车体及载荷的全部重量、下部吊装的设备都是通过枕梁传递给走行部。车钩装在底架的牵引梁上，底架设有顶车、架车、复轨用垫座，可用于拆卸、组装、修理、装运以及救援的操作。

2. 侧　墙

车体的侧墙、端墙由上下边梁、门立柱、端门立柱、窗立柱、角柱和墙板等零部件组成。墙板分内外两层，外墙板主要起承载作用，内墙板起装饰作用。内墙板材料经过阻燃处理。

3. 车　顶

钢制车体的车顶由边梁、弯梁、纵向梁、顶板和车顶端部组成。不锈钢车体的车顶由波纹顶板、车顶弯梁、侧顶板、空调机组平台等几部分组成。铝合金车体的车顶，两侧小圆弧部分采用形状复杂的中空截面挤压铝型材，中部大圆弧部分为带有纵向加强杆件的挤压成型的车顶板，其长度与车顶等长，车顶组装时仅仅留下几条与车顶等长的纵向长焊缝。

4. 端　墙

端墙结构与侧墙基本相同，由端梁、角柱、端门立柱、上端梁和墙板组成。

地铁车辆两端的端墙上设有端门，驾驶室前端墙设有紧急疏散门，后端设有通道门。在端门两边设有立柱进行补强外，其他结构基本与侧墙结构类似。

## 第二节　钢制车体

钢制车体的底架、侧墙、端墙（必要时设司机室）和车顶这几大部件单独制成以后，再进行组焊形成整体车体结构，如图 2-4 所示。

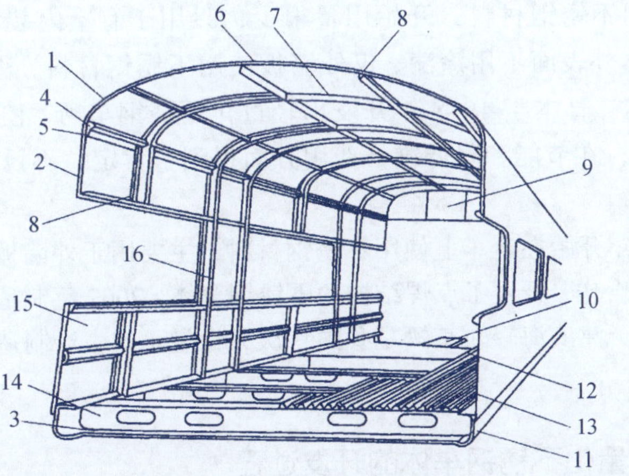


1—车顶；2—侧墙；3—底架；4—车顶边梁；5—侧墙上边梁；6—顶板；7—弯梁；8—纵向梁；9—车顶端部；10—牵引梁；11—边梁；12—枕梁；13—波纹地板；14—横梁；15—墙板；16—立柱。

**图 2-4　钢制车体承载结构**

底架采用无中梁焊接结构，由边梁、横梁、波纹地板、枕梁、牵引梁和缓冲梁组成。

侧墙由边梁、立柱、窗立柱、横梁和墙板等零部件组成，在车门周围设有门边立柱和横梁进行补强。

车顶由边梁、弯梁、纵向梁、顶板和车顶端部组成。如果在车顶上安装受电弓或空调机组等设备，则必须根据需要适当加强承载能力，以确保满足强度要求。

国内铁路客车的端墙都设有端门，除在端门两边设有立柱进行补强以外，其他结构基本与侧墙结构相似。地铁车辆除部分车辆的一端设有司机室外，其余端墙均设有端门和贯通道。

国内生产的钢制铁路客车和北京地铁车辆车体，20 世纪 80 年代以前采用的是碳素钢，自重大，腐蚀严重，使用中不仅强度随腐蚀而降低，而且增加了维修工作量与维修费用。为了提高车体的耐腐蚀性，减轻自重，延长车体的使用寿命，从 20 世纪 80 年代开始，采用 09CuPbCrNi 这种含铜、铬和镍等金属元素的耐大气腐蚀的低合金钢系列，可使车体钢结构自重减轻 10%～15%，并且在工艺上采取一些防腐措施后，使得车体寿命有所延长，但仍不能彻底满足减轻自重和防腐蚀的需要。

## 第三节　不锈钢车体

### 一、不锈钢车体发展概况

不锈钢车体的制造始于美国，但使这项技术得到发展的是日本。日本从 1950 年开始，在车辆上采用不锈钢材料，开始用量很少，只用于有室内装饰作用的管道等处。1958 年，为使车体外表面不用涂漆，仅外墙板使用不锈钢材料，称为蒙皮不锈钢车体，也叫半不锈钢车体。日本于 1978 年开发出轻量化不锈钢车辆，使车体钢结构重量降为碳素钢车体的 1/2，在节能和降低维修费用方面得到了肯定。不锈钢材料车体结构如图 2-5 所示。

我国于 1987 年开始在客车上使用不锈钢材料，主要用于外墙板及易腐蚀的梁柱的制造。1996 年与韩国合作，开发了点焊结构的不锈钢车体。2002 年制造完成北京城轨两列轻量化不锈钢样车。天津滨海轻轨车辆是我国首次大批量正式生产制造的轻量化结构不锈钢车辆。

#### （一）日本轻量化不锈钢车体的开发过程

为了车辆的轻量化与免维修，日本对车辆结构使用不锈钢问题进行了研究分析。1959 年末，东急车辆公司与美国巴德公司进行了技术合作，为生产以不锈钢车体为主要结构的车辆制造迈出了一大步。

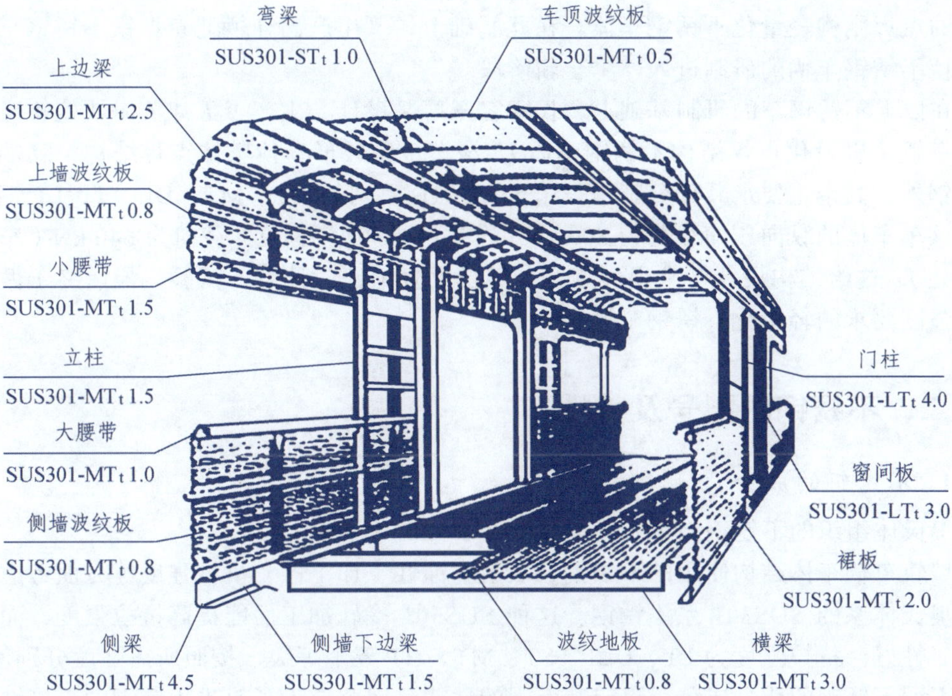


**图 2-5　不锈钢材料车体结构**

日本东急车辆公司与不锈钢厂家协作，进行了高抗拉强度不锈钢（SUS301L）的开发、试制及其材料加工技术的研究。与此同时，研究了以点焊方法进行不锈钢结构制造，于 1962 年完成了除底架的一部分（端底架）之外，其他结构部件或外板等均采用不锈钢制造的东急电铁 7000 系。这就是当今称为全不锈钢车的首辆车。这种全不锈钢车辆，私铁及国铁共计生产了约 100 辆。这些车辆与迄今为止的钢制车辆比较，重量轻 2 t，车体结构几乎不需要补修。

1978 年完成了 2 辆东急电铁 8400 型。该车车体结构质量为 6 t，实现了比普通碳钢车轻 4 t、比原有不锈钢车轻 2 t 的目标，成为首批不锈钢节能车。1979 年末，开始生产东急电铁 8090 系。该车安装的设备与原有技术资料 8000 系几乎相同，但车体结构减轻 2 t。1980 年末，制造了正式的轻型不锈钢车辆，车体结构设计采用新型骨架或接头，并将原有波纹外板改成由加长刚性肋（压筋）加工的平外板。

### （二）我国长客厂不锈钢车体发展概况

长春客车厂从 1995 年开始进入不锈钢车体的研制阶段，首先与韩进公司联合开发轻量化不锈钢车辆 30 辆，运用于我国南方衡广铁路。经过 6 ~ 7 年的实际运营考核，证明该不锈钢车比碳钢车具有重量轻、耐腐蚀等明显的优势。

长春客车厂在 2000 年开始对不锈钢车体进行第二阶段的研制：对日本的 SUS301L 系列不锈钢和点焊结构进行更透彻地消化、吸收，并先后对日本、韩国的不锈钢车进行剖析，聘请日本专家进行全程指导、讲课。在 2002 年初，该厂吸收日本技术制造出了全新的点焊结构轻量化不锈钢车体。在此基础上，又生产出4辆北京城铁不锈钢车辆，从而使不锈钢车辆的研制进入一个全新阶段。

在以上不锈钢车的研制基础上，长春客车厂又设计、生产了天津滨海快速轨道交通工程车辆（轻量化点焊结构不锈钢车体）。该车也是鼓形车体整体点焊结构，除端底架用碳钢外，其余主要承载部分都是采用SUS301L系列的HT、MT、DL、T、LT钢材。由于该车车体的纵向压缩载荷为800 kN（车钩冲击座处）、拉伸载荷为640 kN（车钩冲击座处），这给结构设计带来很大难度，经过反复论证、计算、试验，最后终于做出了符合强度要求的轻量化不锈钢车辆。

## 二、不锈钢的型号及特性

1. 不锈钢的成分

奥氏体组织的不锈钢，钢中含Cr约18%、Ni 8%~10%。

城轨车辆车体结构使用的不锈钢，从耐腐蚀性、加工性、机械强度等方面考虑，采用了奥氏体系的SUS301系不锈钢。这种SUS301冷轧加工后能提高抗拉强度，而且压制加工性好。抗拉强度为LT、DLT、ST、MT、HT五个等级，按照所需强度分别使用。

不同不锈钢的化学成分，决定其不同的性能。因此，为了改进不锈钢的焊接性，需大幅度降低钢的含碳量。含碳量过多，由于焊接时的热影响，容易发生晶间腐蚀裂纹或应力腐蚀裂纹。为此，东急车辆制造公司早就把含碳量由JIS规定的0.15%减至0.08%及以下，而新的规定又减少至0.03%及以下，这样能较好地防止晶间腐蚀裂纹或应力腐蚀裂纹。SUS301L标准的出现，是轻型不锈钢车辆成功的一部分。

2. 不锈钢的焊接

不锈钢的导热率极小，导热系数是碳钢的1/3，而热膨胀系数却是碳钢的1.5倍。不锈钢受热后变形非常大，因此进行不锈钢车体结构设计时，要尽量避免用弧焊的方法组装钢结构，而应采用热输入量小的点焊来实现钢结构的连接，如图2-6所示。

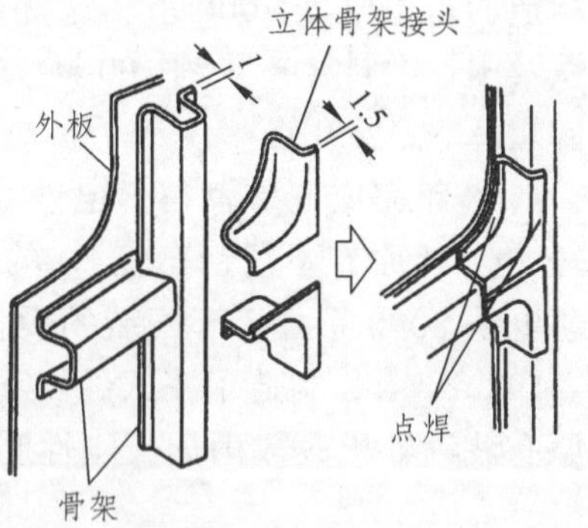

图2-6 不锈钢的焊接

## 三、不锈钢车体的结构

### （一）车 体

以成都地铁一号线车辆为例，该车车体的牵、枕部位采用高耐候结构钢，从而使得该部位结构具有足够的强度以承受车辆运用过程中的各种载荷。车体的焊接尽量采用点焊，以减少热影响，避免焊接变形，保证表面平滑。车体采用整体内层筋板结构，由底架、侧墙、端墙、车顶和司机室（仅Tc车）五大部件组成，如图2-7、图2-8所示。

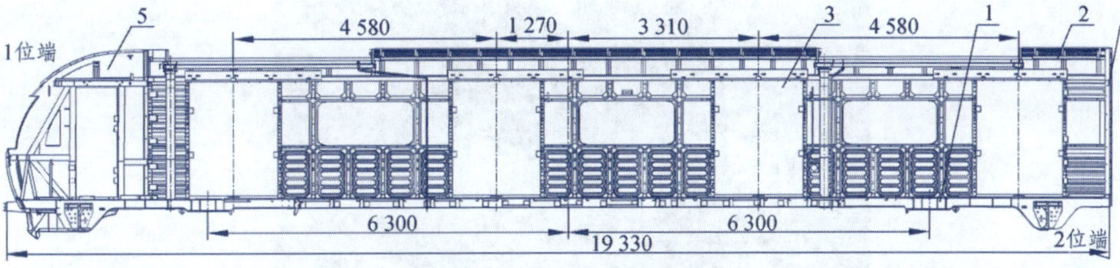


1—底架；2—车顶；3—侧墙；4—端墙；5—司机室。

**图 2-7　Tc 车车体**

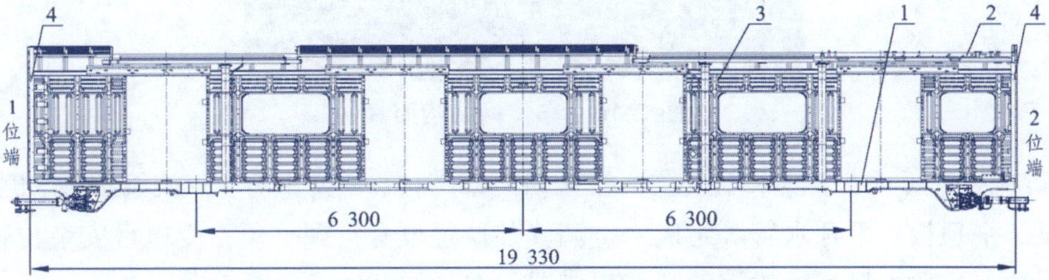


1—底架；2—车顶；3—侧墙；4—端墙。

**图 2-8　Mp 车车体**

## （二）底　架

底架采用无中梁结构，由牵引梁、枕梁、边梁、横梁、波纹地板等组成。牵引梁和缓冲梁部分采用高耐候结构钢，使车体结构具有足够的强度以承受车辆运用过程中的各种载荷。在车体底架边梁的下平面上焊接设置架车和吊车用支撑点，以满足车辆拆卸、组装、检修、吊运和救援、复轨等作业的要求。车辆枕梁及端部底架结构如图 2-9 所示，车体钢结构如图 2-10 所示。

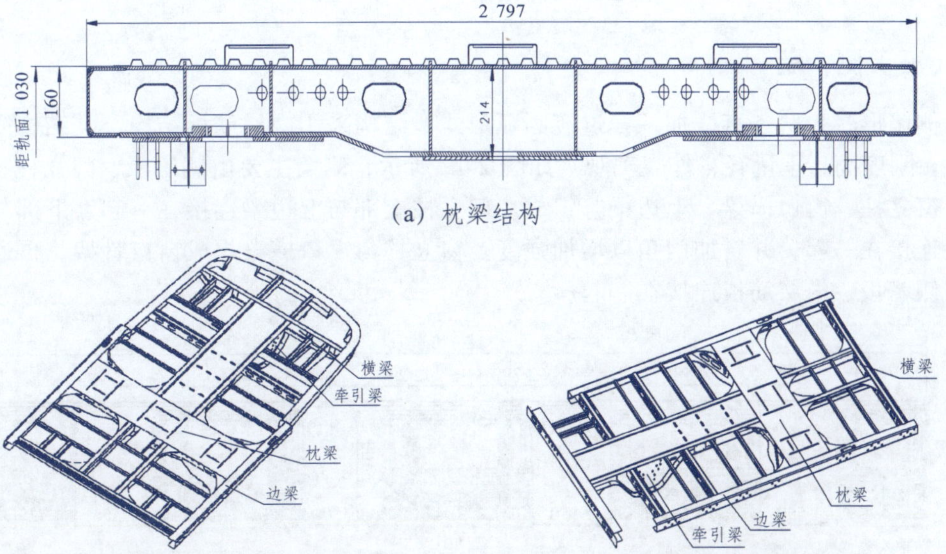


(a) 枕梁结构

(b) Tc 车Ⅰ位端部底架　　(c) M1 车端部底架

**图 2-9　枕梁及车端部底架结构**

图 2-10　车体钢结构照片

如图 2-11 所示，车顶采用波纹顶板无纵向梁结构，主要由弯梁、波纹顶板、侧顶板、侧边梁、平顶板、平顶水管等组成，空调安装位置设有空调平顶，受电弓安装位置设受电弓平顶，平顶由异型冷拔钢管和端顶横梁组成骨架共同承受载荷。

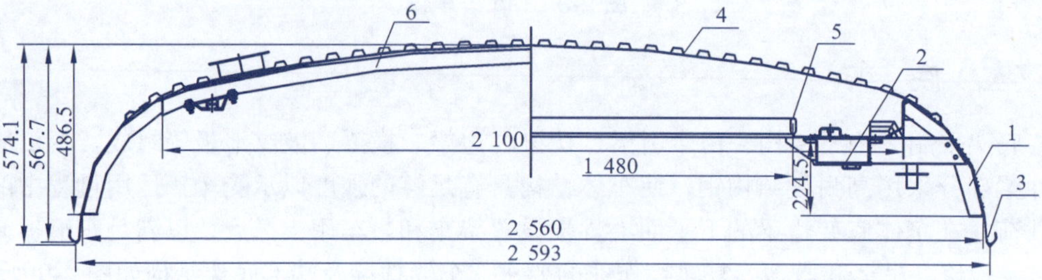


1—侧边梁；2—平顶水管；3—侧顶板；4—波纹顶板；5—平顶板；6—弯梁。

图 2-11　车顶结构（单位：mm）

## （三）侧　墙

侧墙形状为两条直线加一段过渡圆弧形式，结构采用内层筋板结构。其结构简单，强度、刚度高，重量轻，外表美观。如图 2-12 所示，侧墙主要由侧墙板、门立柱、端立柱、窗立柱、窗口横梁、上边梁等组成。门立柱上部与上边梁连接在一起，下部与底架边梁连接在一起，并增加门角以增加强度。窗立柱与窗口横梁焊成窗口骨架，再通过点焊与侧墙板、内层筋板连接在一起。

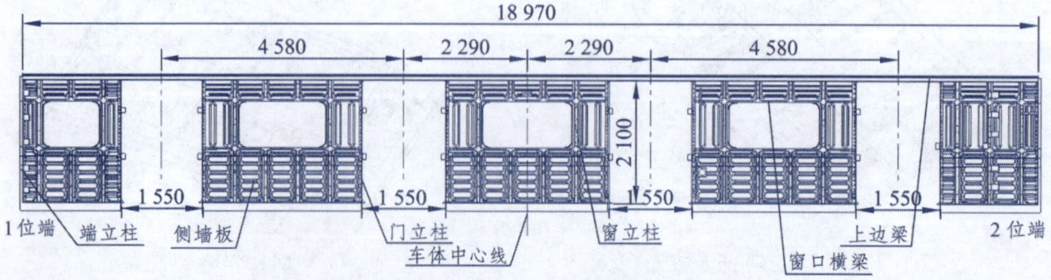


图 2-12　侧墙结构（单位：mm）

## （四）端　墙

端墙把底架、车顶、侧墙结合成一体，共同承受车体所受的各种载荷。如图 2-13 所示，端墙主要由端门立柱、端角柱、端墙板等组成。端墙板通过点焊与端门立柱、端角柱等焊接成一体，参与承受载荷。

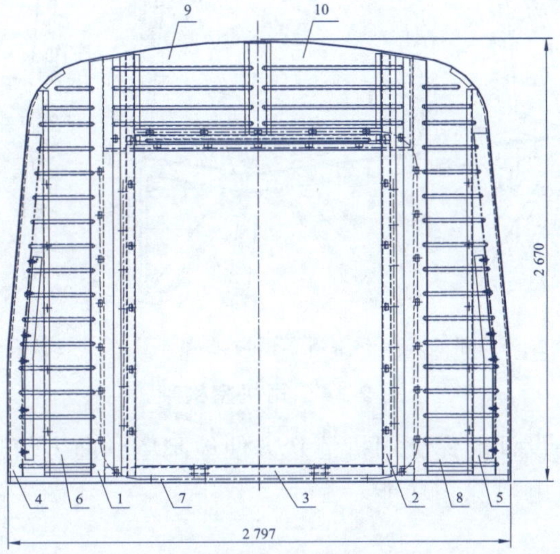


1～2—端门立柱；3—门槛；4～5—端角柱；6～10—端墙板。

图 2-13　车体端墙（单位：mm）

## （五）司机室

Tc 车前端设有司机室，司机室采用不锈钢冷拔钢管组成内部骨架，外部罩有玻璃钢罩，玻璃钢罩与内部骨架采用过渡件连接，如图 2-14 所示。

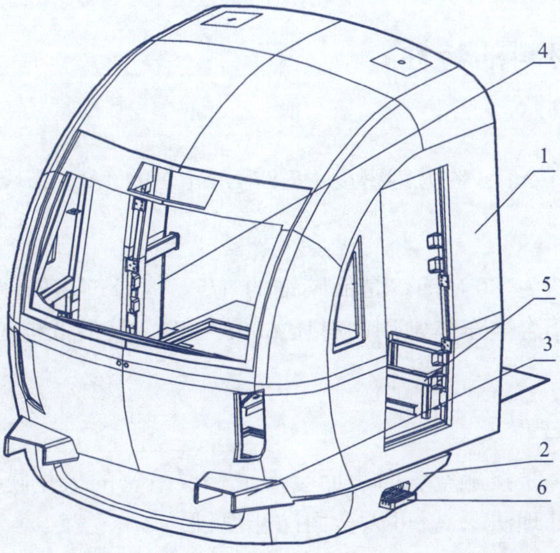

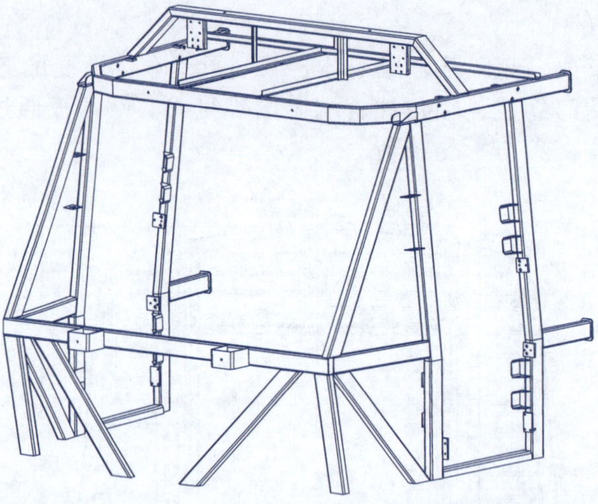

1—玻璃钢外罩；2—裙板；3—防爬器罩；4—内部骨架；5—地板梁；6—脚蹬。

图 2-14　司机室构架

司机室前窗玻璃的设计能保证司机清楚方便地瞭望到前方信号、线路状态、接触网、隧道和站台等，并具有电热除霜功能。

# 第四节　铝合金车体

铝合金车体的主体材料是铝合金，通常采用模块化结构或全焊接组装结构，是一种新型的车体结构。铝合金材料密度小、强度大，用铝合金材料做成的车体在满足车体强度和刚度的前提下能大幅度减轻车体的质量。

## 一、铝合金材料的特性

### 1. 质轻且柔软

铝的密度为 2.71 g/cm$^2$，约为钢密度（7.87 g/cm$^2$）的 1/3，杨氏模量也约为钢的 1/3。

### 2. 强度好

纯铝的抗拉强度约为 80 MPa，是低碳钢的 1/5。但经过热处理强化及合金强化，其强度会大幅增加。如铝合金车体常用的材质 6005A-T6，其最低抗拉强度为 360 MPa，与低碳钢的强度相当。

### 3. 耐腐蚀性能好

铝合金的特性之一是接触空气时表面会形成一层致密的氧化膜，这层膜能防止腐蚀，若再实施“氧化铝膜处理法”，就可以全面防止腐蚀。

4. 加工性能好

车辆用型材挤压性能好，二次机加工、弯曲加工也较容易。

5. 易于再生

铝的熔点低（660 °C），再生简单，在废弃处理时也无公害，有利于环保，符合可持续发展战略。

武汉地铁一号线车辆采用的车体铝型材是6005A-T6，底架上的牵引梁和缓冲梁采用的材料是7005-T6。6005A和7005铝合金材料情况见表2-1所示，机械性能见表2-2所示。

**表2-1　6005A和7005铝合金材料**

| 合金牌号 | Si | Fe | Cu | Mn | Mg | Cr | Zn | Zr | Ti | Mn+Cr | 其他 | | Al |
|---|---|---|---|---|---|---|---|---|---|---|---|---|---|
| | | | | | | | | | | | 每个 | 总计 | |
| 6005A | 0.5～0.9 | 0.35 | 0.3 | 0.5 | 0.4～0.7 | 0.3 | 0.2 | | 0.1 | 0.12～0.5 | 0.05 | 0.15 | 余量 |
| 7005 | 0.35 | 0.4 | 0.1 | 0.2～0.7 | 1.0～1.8 | 0.06～0.2 | 4～5 | 0.08～0.20 | 0.01～0.06 | | 0.05 | 0.15 | 余量 |

**表2-2　6005A和7005铝合金材料的机械性能**

| 合金牌号 | 供应状态 | 试样状态 | 壁厚 $e$/mm | 抗拉强度 $\sigma$/(MPa | 规定非比例伸长应力 $\sigma_{P0.2}$ /MPa 不小于 | 伸长率 $\delta$/% | 布氏硬度HB 2.5/662.5 |
|---|---|---|---|---|---|---|---|
| 6005A | T6 | T6 | $e \leqslant 5$ | 270 | 225 | 8 | |
| | | | $5 < e \leqslant 10$ | 260 | 215 | 8 | |
| | | | $10 < e \leqslant 25$ | 250 | 210 | 8 | |
| 7005 | T6 | T6 | $e \leqslant 40$ | 350 | 290 | 10 | |

## 二、铝合金材料车体的特点

世界上最早的铝合金车体是1952年英国研制的伦敦地铁电动车组。铝合金车体的发展经历了板梁期、开口型材期和现在的大型中空挤压型材（见图2-15）期三个发展阶段，目前逐渐走向成熟。

铝合金车体具有如下优点：

（1）能大幅度降低车辆自重，在车辆长度相同的条件下，与碳素钢车体相比，铝合金车体的自重降低大约30%～35%，强度质量比约为碳素钢车体的2倍。碳素钢车体、不锈钢车体、铝合金车体的质量之比约为10：8：6。

（2）具有较小的密度及杨氏模量，所以铝合金对冲击载荷有较高的能量吸收能力，可降低振动和噪声。

（3）运用大型中空挤压型材进行气密性设计，可提高车辆密封性能和乘坐舒适性。

（4）采用大型中空挤压型材制造的板块式结构，可减少连接件的数量和质量。

（5）减少维修费用，延长使用寿命。

（a）车顶　　（b）车体

图 2-15　大型中空挤压铝型材车体

## 三、铝合金车体形式

1. 纯铝合金车体

纯铝合金车体大致可分为以下几种形式：

（1）车体由铝板和实心型材制成，铝板和型材通过铝制铆钉、连续焊接和金属惰性气体点焊等进行连接。除了车钩部分及车体内的螺钉座使用碳素钢外，其他部分都使用比重仅为碳素钢 1/3 的铝合金，实现了车体的轻量化。这些铝板和型材等多为拉延材料（板材、挤压型材、锻造材料）。目前，铝合金车体上很多部位使用了进行热处理的大型挤压型材，其机械性能有很大提高。大型挤压型材的组合使车辆制造时的焊接大量减少，但成本增大。

（2）车体结构是板条骨架结构，可用气体保护的熔焊作为连接方法。

（3）车体结构应用整体结构，板皮和纵向加固件构成高强度大型开口型材。

（4）车体采用空心截面的大型整体型材，结构更加简单。型材平行放置并总是在车体的全部长度上延伸，通过自动连续焊接进行连接。该车体结构是以多种多样截面的型材为基础，并充分利用铝合金良好的机械性能。

2. 混合结构铝合金车体

混合结构铝合金车体底架为碳钢，其余部分为铝合金。

这种车体的底架与侧墙用铆钉或螺栓连接，可以避免热胀冷缩，且取消了成本很高的校正工序。

## 四、铝合金车体具体结构

以武汉地铁一号线电动客车为例，该车体为《城市快速轨道工程项目建设》标准规定的 B 型车，车体呈鼓形，塞拉门、连续窗结构。铝结构断面如图 2-16 所示。

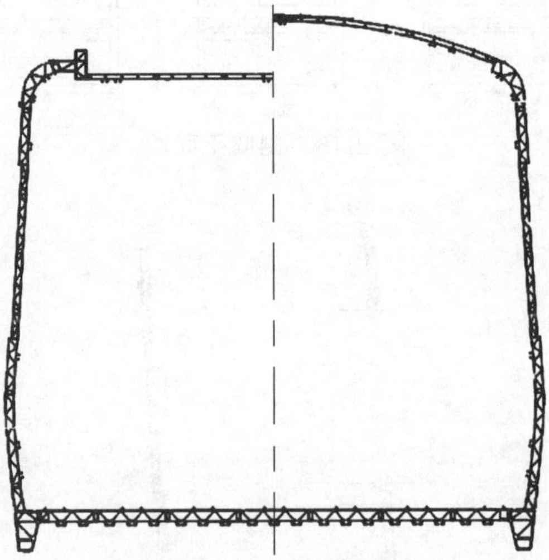

图 2-16　铝结构断面图

铝合金车体主要由以下几部分组成：

### （一）车　顶

车顶采用铝合金型材焊接结构，圆弧顶由 4 种 7 块型材插接组成，空调平台由 4 种 7 块型材插接组成，圆弧顶由圆弧及切线段构成，圆弧半径为 $R2\,975$，车顶边梁的圆弧半径为 $R180$。车顶和空调平台组成各型材之间采用 V 形坡口自动焊工艺，材料采用 6005A-T6。M 车和 Tc 车的 1、2 位端均有空调平台。车顶断面结构如图 2-17 所示。

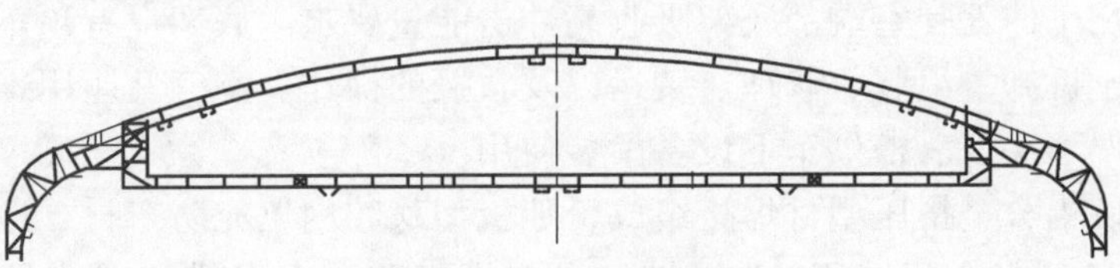

图 2-17　车顶断面图

### （二）侧　墙

侧墙铝合金结构采用分块结构，侧门为塞拉门，侧窗采用美观时尚的连续窗带结构。每车侧墙分为 10 块，每块侧墙由 7 块或 8 块铝型材组焊成形。车体采用鼓形，侧墙鼓形圆弧的半径为 $R1\,002$。各型材之间采用 V 形坡口自动焊工艺，材料采用 6005A-T6。

侧墙结构如图 2-18、图 2-19 所示。

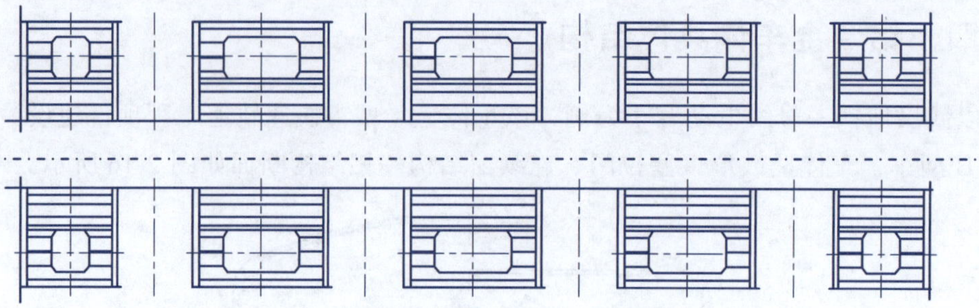

图 2-18　侧墙平面图

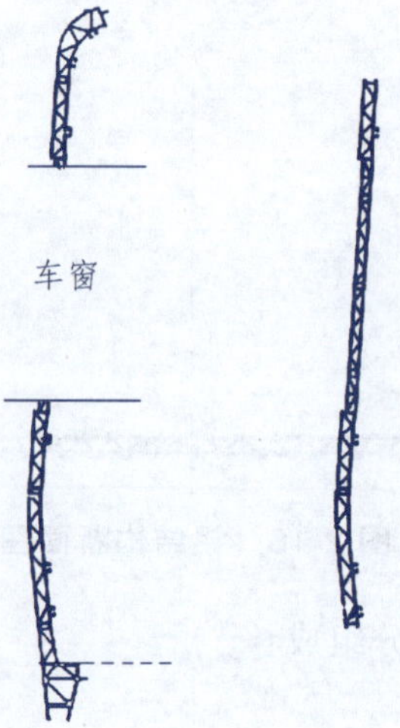


图 2-19　侧墙断面图

## （三）底　架

底架采用大断面铝合金挤压型材焊接结构，由地板、边梁、牵枕缓梁（牵引梁、缓冲梁、枕梁）、主横梁、端梁等组成。其中 Tc 车驾驶室端部底架设置板梁结构，并加装防爬器，可满足车体驾驶室端部底架吸收高冲击能量要求。底架设有顶车、架车、复轨用垫座，可用于拆卸、组装、修理、装运以及救援的操作。空气簧座用螺套和螺钉固定在枕梁上。底架下平面滑槽供车下设备吊装使用。

地板由 7 块铝合金挤压型材焊接组成，地板型材腔内填充防寒材，地板下表面喷涂隔声阻尼浆。各型材之间采用 V 形坡口自动焊工艺，牵引梁和缓冲梁采用的材料是 7005-T6，底架其他部分均采用的是 6005A-T6。

底架平面如图 2-20 所示。

## （四）端　墙

端墙采用的是板梁结构，由 12 mm 厚的铝板和 60 × 120 的型材框组焊而成，材料采用的是 6005A-T6。端墙平面如图 2-21 所示。

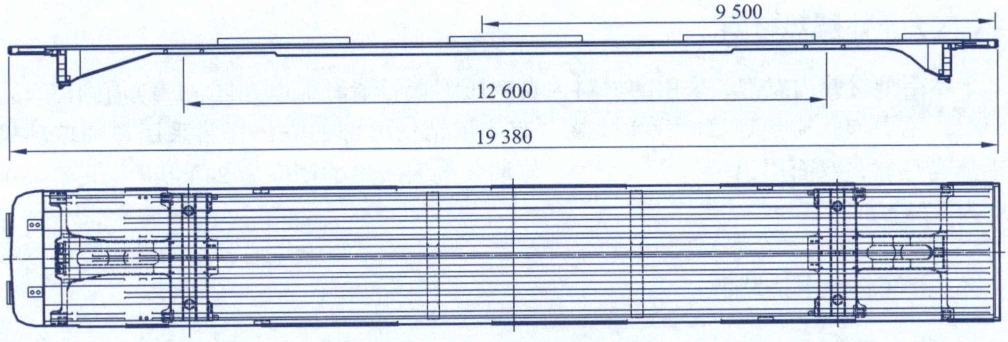


图 2-20　底架平面图

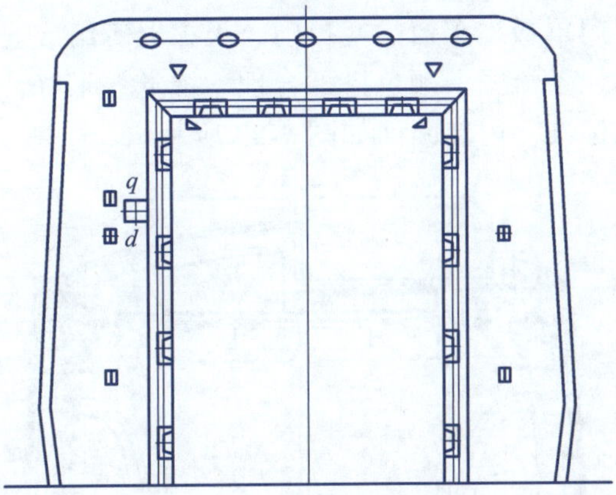


图 2-21　端墙平面图

## （五）Tc 车前端

前端墙是由前端铝结构、玻璃钢外壳组成的流线型前端。其中玻璃钢外壳上开有 1 个风挡窗口（1 325 mm × 1 930 mm）和 2 个直角三角形侧窗。前端铝结构采用了插口式板梁结构，其中门立柱和门上横梁为冷弯铝型材，其他板梁采用了厚度为 8 mm 的铝板。采用的材料为 6005A-T6。前端铝结构如图 2-22 所示。

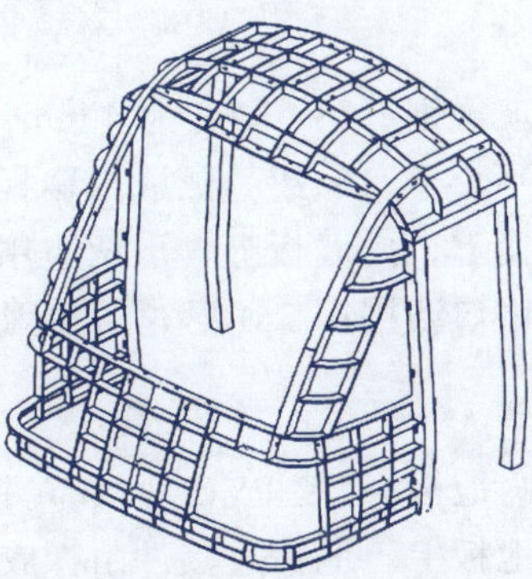

图 2-22　前端铝结构示意图

## （六）车体隔热材料

车体铝型材腔内发泡，采用的材料为真空压缩聚氨酯海绵填充体，焊缝周围留有合适的距离，不发泡，避免焊接时发生燃烧。车体铝结构内部的隔热材料采用超细玻璃棉双面铝箔隔热材，双面用铝箔包严，车顶、侧墙、端墙采用的密度为 24 kg/m$^3$，底架采用的密度为 32 kg/m$^3$。

## （七）车体内部装饰

1. 动车内部装饰组成

动车的内部装饰主要由中顶板、灯带、通风格栅、侧顶板、侧墙板、地板布、间壁、座椅、扶手、挡风板、门罩板、车窗、塞拉门、灭火器等组成。内部装饰以车体纵向中心为对称，布局合理，线条流畅，颜色搭配合理，视觉效果好，所使用的材料和制品均符合相关的防火和安全标准。内装断面如图 2-23 所示。

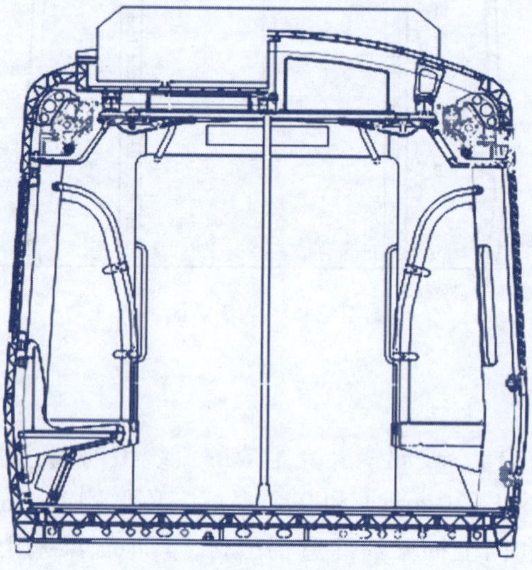

图 2-23　内装断面图

2. 侧墙板

侧墙内墙板采用进口聚酯玻璃钢材料，厚度为 4 mm，表面颜色为白色（RAL9003）。表面为光面、亚光，使用寿命不小于 15 年。侧墙内墙板安装采用铝梁骨架支撑，铝梁用螺栓固定在侧墙铝结构的滑槽上，内墙板上、下两边用螺钉固定在中铝梁上，左、右两边用螺钉固定在中滑槽上，窗口四周用 3M 尼龙搭扣固定在中内骨架铝梁上。

3. 客室内地板

客室内地板结构采用铝蜂窝地板，铺装 PVC 地板布。铝蜂窝地板下表面附装隔音板，通过地板连接件固定于铝型材地板上。地板连接件由橡胶座、铸铝座及 PVC 垫板组成，可起良好的隔振及支撑固定作用。铝蜂窝地板与侧墙接口处，通过内饰型材调节并固定，

PVC 地板布与内饰型材对接，插接处涂密封胶。门柱处地板采用小组件连接，便于安装固定和密封。门槛与铝蜂窝地板和 PVC 地板布搭接固定。

4. 地板布

地板布采用日本进口的 PVC 地板布，颜色为灰色，厚度为 3.0 mm，具有良好的抗压、抗拉、防火、防滑、隔热、吸音、减振、耐酸、耐碱、耐磨性能，在 −40 ~ 40 °C 环境下可保证材料本身性能稳定。

图 2-24 所示为铝蜂窝地板及地板布的安装布置示意图。

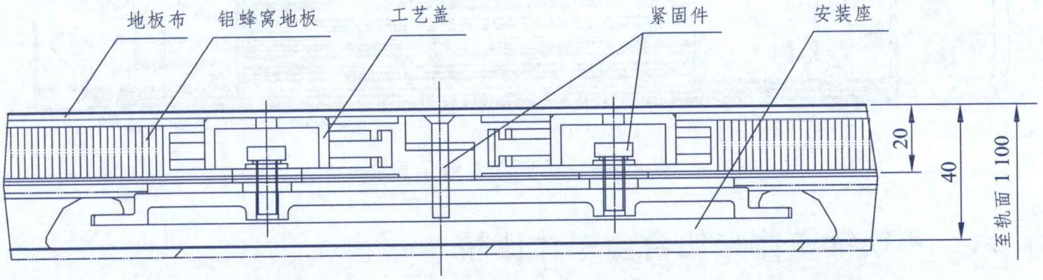


图 2-24　铝蜂窝地板及地板布的安装布置示意图（单位：mm）

## 五、铝合金车体架车

由于车体采用铝合金焊接结构，故车体较碳素钢结构容易产生变形，因此在日常架车检修工作中应特别注意使用合适的顶车位置，以防车体翘曲变形。为此制造商制定了顶车位置，并在外墙下沿标有顶车标记，其标记为“凹”，如图 2-25 所示。架车点位置如图 2-26 所示。

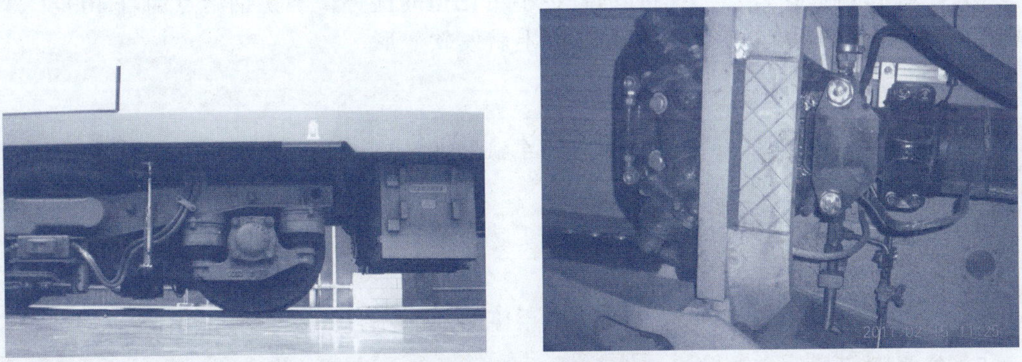

图 2-25　架车点实车标记

（1）整车架车（带转向架）顶车点号为：3、4、5、6。

（2）无转向架架车顶车点号为：1、2、7、8 或 1、2、5、6 或 3、4、7、8 或 3、4、5、6。

（3）三点架车顶车点号为：1、2、10 或 3、4、10 或 7、8、9 或 5、6、9。

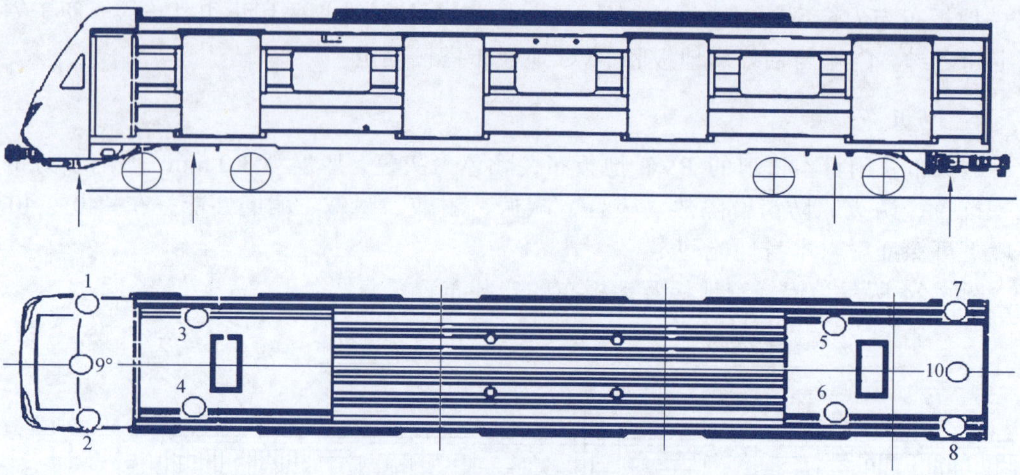


图 2-26　架车点位置示意图

## 六、不锈钢车体与铝合金车体比较

1. 轻量化问题

不锈钢与碳钢（耐候）相比，最大优势是轻量化；但与中空铝型材相比，铝合金车体又比它每节减轻 1 t 左右。

2. 耐腐蚀能力

耐腐蚀能力，不锈钢优于铝合金。

3. 防火及耐高温性能

防火及耐高温性能，不锈钢有铝合金不可比拟的优势，不锈钢熔点为 1 400 °C，而铝合金只有 630 ~ 650 °C，且到 300 °C 以上就发软变形。

4. 制造工艺与价格

中空铝型材由制造厂一次轧制而成，车辆制造厂只需下料、拼装、氩弧焊接，工艺简单、省工省料。

薄板不锈钢车体是板梁结构，需大量工装、模具、夹具、样板和中间检查手段，生产工艺极其复杂。

铝合金车体总的制造成本高于不锈钢车体的 30%左右。

5. 外观质量

中空铝型材平整、挺拔，还可根据用户要求选择不同的装饰和颜色，给人的感觉是庄重、美观，广大乘客容易接受。

不涂装的不锈钢车体，由于不刮腻子、不油漆，外表不做任何装饰，给人一种突兀的感觉；同时，由于外墙板很薄（中国使用 1.5 mm）、很光，对不平度反映过敏，只要有 0.2 mm 的凹凸，经反光折射，肉眼就感到不舒服；尤其是薄板的点焊印子更是无法消除，这些密密麻麻的焊点是设计确定的、工艺保证的，焊点的排列、深度、大小的一致性都有严格的要求。

6. 抵御磕碰、防划伤能力

铝合金占优，且可以修复。

不锈钢由于是薄板且为拉丝板，容易划伤，更忌讳异向划痕，因为出现划痕难以消除。

7. 对车下设备提供的安装空间和布置方式

中空铝型材车体，车下空间大，适应大线槽布线和空气管路预装配，做到整体吊装，实现模块化结构要求。

不锈钢车体由于板薄（底架边梁也只是采用最厚的 $\delta = 4\ \text{mm}$ 钢板轧制而成），板梁点焊结构，车下空间小，设备布置分散，只能用传统的预留线槽线道、现车穿线工艺，线路、管路布置零乱。

# 第五节　车体的模块化结构

## 一、模块化结构的概念

就车体结构形式而言，几十年来国内外都是采用全组焊结构，即底架、侧墙、车顶和端墙均为焊接而成的部件。将这四大部件采用焊接工艺组装，称为整体焊接结构，也称为一体化结构。随着技术的发展，近几年来，国外研制出了一种称为模块化的结构，我国深圳和广州地铁二号线车辆即采用了此种结构。

模块化结构与整体焊接结构相比，最显著的特点就在于将模块化的概念引入到车体设计、制造与生产管理的各个环节之中。整体焊接结构是先制造车体结构的车顶、侧墙、底架、端墙、驾驶室等部件，然后进行整个车体的总成焊接，车体总成后再进行内装、布管、布线。模块化车体设计是将整个车体分为若干个模块，如图 2-27 所示，在每个模块的制造过程中完成整车需要的内装、布管与布线的预组装（车顶模块见图 2-28），并解决相互之间的接口问题。各模块完成后即可进行整车的组装。每一模块的结构部分本身采用焊接，而各模块之间的总成采用机械连接。

## 二、模块化结构的优点

（1）在每个模块的制造过程中均注意验证其质量。模块制成后均需进行试验，从而保证整车总装后试验比较简单，质量也容易保证。

（2）由于每个模块的制造可以独立进行，并解决了模块之间的接口问题，因此各模块和部件可以由不同的工厂同时生产，模块化生产对总装生产线要求不高。

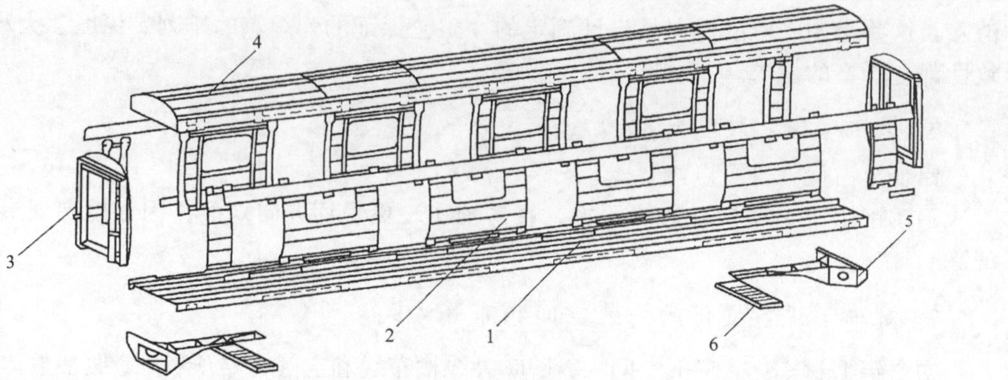


1—底架模块；2—侧墙模块；3—端部（墙）模块；4—车顶模块；5—牵引梁模块；6—枕梁模块。

**图 2-27　车体模块组成**

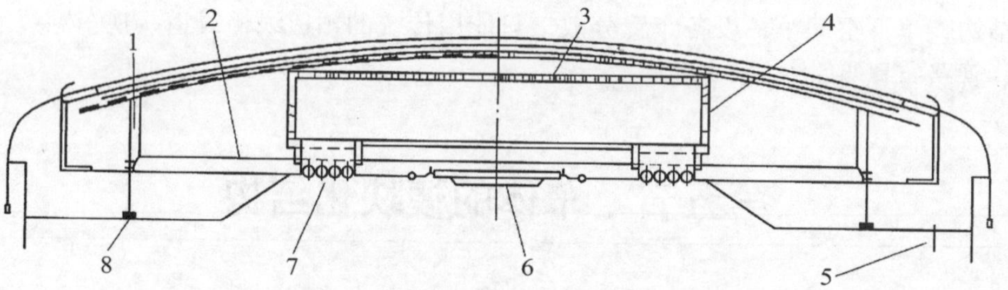


1—顶板吊架；2—顶板横梁；3—空调风道；4—隔音、隔热材料；
5—内部装饰；6—灯带；7—出风口；8—顶板悬挂。

**图 2-28　车顶模块**

（3）可以改善劳动条件、降低施工难度、提高劳动效率、保证整车质量。

（4）可以减少工装设备、简化施工程序、降低生产成本。

（5）在车辆检修中，可采用更换模块的方式进行，方便维修。目前，国内地铁车辆生产企业在模块化车体的设计、制造、试验与生产管理过程中已形成了整套的经验，从而保证了批量生产的质量。

## 三、模块化结构的缺点

从车体结构局部来分析，存在如下缺点：模块化结构的个别部件（如驾驶室框架）有的采用了部分钢材制造，各部件之间又采用钢制螺栓连接，所以车体自重要比全焊结构稍重。

由于车体是容纳旅客的场所，就车辆结构而言，其强度是保证旅客安全的关键特性，因此在设计过程必须进行详细的强度、刚度计算，并在此理论的指导下进行设计。试制完成后，必须进行相应的试验，证实确实满足要求，才能投入批量生产。

为保证隔热、隔音性能，车体组装后，在内部需喷涂隔音阻尼浆和安装玻璃棉或其他隔热、隔音材料。

车体结构在使用中一般仅对表面涂装进行必要的维修，就结构自身而言，在正常工况下可以满足使用寿命 30 年的要求。如果由于事故和大修中需对车体某部位进行检修时，可以采用更换模块的方式进行，以减少维修工作量。

## 复习思考题

2.1 简述车体的作用与分类。

2.2 简述车体基本结构的组成。

2.3 车体按承载特点分为哪几类？各有什么特点？

2.4 简述车体的基本特征。

2.5 试述铝合金车体的结构组成和各组成部分的结构特点。

2.6 画图说明铝合金车体的架车位置。

2.7 试述不锈钢车体的结构组成和各组成部分的结构特点。

2.8 试述不锈钢材料使用中应注意的问题。

2.9 什么是车体模块化结构？有何优缺点？

# 第三章　车辆设备及其布置

## 第一节　概　述

### 一、车辆设备作用和分类

按照设备的用途，车辆设备包括车用设备和服务于乘客设备两大类。车用设备主要有：牵引动力设备（如受电弓、逆变器、牵引电机）、计算机控制设备（如计算机控制单元及总线、传感器）、制动设备、风源设备等，它们用于满足列车运行要求。服务于乘客设备主要有：旅客乘坐设备（如座席、扶手、吊环等）、照明设备、信息广播设备（包括信息显示和列车广播）、空气调节设备等，它们用于为旅客提供方便和服务，保证乘客良好的乘车环境。

城轨车辆采用了先进的计算机控制技术，是集机械和电气于一体的典型的机电一体化设备。按照其设备的性质，可分为机械设备、电气及控制设备。

按照设备的布置位置，车辆设备分为：车顶设备、车内设备和车底设备。一般城轨车辆以动车组的形式出现，车内空间尽量用于容纳乘客，设备的布置应使客室环境安全、舒适，与乘客无直接关系的车辆运营所需的设备尽可能悬挂于车底，以保证车内乘客的安全和使车内空间最大化。

### 二、机电设备及电、气管线布置原则

我国城轨交通中多种车辆并存，车辆电机、电气设备的品种繁多，车辆的管线布置应符合本身设备单元定位的要求，因此城轨车辆的机电设备及电气管线的布置不尽相同，但一般应兼顾以下原则：

1. 重量分配均匀

同一单元中，各车辆重量尽量接近，有利于牵引力和制动力的发挥和得到良好的列车运行平稳性；同一车辆中，采用对称布置，使载荷分布均匀，避免偏载。

2. 满足车辆限界的要求

任何设备不得超出车辆限界。

3. 满足设备之间系统关联性的要求（略）

4. 安装和维修方便

设备尽可能成模块组装，容易接近，可操作性强。在运用过程中经常接触的设备，应布置留有足够的维护空间。

5. 安全可靠

由于城轨车辆多为动力分散型车辆，因而设备及管线的布置要以乘客人身安全为量度，要有足够的防护措施，如不耐热的设备和器件应与热源远离或隔离，高压电器设备及线路应充分绝缘处理。车辆的主电路、辅助电路、控制电路和信号电路应有可靠的保护，并且设有故障信号显示和故障设备的切除装置。

6. 经　济

设备布置时，应充分利用空间，大截面的电缆或母线尽可能短，少迂回，风管、风道尽量短，以简化施工和节约材料

7. 提供足够多、足够大的承载空间和舒适的乘坐环境

车内设备要求不影响乘客的视觉以及低噪声，特别是带司机室车辆要有一个安全操纵车辆的工作环境，有合适的作业空间，操作方便，易于观察仪器、仪表及信号，并远离噪声源。

8. 设备安装牢固

设备安装牢固，应能承受一定的冲击力，并有足够的隔振防松措施。

9. 在整车电路布置时，应符合以下的技术规定

（1）各电路应能经受耐压试验。

（2）各电路的电气设备连接导线应采用多股铜芯电缆，其耐压等级、导电性能、阻燃性均应符合有关规范要求。

（3）电线电缆的布放应合理排列汇集，不得已交叉时，高压线缆的接触部分应有绝缘加强。线缆应纳入专用管槽，并用线卡、扎带等捆扎卡牢。电缆管槽要安装稳固，防止车辆运行引起振动损伤。穿越电器箱壳的线缆应用线夹卡牢，与接头压接应牢固、导电良好。

（4）接地连接线应有足够的截面积，汇集点合理布放，可以保证传导回路电流并保护轮对轴承免受接地电流不良作用。

## 第二节　车顶设备

车顶设备主要包括受电弓、避雷器、主熔断器、空调器，如图 3-1 所示。

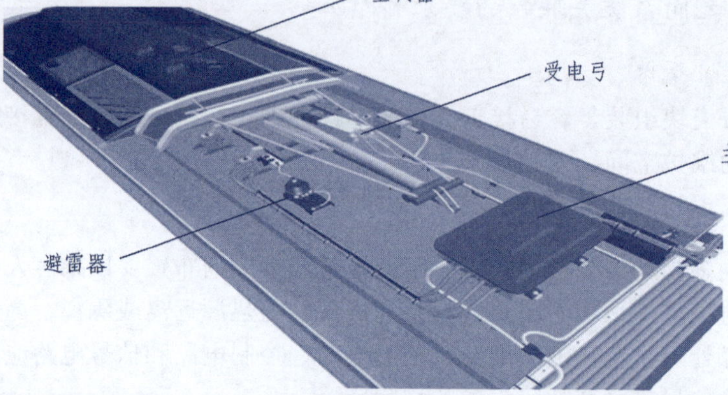


图 3-1　车顶设备

## 一、受电弓、避雷器、主熔断器

对于接触网受流列车，每单元车组某一车顶装有一个高压受流设备——受电弓。车辆的电能从接触网获得，电流通过在受电弓上的终端流向位于车底的高速断路器。单元内其他车上的辅助逆变器 DC/AC 变换器直接从受电弓上得电，电流回路通过轴箱上的接地碳刷闭合。每个受电弓旁装有一个避雷器，用来防止来自车辆外部的过电压（如雷击等）对车辆电气设备绝缘的破坏。受电弓的电流在进入车辆电器设备之前还要经过一个熔断器，以防止过电流对车辆电器设备造成损坏。

## 二、空调单元

每辆车设有 2 个车顶一体式空调单元。在通风机作用下，新风从吸风口吸入，与从客室来的回风混合，再经过过滤、冷却后由风道均匀地送入客室。司机室由单独的风道送风。

# 第三节　车底设备

车底设备一般包括有供风设备、制动系统设备和电器设备。在器件数量和器件所占体积上以电气设备为最多、最大。

在地铁列车一个单元车组中，动车、拖车由于车辆功能不同而车底设备有所不同；由三辆车编组而成的一个单元车组，除动、拖车吊装的设备不同外，单元内动车吊装的设备由于配重和车下空间位置的限制也不尽相同。

## 一、武汉地铁一号线列车车底设备的布置

武汉地铁一号线列车两辆车组成一个单元，其车底设备的布置情况如图 3-2、图 3-3 所示。

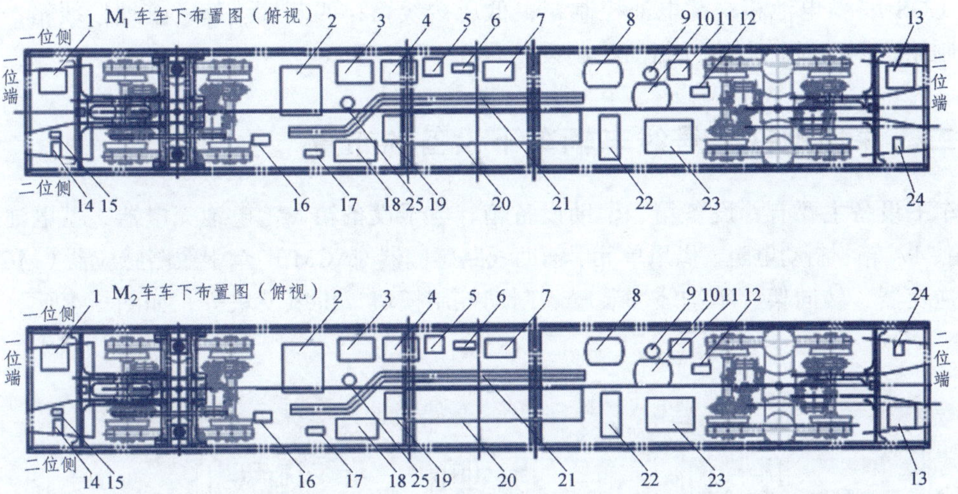


1、13—低压接线箱；2—滤波电抗器；3、4—制动电阻箱；5—应急通风逆变器；6—主断路器熔断器；7—制动机控制箱；8、10—风缸；9—停放制动；11—空压机启动箱；12、16—高压接线箱；14、24—四芯接线箱；15—母线接线箱；17—接地开关；18—高速断路器；19—监控单元；20—VVVF；21—高压线槽；22—冷却器干燥器；23—空压机；25—避雷器。

**图 3-2　武汉动车车下设备**

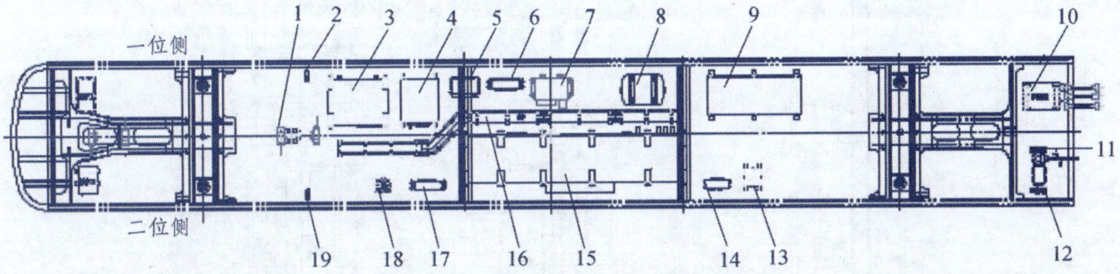


1—高压接线箱；2、19—库用插座；3—整流器箱；4—母线断路器箱；5—应急通风逆变器；6—辅助隔离开关熔断器箱；7—制动机箱；8—风缸；9—蓄电池箱；10—低压接线箱；11—接地接线箱；12—四芯接线箱；13—蓄电池控制箱；14—接地开关箱；15—辅助电源逆变器；16—线槽；17—母线隔离开关熔断器箱；18—避雷器。

**图 3-3　武汉拖车车下设备**

武汉城轨车动车车下包括的设备主要是整车的牵引系统设备和制动设备，牵引系统为牵引电机提供电源，使其工作产生牵引力。具体如下：

牵引逆变器装置（VVVF）；主隔离开关熔断器箱（MS+MF）；高速断路器箱（HSCB）；制动电阻器箱（2 台/车）；滤波电抗器箱；接地开关箱（GS）；避雷器；应急通风逆变器；母线接线箱；低压接线箱；四芯接线箱；制动控制箱；制动风缸；主风缸；空压机组；空压机启动控制箱；除湿装置；主过滤器；停放制动控制设备。

武汉城轨车拖车车下包括的设备主要是整车的辅助系统设备，辅助系统为所有用电设备提供电源及能量分配（牵引设备除外）。具体如下：

辅助电源逆变器（SIV）；整流器箱；母线断路器箱（BHB）；应急通风逆变器箱；母线隔离开关熔断器箱（BS+BF）；辅助隔离开关熔断器箱（AS+AF）；避雷器；接地开关箱（GS）；蓄电池箱；蓄电池控制箱；低压接线箱；四芯接线箱；接地接线箱；制动机控制箱；制动风缸；停放制动控制设备。

## 二、深圳地铁一号线车辆车下设备的布置

车下设备主要有：设备箱、辅助设备箱、电子设备箱、蓄电池充电器、蓄电池箱、PH 箱、PA 箱、制动电阻、供风单元、辅助线路感应器（ACM）、牵引线路感应器（MCM）、紧急逆变器、转向架、车钩缓冲装置、制动控制模块、供风模块等，如图 3-4 所示。

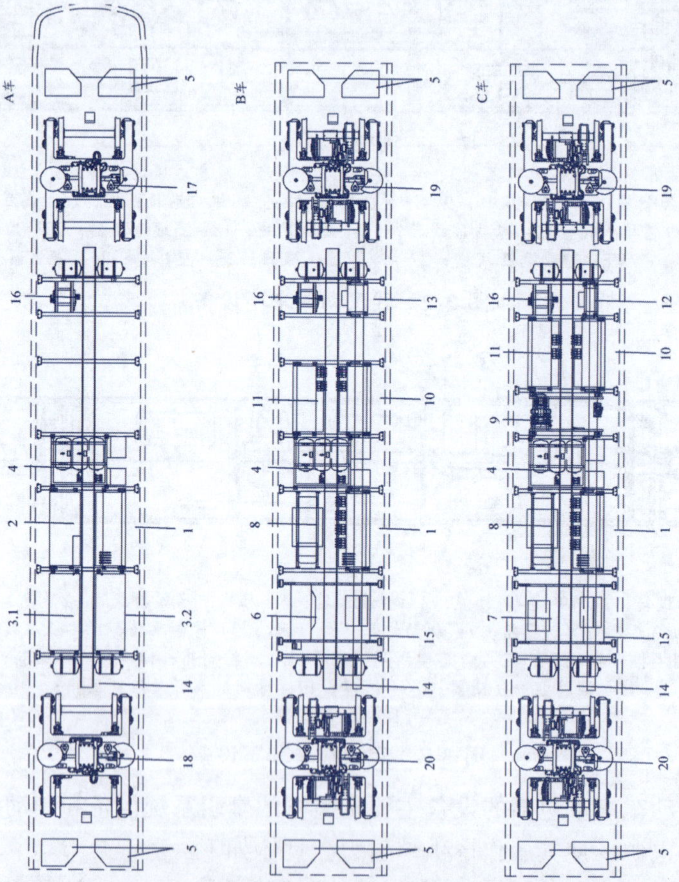


1—辅助设备箱；2—蓄电池充电器箱；3.1—蓄电池箱 1；3.2—蓄电池箱 2；4—制动控制模块；5—车钩连接箱；6—牵引 PH 箱；7—牵引 PA 箱；8—制动电阻；9—供风单元；10—电子设备箱；11—设备箱；12—辅助线路感应器；13—牵引线路感应器；14—低压线槽；15—高压线槽；16—紧急逆变器 HVAC；17—1 位端拖车转向架；18—2 位端拖车转向架；19—1 位端动车转向架；20—2 位端动车转向架。

**图 3-4　车底设备布置图**

## 三、车底设备功能介绍（以武汉地铁 1 号线车辆为例）

1. 牵引逆变器（VVVF）

牵引逆变器从高压母线上获得 750 V 直流电源，通过逆变过程，输出 550 V 交流电源，提供给牵引电机。牵引逆变器的冷却方式是采用自然风冷。

整个系统主要部件有：滤波电容、IGBT 逆变单元、斩波单元、逻辑控制单元、线路断路器（LB1/LB2）、充电接触器（CHK1/CHK2）。列车监控系统终端也包括在驱动逆变器 VVVF 内。

2. 主隔离开关

在每列车的每辆动车上装有一个主隔离开关箱，箱内包括一个主隔离开关、一个保护熔断器和一个电压传感器。主隔离开关用于实现 VVVF 逆变器与高压母线间电气上的隔离，熔断器与高速断路器配合用于 VVVF 逆变器主电路的过流保护和短路保护。

3. 高速断路器箱

高速断路器箱对主电路起过流保护和短路保护作用。

4. 制动电阻箱

电阻制动时，电动机以发电机状态工作，将电能在制动电阻上以热能形式散发。故制动电阻箱上加有隔热板。

5. 接地开关箱（GS）

在列车的每辆车上都装有一个接地开关箱（GS），此接地开关用于切断低压控制回路的负载，方便维护及检查整个回路各部分情况，并且确保正常运行时所有低压控制回路的负载可以一点接地，减少故障点。

6. 滤波电抗器

滤波电抗器将直流中的交流杂波滤除，以提高直流品质。其上面配有屏蔽板，可减少磁场对其他电气设备、电气线路的影响。

7. 制动设备

每台 M 车上都安装了空压机、干燥器和风缸等风源装置。风源系统制动产生高压空气，通过总风管供应给与其相连通的总风缸和工作设备。总风管是全列车相通的。

8. 辅助电源逆变器（SIV）

辅助逆变器也叫静止逆变器，其作用是把电网的直流 750 V 转换为 380 V、50 Hz 三相交流电，主要给空调、客室照明等负载供电。整个系统包括以下部件：用于启动作用的电磁接触器、变压器单元、逆变器单元、主控单元。

每个 Tc 车和与之相连挂的 M 车组成一个供电单元，由 Tc 车上的辅助电源逆变器供电。正常情况下，4 辆编组列车的 2 套辅助电源逆变器各自只承担自身所在的供电单元的负载，当其中一套辅助逆变器故障时，另一套辅助逆变器可承担 4 辆编组列车的负载，但空调负载需减载一半。

9. 整流器箱

整流器可以将 SIV 输出的交流 380 V 电源转换为稳定的直流 110 V、直流 24 V 电源输送出来。

10. 母线断路器箱（BHB）

在每列车的每辆 Tc 车上都装有一个母线断路器箱，用于避免在牵引和辅助电源被切断的情况下，主电路工作出现死区。列车入库维修期间断开母线断路器以保证维护人员人身安全。

11. 应急通风逆变器箱

在每列车的每辆 Tc 车上都装有一个 5NB-1 型变频逆变电源，是当通风机主电源发生故障后紧急启用的备份电源，以保证车厢内通风顺畅。电源由蓄电池供电，采用降压降频的方式，额定工作时间 45 min。

12. 接地开关箱（GS）

接地开关箱(GS)作用同动车的（GS）箱。

13. 母线隔离开关熔断器箱（BS+BF）

在每列车的每辆 Tc 车上都装有一个母线隔离开关熔断器箱，箱内包含一个隔离开关和一个熔断器，用于高压母线的电气隔离和过流保护、短路保护。

14. 辅助隔离开关熔断器箱（AS+AF）

在每列车的每辆 Tc 车上都装有一个辅助隔离开关熔断器箱，箱内包含一个隔离开关和一个熔断器，用于 SIV 与高压母线间的电气隔离和 SIV 主电路过流保护、短路保护。

15. 蓄电池组

每辆拖车上均配备一组蓄电池，额定电压为直流 110 V，安装于车下的蓄电池箱内。

列车蓄电池的主要作用是保证在没有外部电压供电的情况下能够激活列车，并为直流负载设备提供稳定的 110 V 直流电压。电池能保证驱动紧急负载设备 45 min，并开关门一次。

16. 蓄电池控制箱

蓄电池组的充放电过程、保护功能由蓄电池控制箱内的电气件进行控制。通过蓄电池控制箱可完成如下功能：使蓄电池与负载隔离；使蓄电池与充电电源隔离；防止逆流（从 DC 110 V 负载到蓄电池）；限制充电电流以防止过热；通过欠压继电器防止蓄电池电压过低（切断隔离接触器）。

# 第四节　车内设备

车内设备按位置不同分司机室设备和客室设备。由于城轨车辆的特点，决定了客室设备比较简单，特别是客室设备所占客室空间的体积较小。而城轨车辆又是自动化程度很高的机电一体化设备，其控制设备较多较复杂且多集中于司机室，特别是司机驾驶台，是控制和操纵设备最为集中之处。

## 一、司机室设备

司机室电气设备主要包括司机台、控制屏柜、综合控制柜、司机室照明、司机室电热、前照灯、刮雨器、电热玻璃、电笛、终点站显示器及司机室线槽等。这些电气设备与客室内电气设备及车下电气设备共同完成车辆的牵引、制动、开关门、空调、照明、广播、紧急对讲、客室监视及列车自动控制、车辆通信、车辆与地面通信等。

武汉地铁一号线车辆司机室设备布置如图 3-5 所示。

### （一）司机台

司机台只装在 Tc 车上，供司机驾驶列车用。

在结构上整个司机台分为两大部分：台面设备、台下箱柜。司机台台面采用 GRP 材料，GRP 具有良好的电绝缘性能和黏接性能，较高的机械强度和耐热性，可纺织性，耐一般酸碱及有机溶剂，耐霉菌。台下箱柜采用钢板材料，分为左柜、中柜及右柜三部分。

在功能上，司机台分为列车牵引、制动控制、照明控制（机室及客室照明）、门控制、广播控制、无线电台控制、空调控制、自动列车控制、前照灯控制、刮雨器控置、电热控制、列车故障诊断及紧急对讲、监视等功能。

1. 结构概述

司机台台面设有 TMS 系统显示屏、广播控制面板、ATC 系统显示器、双针压力表、司机控制器、无线电台控制盒、空调控制盒各种信号指示灯、各种按钮开关、转换开关等。

司机台左侧柜内部设无线电台主机、雨刷水箱，中间柜为接线端子排和脚踏部分，右柜为广播主机和储物柜。

2. 司机台台面布置

司机台台面集中了与驾驶操作有关的大部分功能，如图 3-6、图 3-7 和图 3-8 所示。

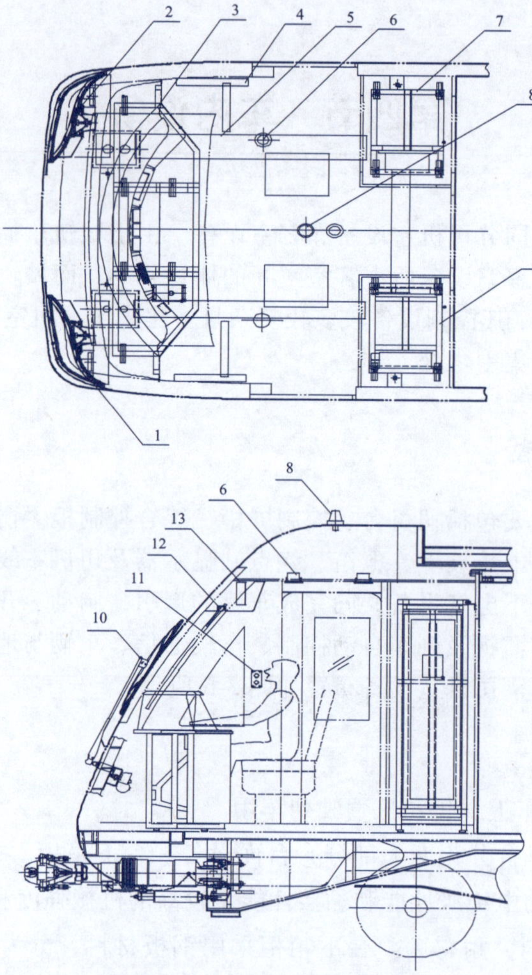


1、2—左、右前照灯组成；3—司机台；4—司机室电热；5—司机室地板线槽；6—司机室顶灯；7—控制屏柜；8—无线电台天线；9—综合控制屏柜；10—刮雨器组成；11—门旁按钮；12—遮阳帘；13—终点站显示器。

**图 3-5　司机室设备布置**

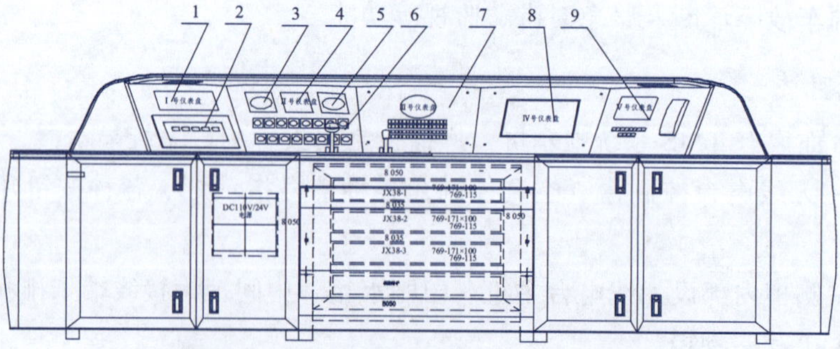


1—无线电台控制面板；2—空调控制开关；3—直流电压表（1 500 V）；4—直流电压表（110 V）；5—双针压力表；6—指示灯；7—ATC 显示面板；8—TMS 显示屏；9—广播控制面板。

**图 3-6　司机台台面（立面）设备布置**

图 3-7　司机台实景

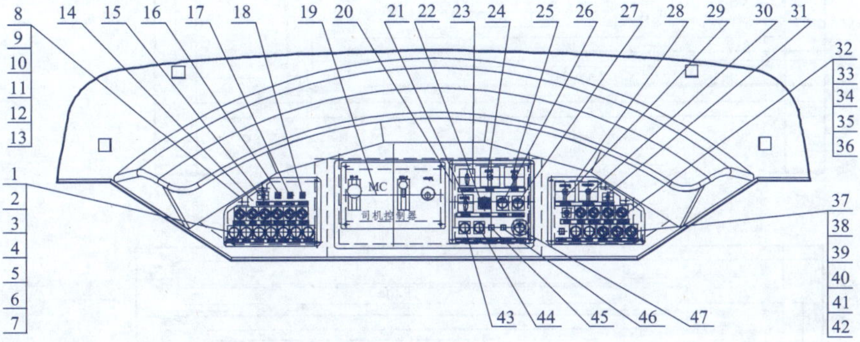


1—强迫缓解按钮；2—解钩按钮；3—停放制动按钮；4—换端按钮；5—换端解除按钮；6—试灯按钮；7—仪表灯按钮；8—左开门允许旁路开关；9—应急通风切除开关；10—电热玻璃开关；11—司机室电热开关；12—引流风机开关；13—司机室照明开关；14—左柜铭牌按钮板；15—警惕蜂鸣器；16—ATP 切除开关；17—ATP 反向开关；18—无人驾驶输入开关；19—司机控制器；20—中柜铭牌按钮板；21—门侧选择开关；22—紧急制动按钮；23—模式选择开关；24—雨刷开关；25—头灯开关；26—高加速开关；27—坡起开关；28—右柜铭牌按钮板；29—客室电热开关；30—回送切换开关；31—发车提示蜂鸣器；32—右开门允许旁路开关；33—紧急照明开关；34—客室照明开关；35—喷水开关；36—遮阳帘开关；37—站场模式开关；38—洗车模式开关；39—强迫泵风开关；40—VVVF 控制复位；41—VVVF 故障单元切除；42—VOBC 复位；43—关门按钮；44—开门按钮；45、46—ATO 发车按钮；47—电笛按钮。

图 3-8　司机台平面设备布置（司机台开关按钮布置）

3. 司机台台下箱柜电器布置

司机台台下主要操作设备有：无线电台主机、雨刷水箱、广播主机、接线端子排、DC 110 V/DC 24 V 电源变换器。

## （二）控制屏柜布置

控制屏柜包括：1 个空调控制屏，1 个配电屏，1 个接触器屏，2 个继电器屏，具体布置如图 3-9 所示。

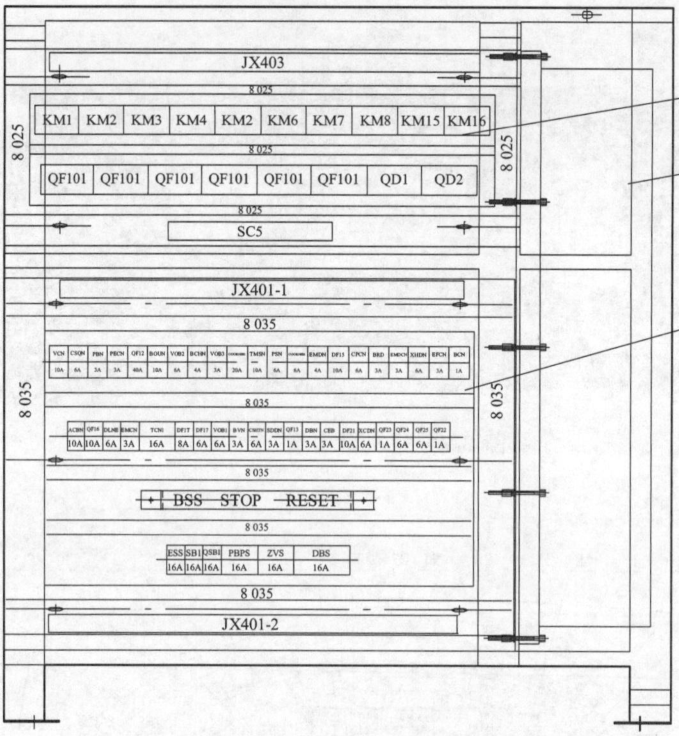


(a) 面向司机室侧

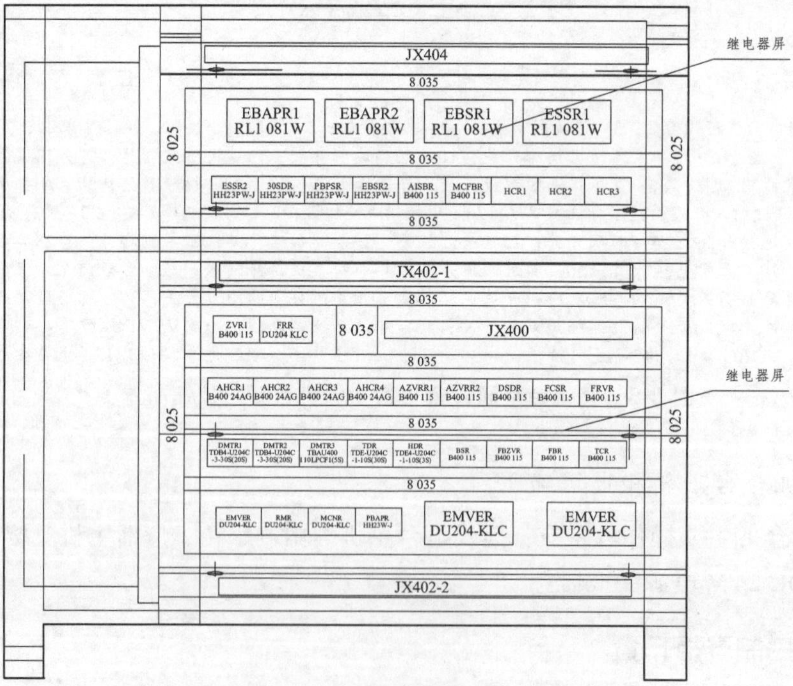


(b) 面向客室侧

**图 3-9 控制屏柜**

### （三）综合控制屏柜布置

综合控制屏柜包括：1 个 VOBC 机柜，1 个 PWM 编码器，2 个继电器屏和 1 个加速度计，具体布置如图 3-10 所示。

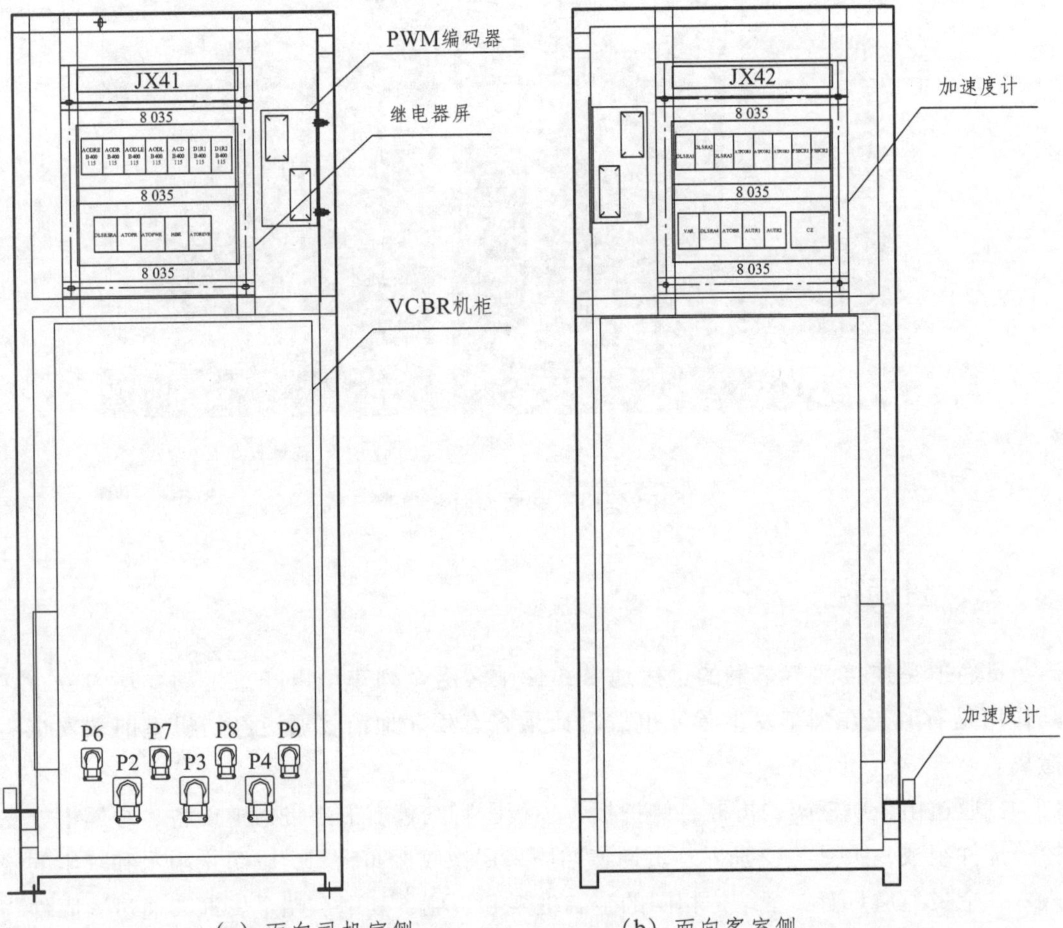


（a）面向司机室侧　　（b）面向客室侧

**图 3-10　综合控制屏柜**

## 二、客室设备

客室是供乘客乘坐的地方，在车厢的两侧设置有不锈钢长座椅，每个座椅上设置有一个透明车窗，供乘客观看车外和站台景色。客室内还设置有立柱、扶手杆、拉手给乘客提供抓扶，以保证乘客安全为增加客室内的美观，安装了内饰板（包括天花板、侧墙板、侧顶盖板）、蓝色地板布，客室顶部纵向设置有两条送风格栅，来自空调的新风和混合风从送风格栅徐徐向客室内输送，提供给乘客一个舒适的环境。深圳地铁一号线车辆客室内装实景如图 3-11 所示。

**图 3-11　客室内装实景**

## 三、贯通道

贯通道是连接两节车辆的过渡地带，使乘客沿全列车可以随意走动并均匀分布。其作用是有利于在列车发生意外事故时让乘客有秩序地沿贯通道经司机室前端安全门撤离。

贯通道由金属框架、折棚、侧护板、顶板、脚踏板、下部贯通道设备、金属框架支撑等部件组成，如图 3-12 所示。贯通道四周采用橡胶棚布密封，以防止雨水和灰尘的侵入。一个贯通道具有 2 个结构相同的金属框架和折棚，其中车端金属框架通过紧固件与车体端部牢固连接；另一端（中央金属框架）通过压板相互连接。侧板、顶板和脚踏板安装在相连的贯通道上，平稳地跟随两个车体运动。

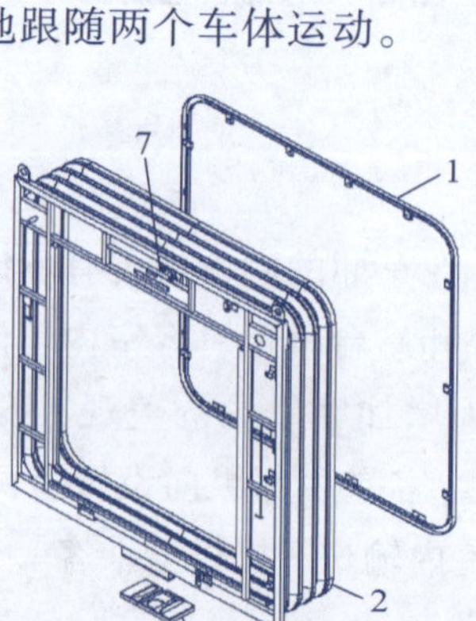

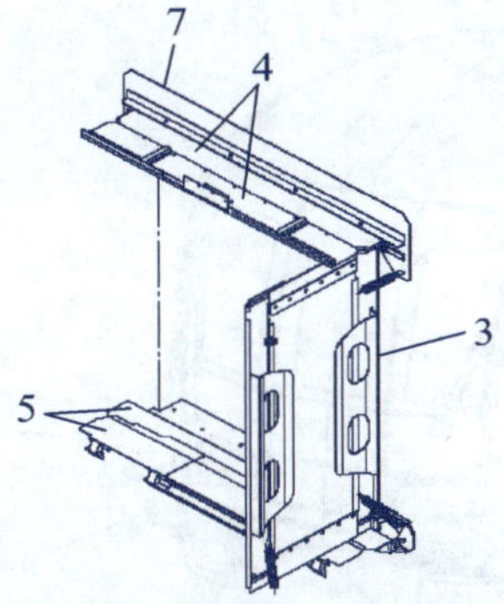


1—金属框架；2—折棚；3—侧板；4—顶板组成；5—脚踏板；
6—下部贯通道；7—金属框架支撑。

图 3-12　贯通道结构图

## 四、消防设施

每个客室必须配置灭火器、安全锤等消防设施，并放置在规定的地方。如广州地铁二号线每辆车客室的长椅下面有 2 个灭火器，相应位置设有灭火器标识，另有一个灭火器在 A 车司机室副司机台下，如图 3-13 所示。

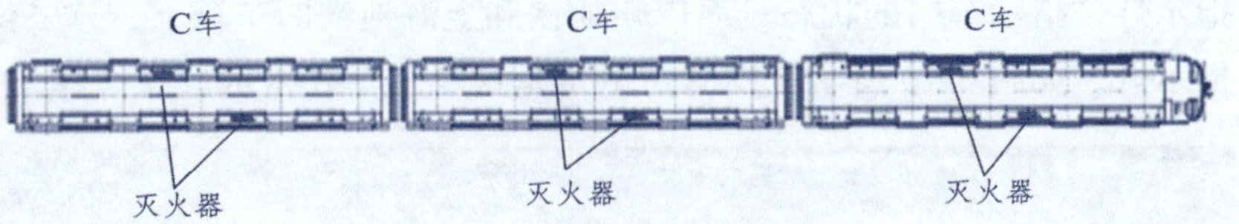


图 3-13　灭火器布置示意图

## 五、车辆灯光

车辆灯光从所处位置一般可分为司机室灯光、中间车辆灯光和其他灯光。从工作性质上可分为指示灯和照明灯。

### （一）司机室车辆灯光

1. 车端灯

图 3-14 所示为深圳地铁车辆前端灯及其布置示意图，包括两个强度水平（暗或亮）的两个白色头灯；两个红色尾灯；两个白色运行灯。

2. 车内顶灯

司机室内的天棚灯包括两个荧光管 18 W，在 DC 110 V 主电压下工作。紧急情况下它也能工作。

3. 阅读灯

阅读灯是为了司机桌的照明，是一个柱形的荧光灯，带有一个 DC 24 V/6 W 的镇流器。阅读灯安装在司机台面板正上方，自身带有开关。

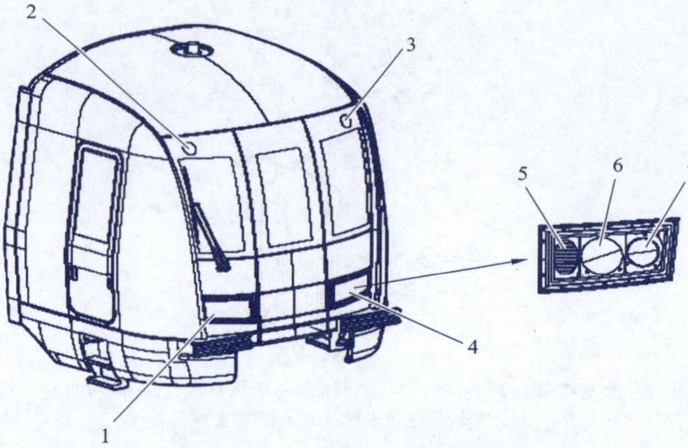


1、4—（左右）前灯单元；2、3—（左右）运行灯；5—尾灯；6—远光灯；7—近光灯。

**图 3-14　列车前端灯及其布置示意图**

## （二）中间车辆灯光

### 1. 车外指示灯

在每辆车侧面各有 1 个车外指示灯，用以指示车辆的状态。大部分车辆只在车门上方有 1 个指示灯，指示车门的状态。而广州地铁和上海地铁的车辆上，靠二位端的侧墙上有 5 个指示灯，如图 3-15 所示（图的左下角是这 5 个车外指示灯亮灯释义）。

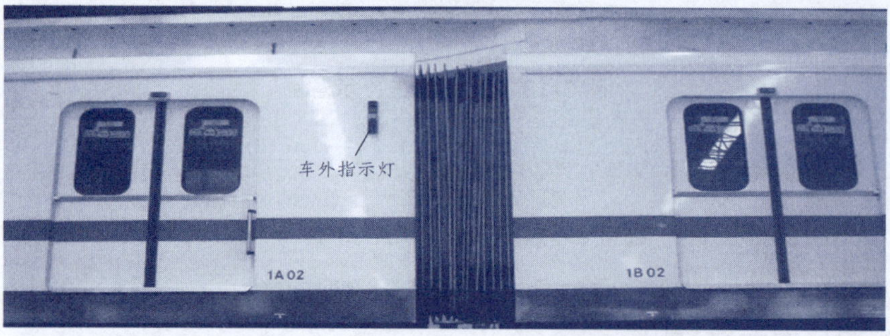


绿色灯亮——该车所有的制动已缓解；
橙色灯亮——该车有任一个侧门没有关上；
白色灯亮——自动控制系统ATC被切除（A车）；
红色灯亮——已施加电-空常用制动；
蓝色灯亮——已施加停车制动

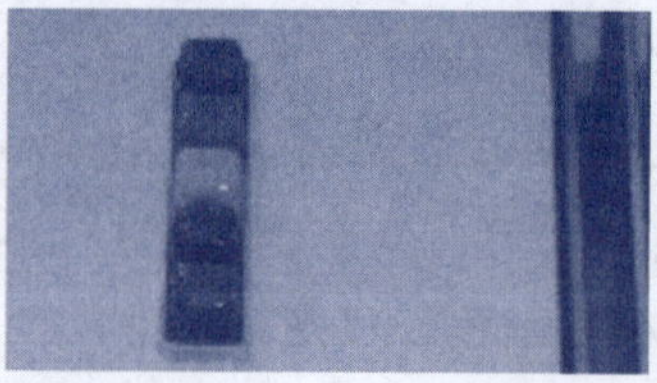

**图 3-15　车外指示灯及其亮灯释义**

### 2. 客室照明

图 3-16 所示为广州地铁二号线车辆客室灯及其布置示意图。每辆车客室左侧和右侧顶部都有一排照明，通过司机室的开关进行控制。如果电源有故障，每辆 A 车中的 6 个紧急照明灯和每辆 B 车和每辆 C 车中的 7 个紧急照明灯将投入使用。

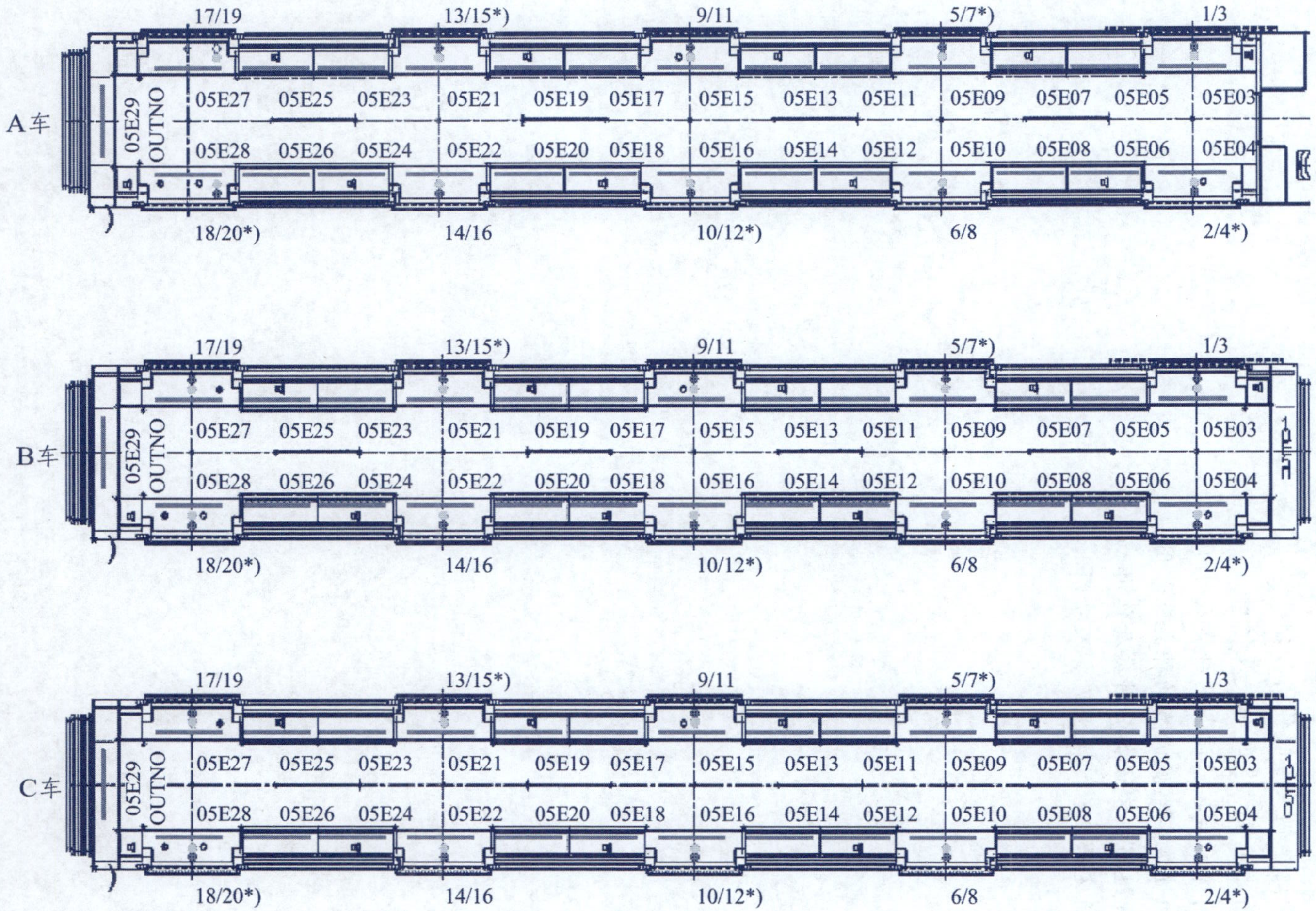


荧光灯36W　　内部指示灯　　*) 紧急照明

图 3-16　客室灯及其布置示意图

## 复习思考题

3.1　简述车辆设备的作用与分类。

3.2　简述车顶设备的种类及作用。

3.3　简述动车车底设备的种类及作用。

3.4　简述拖车车底设备的种类及作用。

3.5　简述司机室设备的种类及作用。

3.6　简述司机台的主要设备及功用。

# 第四章　车　门

本章相关视频资源

## 第一节　概　述

### 一、城轨车辆车门的特点

城轨交通是在城市内运行的轨道交通系统，它相对于干线铁路来讲有其自身的特点：站间距短，乘客上下频繁、量大。为了适应城轨的这些特点，地铁车辆客室车门应满足以下要求：

（1）要有足够的有效宽度。

（2）车门要均匀分布，以方便乘客上、下车。

（3）要有足够数量车门。

（4）车门附近要有足够的空间和面积，方便上、下车乘客的周转。

（5）要确保乘客的安全。

### 二、城轨车辆车门分类

#### （一）按驱动方式不同分类

1. 风动式车门

风动式车门由压缩空气驱动传动气缸，再通过机械传动系统和电气控制系统完成车门的开关动作。机械传动系统的作用是将传动气缸活塞杆的运动传递至车门，使车门动作。电气控制系统的作用是为了保证车门动作可靠和行车安全。

2. 电动式车门

电动式车门由电动机、传动装置、控制器、闭锁装置和紧急开门装置组成。电动式车门由于传动装置不同又分为齿形皮带传动和丝杠传动两种。

## （二）按开启方式不同区分

1. 内藏式滑动移门

开关车门时门翼在车辆侧墙的外墙与内护板之间的夹层内移动，传动装置设于车厢内侧车门的顶部，装有导轮的门翼可在导轨上移动并与传动装置的钢丝绳或皮带相连接，借助气缸或电动机驱动传动机构，从而使钢丝绳或皮带带动门翼动作。

2. 外挂式滑动移门

与上述内藏嵌入式车门的主要区别仅在于开、关车门时，门页和悬挂机构始终处于侧墙的外侧，车门驱动机构的工作原理与内藏嵌入式车门相同。

3. 塞拉门

借助于车门上端的传动机构和导轨，在车门开启状态时门翼贴靠在侧墙的外侧；车门在关闭状态时，门翼外表面与车体外墙呈一平面这不仅使车体外表美观，而且也有利于在高速行驶时减少空气阻力，车门不会因空气产生的涡流而产生噪声，也便于自动洗车装置对车体的清洗。

以上三种车门的比较如图 4-1 所示。

（a）内藏嵌入式车门

（b）外挂式车门

（c）塞拉门

图 4-1　各类客室车门

（1）内藏嵌入式车门的优缺点：车门运行稳定可靠；密封性好；运行阻力大；洗车不便。

（2）外挂式车门的优缺点：运行稳定可靠；密封不好；运行阻力大；洗车不便。

（3）塞拉门的优缺点：美观、空气阻力小；密封性好；洗车方便；运动轨迹复杂。

### （三）按用途不同区分

1. 紧急疏散门

紧急疏散门为可伸缩（可折叠）的套节式踏级板，两侧设有扶手栏杆，中间铝合金踏板上涂有防滑漆，故乘客在上面行走时不易滑跌。一旦门锁开启，车门能自动倒向路基，并且还有缓冲器，不致使倒下的加速度过大，而使疏散门装置损坏。紧急疏散门有下翻式疏散门与上抬式疏散门两种，如图 4-2 所示。

(a) 下翻式疏散门

(b) 上抬式疏散门

图 4-2 紧急疏散门

2. 司机室车门

在司机室两侧墙上各有一扇单叶的车门，其结构与客室车门类似，只是没有气动装置，用人工开关，以供司机上下车，如图 4-3（a）所示。

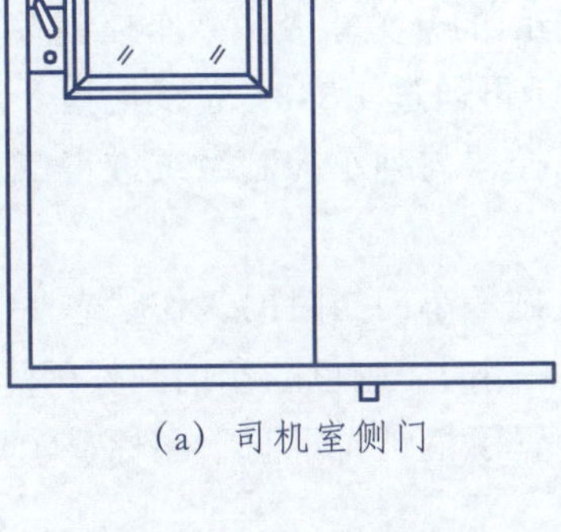

(a) 司机室侧门

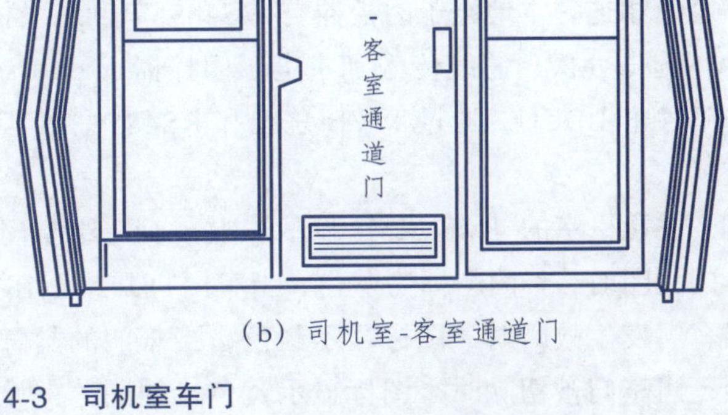


(b) 司机室-客室通道门

图 4-3 司机室车门

在司机室背墙中间有一通客室的通道门，是司机进入客室的通道，如图 4-3（b）所示。它在客室一侧设有开门手柄，乘客是不能开启这扇门的。但在其上方有一红色紧急手柄，其用途是当乘客发现司机因突发急病时，可用紧急手柄开启通道门对司机进行抢救。

3. 客室车门

地铁车辆 A 型车一般每侧有 5 个车门，整辆车有 10 个车门；B 型车一般每侧有 4 个车门，整辆车有 8 个车门。客室车门是供旅客上下车用的。车门数量多是为了加快乘客上下车的速度，缩短上下车时间。客室车门是否安全可靠，对旅客的人身安全起着至关重要的作用。

# 第二节　客室车门

## 一、客室车门的位置、编号及状态显示

图 4-4 所示为深圳地铁一号线车辆车门布置示意图，由于是 A 型车，所以每辆车有 10 扇门，全列车共有 60 扇客室车门。

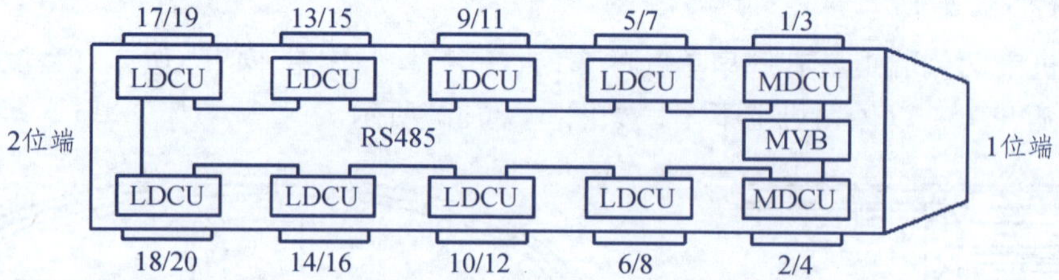


**图 4-4　深圳地铁一号线车门布置示意图**

客室车门系统由电子门控器（EDCU）控制。其中，每辆车 1/3 门和 2/4 门的门控器为主电子门控器（MDCU），其余为本地电子门控器（LDCU）。主电子门控器与 MVB 列车总线相连，本地电子门控器与 RS485 车辆总线相连。车门的开关指令由列车控制系统 TMS 通过 MVB 总线传输到主电子门控器 MDCU，MDCU 再通过 RS485 总线把指令传输到各个 LDCU，通过 MVB 总线和 RS485 总线，电子门控器与列车控制系统进行信息交换。

在司机室的 TMS-MMI 显示屏上，有一组车门图标，显示车门当时的工作状态。当车门关闭时，车门图标为蓝色；当车门打开或正在打开、关闭时，蓝色的车门图标闪烁；当车门发生故障时，图标显示红色；当车门的紧急开门装置手柄被拉下时，图标显示黑色；当车门被切除时，图标显示黄色，如图 4-5 所示。

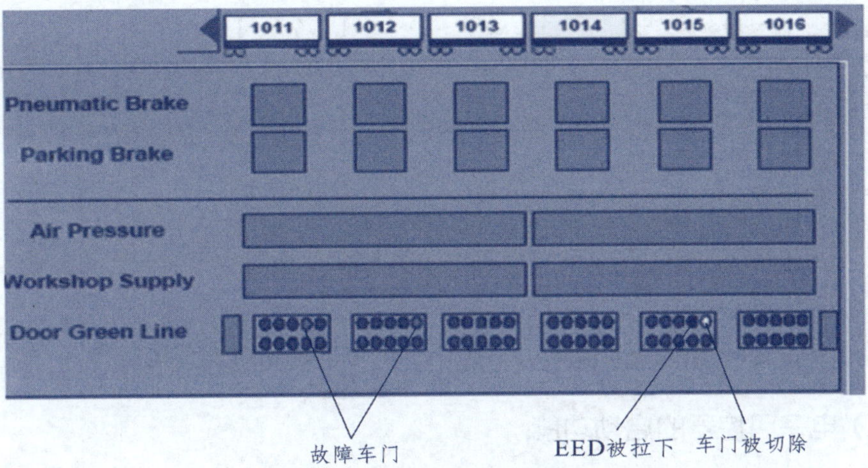


图 4-5　MMI 显示的车门图标

## 二、车门主要技术参数

### 1. 深圳地铁车辆车门（A 型车）的技术参数

入口宽度……………………………………………… $1\ 700^{+4}_{-3}$ mm

入口高度……………………………………………… $2\ 088^{+3}_{-2}$ mm

水平通过尺寸（宽度）………………………… （1 400 ± 5）mm

垂直通过尺寸（高度）………………………… （1 880 ± 10）mm

开门时间 …………………………………………… （3.5 ± 0.5）s（可调）

关门时间 …………………………………………… （3.5 ± 0.5）s（可调）

允许温度范围……………………………………… − 25 ~ +40 °C

允许最大湿度………………………………………95%

供给电压……………………………………………DC 77 ~ 137 V

最大挤压力…………………………………………有效力 150 N、峰值力 300 N

能检测到的最小物体尺寸………………………30 mm × 60 mm

门组成的总重量……………………………………180（1 + 3%）kg

### 2. 武汉地铁车辆车门（B 型车）的技术参数

入口宽度……………………………………………… $1\ 590^{+5}_{0}$ mm

入口高度……………………………………………… $2\ 055^{+5}_{0}$

水平通过尺寸（宽度）…………………………… $1\ 300^{+15}_{-10}$

垂直通过尺寸（高度）……………………………1 850 mm

开门/关门时间………………………………………2.5 ~ 3.5 s（可调）

温度…………………………………………………… − 20 ~ + 40 °C

电压……………………………………………DC 77 ~ 137 V
湿度……………………………………………≤95 %
重量……………………………………………≤200 kg
列车最高速度…………………………………100 km/h
会车速度………………………………………100 km/h

## 三、门的控制功能

车门既可在 ATO 模式下自动打开、关闭，也可以由司机操作进行打开、关闭。

### （一）电子门控器的启动功能

接通电源启动电子门控器，将引起：

（1）门关上和锁紧时，门被启动并保持关闭，并按后续命令实现更多的功能。

（2）门未关上和锁紧时，电子门控器此时无法监控门的位置。

因此，对一个没有关上和锁紧的门，在零速列车线有效的情况下，将会运行初始化例行程序，该程序将以低速关闭门直到门达到关上和锁紧位置一次。在零速列车线无效的情况下，门不动作。在第一次上电初始化关门的过程中障碍检测系统正常工作。

### （二）零速列车线

只有零速列车线有效才有可能打开门，在这种情况下内部安全继电器（位于电子门控器中）直接由此信号（硬连线）激活。激活的安全继电器将接通接到电机电源的接线，从而使软件可以在开门方向上驱动门机构。

零速列车线无效时开启的门将立即开始关闭。

### （三）开关门功能

客室车门的开启和关闭是由车门控制单元（EDCU）根据列车控制（零速列车线、开门列车线、关门列车线）的电平信号和车门驱动机构上的元件（限位开关、车门位置传感器）的电平信号来控制的。

1. 开　门

激活“开门”列车线，延时设定的时间后，车门开始开启。可以使用车门维护软件将延迟时间（出厂时为 0 s）在 0 ~ 4 s 进行调节。

门开启到开门终点位置后保持在这一位置，直到再接收到关门指令。如果在开门过程中开门列车线无效，同时关门列车线也无效，门仍然会开启到开门终点位置。如果在开门过程中开门列车线有效，同时关门列车线有效，门将执行关门动作。门状态与列车线的逻辑关系如表 4-1 所示。

**表 4-1　门状态受列车线控制的逻辑关系**

| 零速列车线 | “开门”列车线 | “关门”列车线 | 门的状态 |
|---|---|---|---|
| 0 | 0 | 0 | 关闭 |
| 0 | 0 | 1 | 关闭 |
| 0 | 1 | 1 | 关闭 |
| 0 | 1 | 0 | 关闭 |
| 1 | 0 | 0 | 关闭 |
| 1 | 0 | 1 | 关闭 |
| 1 | 1 | 1 | 关闭 |
| 1 | 1 | 0 | 打开 |

车门的监测电路：由于车门的状态关系到乘客及运营安全，为确保列车运行过程中车门正确锁闭，只要检测到有一个车门没有正确锁闭，列车将无法起动；同时在运行过程中，如果有乘客将紧急解锁手柄拉下，列车将触发紧急制动并停车。

重开门：当单个或多个车门没有完全关上时，可以按下“重开门”按钮重新把门打开并关闭。若按钮一直按下，车门将一直打开直至松开按钮，已锁闭的车门将不会被打开。

### 2. 关　门

通过激活“关门”列车线来执行关门。在提醒声响 3 s 后，车门开始关闭。可以使用车门维护软件将延迟时间（出厂时为 3 s）在 0 ~ 4 s 进行调节。

如果在关门过程中关门列车线无效，同时开门列车线也无效，门仍然会关闭到关门终点位置。如果在关门过程中关门列车线无效，同时开门列车线和零速列车线有效，门将执行开门动作。如果零速列车线变为无效，门立即开始关闭，再要打开门已不可能。

车门开关状态与列车线的关系如图 4-6 所示。

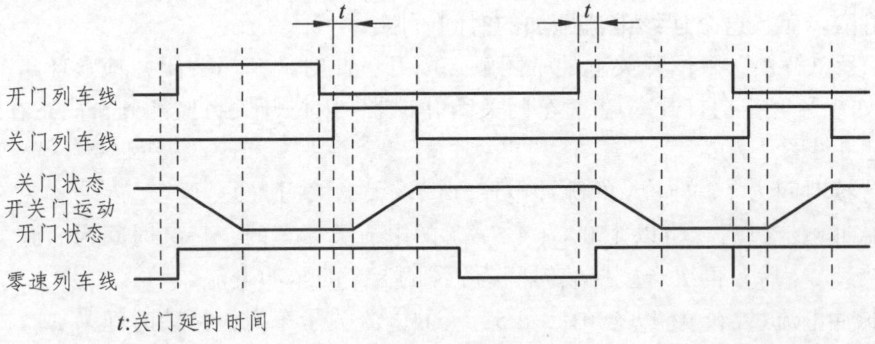


**图 4-6　门的开启和关闭**

### 3. 警示灯/蜂鸣器

（1）警示灯。在每扇车门的上方车体内侧安装有两个警示灯，一个是橙黄色的车门开关状态警示灯，在关闭并锁紧位，此灯不亮；车门打开时点亮；在将要关闭和关闭的过程中此灯发出闪烁警示（1 Hz）。另一个为红色的车门切除警示灯，此灯点亮说明该门已被切除，不能操作。

在每扇车门的上方车体外侧安装有一个警示灯，此灯与内侧橙黄色的车门开关状态警示灯功能相同，主要给车外站台上的旅客以提示。

（2）蜂鸣器。在每个客室侧门的上方均设有一个蜂鸣器，当蜂鸣器鸣响时（1 Hz），表示已发出关门指令；车门即将关闭或正在关闭的过程中，车门全部关好并锁闭后蜂鸣器停止鸣响。

### 4. 紧急装置

在紧急情况下手动开门。在车内每扇门的入口处有一个车内紧急装置，另外在每辆车的外部还有两个外部紧急装置（一侧一个）。

车内紧急装置装有一个带锁紧卡的旋转手柄，可以由乘客手动操作，也可由司机用方形钥匙来操作。外部紧急装置只能由司机用方形钥匙来操作。

操作车内或车外的紧急装置时，门驱单元上的锁闭装置进行解锁，并触发门驱单元制动装置上的限位开关。

（1）在速度 $v<1$ km/h 时操作紧急装置，将会引起：

① 车门控制单元得到切除所有车门控制功能的信号。

② 门驱单元上的锁闭装置被解锁，并触发门驱单元制动装置上的限位开关。

③ 车门关闭和锁紧环路将中断。

④ 车门控制单元发出信号。

⑤ 车门可以手动打开或关闭。

（2）在速度 $v>1$ km/h 时操作紧急装置，限位开关被操作，实现车门机械解锁。这将引起：

① 电机（车门完全关闭）上将产生持续时间为 1 s 的 8 A 的脉冲电流，短暂的脉冲后，将会给电机施加连续的大约为电机正常工作电流的 50%（1.5 A）电流以使车门保持在关闭位。而且这个连续电流施加的时间不限。

②“紧急解锁”限位开关上的常闭触点断开，此时“车门关闭并锁紧环路”中断。

③ 如果乘客企图打开车门，“车门关闭并锁紧”限位开关将监测到车门正在被打开，这将引起（见图 4-7）：

a. 持续时间为 1 s 的 8 A 的脉冲电流，以较大的关门力关门。

b. 脉冲电流过后，将以 150%（4.5 A）的电流关紧车门，持续时间为 3 s。

c. 持续 3 s 后，再次产生持续时间为 1 s 的 8 A 的脉冲电流。

d. 脉冲电流过后，将以 150%（4.5 A）的电流关紧车门，持续时间为 5 s。

e. 持续 5 s 后，再次产生持续时间为 1 s 的 8 A 的脉冲电流。

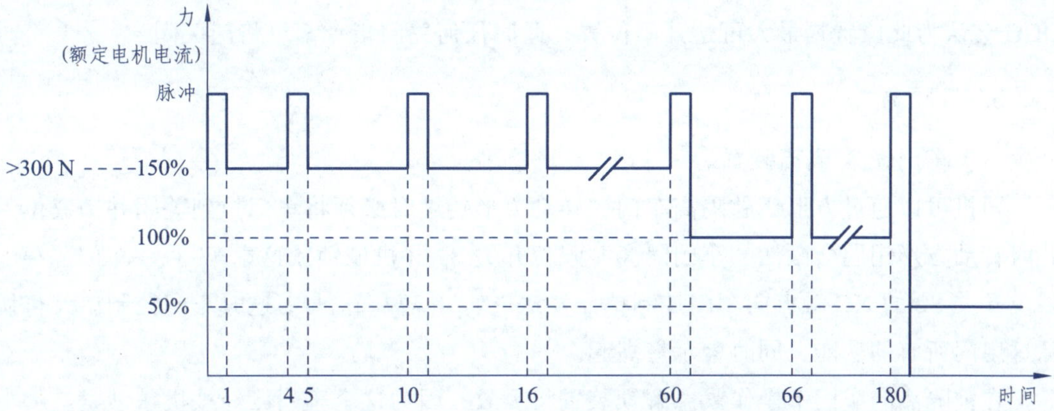


**图 4-7　假定在速度 $v>1$ km/h 时，乘客想打开车门引起的脉冲现象**

f. 脉冲电流过后，将以 150%（4.5 A）的电流关紧车门，持续时间为 5 s。

g. 一直如此循环下去，在这期间，加在车门门板上的推力将大于 300 N。

h. 60 s 后，由于电机发热的原因，上面所说的过程又将开始，但是两脉冲电流之间的电流将降为电机电流的 100%（3 A）。

i. 180 s 后，这个功能将下降到 50%的持续电流，并且没有脉冲。

当乘客停止打开车门时，车门将自动回到关门位。

5. 障碍物探测

（1）关门时的障碍物探测（关门防夹）。

在关门过程中，通过以下系统来探测障碍物：

① 电机电流监测：已存储了关门过程的正常运行电机所产生的电流曲线，在每次关门过程中会自动进行调整。如果实际电机电流值超出了正常值，障碍物探测程序将被激活。

② 路径/时间监测：车门位置传感器允许将车门的运动路径分成几段较小的间距。如果在规定的时间内车门没有通过这段距离，那么障碍物探测程序将被激活。

如果障碍物探测程序被激活，那么将施加一个持续时间为 0.5 s 的最大关门力关门（<300 N）。之后门自动打开 600 mm 左右，停止 2 s 后，再次关闭，以便清除障碍物。

这个循环将重复两次，且在 3 次连续关门顺序中如果障碍检测都被激活，门将运动到开门终点位置并停留在这一位置。这个门将由内侧车门指示灯和外侧车门指示灯指示以引导司机注意这个故障，并通过另一次关门或开门指令重新激活该车门。

（2）开门时的障碍物探测。

开门障碍物探测程序可以激活 3 次。在开门方向上检测到障碍物时，DCU 将中断开门程序，中断时间为 2 s。经过 3 次开门尝试后若仍有障碍，车门将停在该位置，并且 DCU 会认为此位置是最大可达开门位置，此时任何关门指令都可将门关闭。

6. 门隔离

（1）车门锁紧/隔离装置。

司机可以通过方形钥匙隔离车门。转动方形钥匙时必须将车门拉到关闭并锁紧位，此时转动方形钥匙会激活“车门隔离”限位开关 S2 并机械锁紧这扇车门。“车门隔离”限位开关 S2 的 NC 触点向车门控制单元发送“车门隔离”信号，这时车门控制单元将切除这扇门所有的功能，同时警示灯亮起。

在被隔离的车门上操作紧急解锁装置将无效，因为这个车门已经被机械锁紧。

每个车门外也设有隔离装置，它和车内隔离装置是同一转轴。

（2）电源隔离开关。

为了进行维修工作，可通过关闭位于驱动机构的电源隔离开关来切断一扇门区域的电源。

# 第三节　塞拉门

## 一、塞拉门系统组成

塞拉门主要由接口部件、承载驱动机构、内部和外部解锁装置、隔离开关、平衡轮组件、门扇、运动导向装置和电子门控器组成，如图 4-8 所示。

## 二、塞拉门的部件结构

### （一）接口部件

接口部件是车门系统与车体联结的机械过渡部件，包括安装架（3 件）、上压条、左右侧压条和嵌块、门槛。

1. 安装架

安装架用于驱动承载机构与车体之间的连接，如图 4-9 所示。安装架分为安装架（两侧）和安装架（中），如图 4-10 所示。通过安装架的连接，将驱动承载机构安装在车体上。

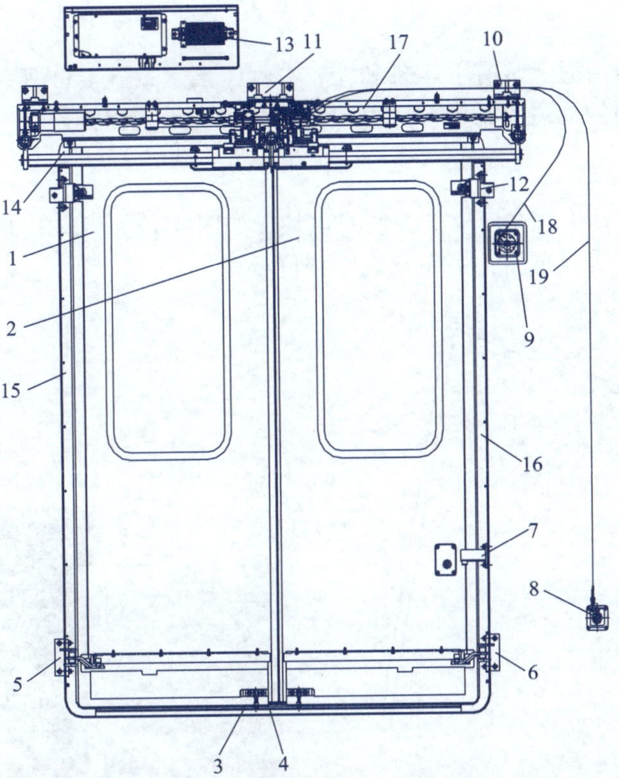


1—左门扇；2—右门扇；3—嵌块；4—门槛；5—摆臂组件（左）；6—摆臂组件（右）；7—门隔离开关；8—外操作装置；9—内操作装置；10—安装架（两侧）；11—安装架（中）；12—平衡轮组件；13—电子门控器；14—上压条；15—左侧压条；16—右侧压条；17—承载驱动机构；18—内操作钢丝绳组件；19—外操作钢丝绳组件。

图 4-8　客室车门系统组成

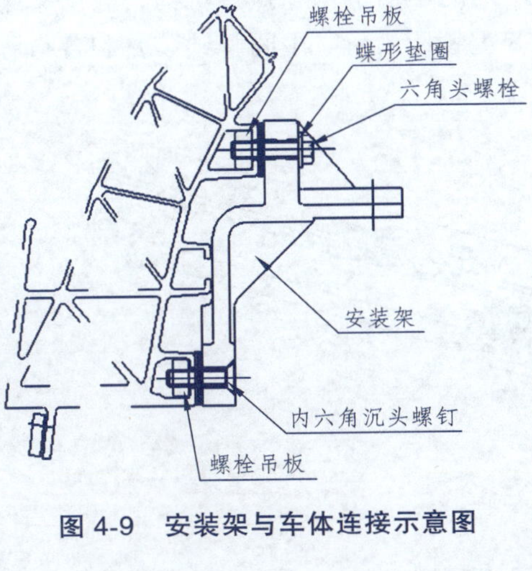


图 4-9　安装架与车体连接示意图

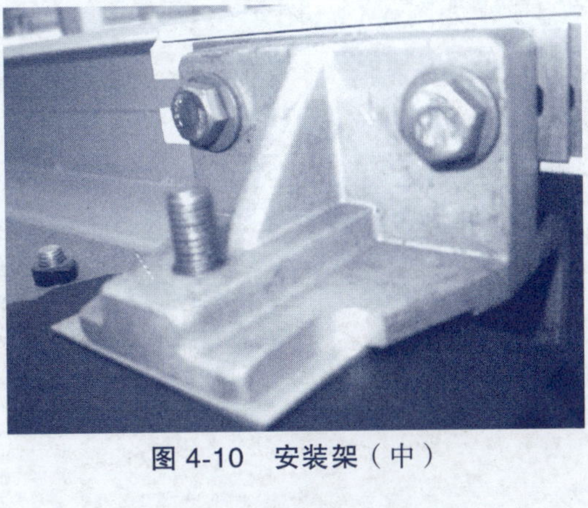

图 4-10　安装架（中）

2. 压　条

在客室车门的门框上装有上压条和左、右侧压条，如图 4-11 所示。在车门关闭的情况下，压条与门扇的周边胶条配合，以保证门扇的防水密封性。

3. 门槛和嵌块

门槛安装在车体上，在门槛上安装有嵌块，如图 4-12 所示。嵌块用于与安装在门扇上的挡销配合，以实现车门在关闭状态的挠度要求。

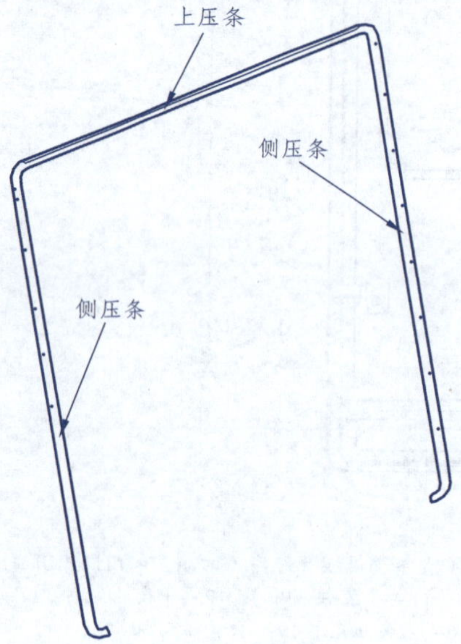


图 4-11　车门压条

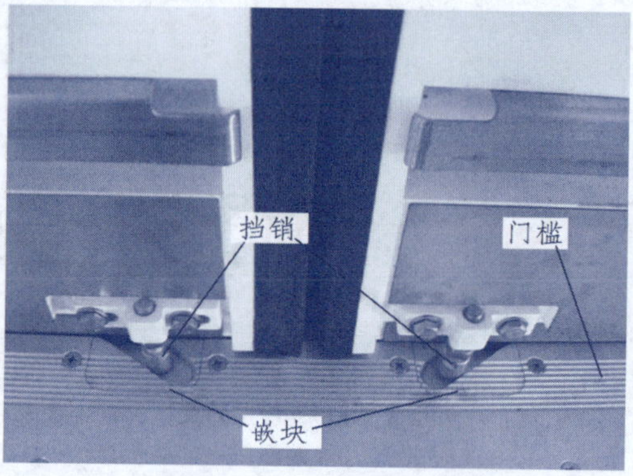


图 4-12　门槛和嵌块

## （二）承载驱动机构

承载驱动机构是车门系统的核心部件，是车门的驱动机构和执行机构，它由基架、驱动部件、丝杠、长导柱、短导柱、携门架、LS 型锁闭装置、中间解锁装置和各行程开关组成，如图 4-13、图 4-14 所示。

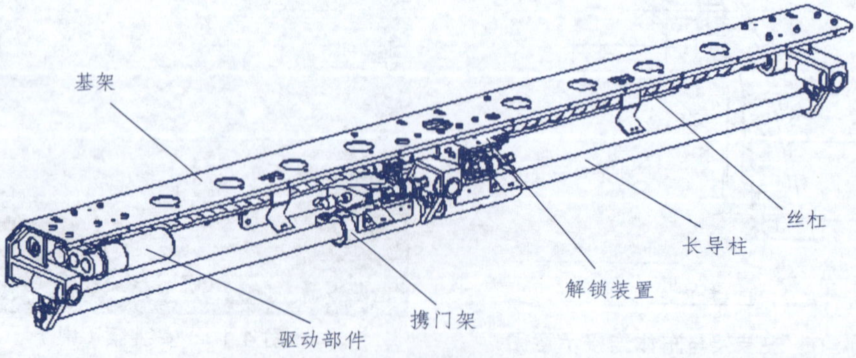


图 4-13　承载驱动机构

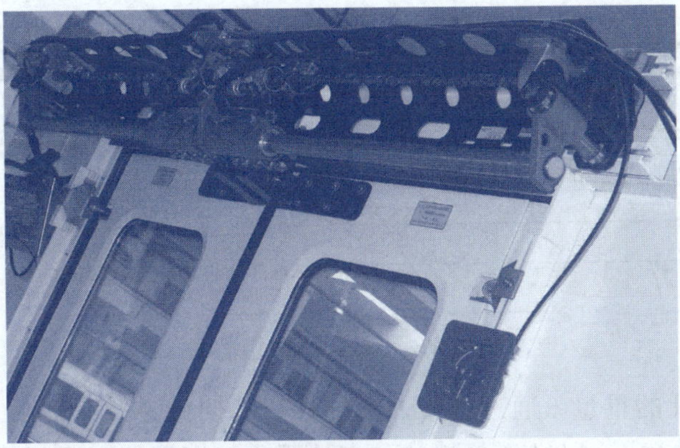

图 4-14　承载驱动机构实物图片

1. 基　架

基架直接与安装架连接，通过安装架固定在车体上。其作用是为承载驱动机构及其他部件的安装提供基础。

2. 驱动部件

驱动部件作为车门实现开关动作的动力来源，安装在承载驱动机构上，如图 4-15 所示。驱动装置包括一个直流电机和一个齿轮箱减速装置。电机受电子门控器的控制，通过一个齿轮箱减速装置，电机的旋转运动传递到丝杠并最终带动门扇运动。

图 4-15　驱动部件

3. 丝　杠

丝杠是车门系统能实现开关门动作的动力传递部件，通过三个支承（前支承、后支承和中间支承）将丝杠安装在基架上。

4. 长导柱、短导柱和挂架

长导柱安装在 3 个挂架上，3 个挂架分别在 3 根短导柱上移动，3 根短导柱通过整个机构的 1 个基架安装在车体结构上，如图 4-16 所示。

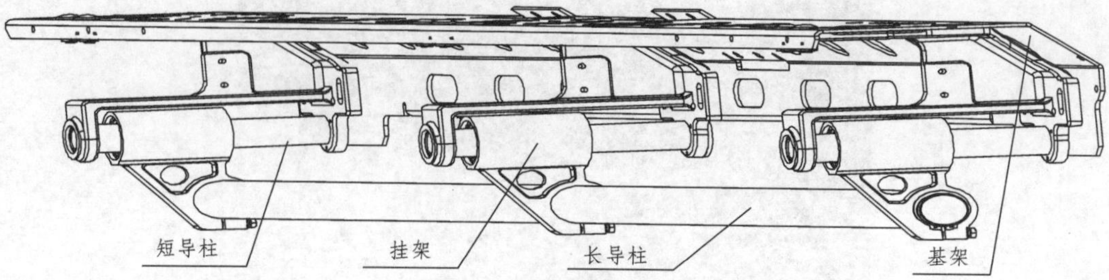


图 4-16　长导柱和短导柱

长导柱承载门叶的重量（通过挂架、短导柱、基架传递给车体），并为门的纵向移动提供自由度和保证在开/关门过程中门叶与车体平行；短导柱也是承受门叶的重量，并为门提供横向移动自由度。长导杆与短导杆轴向垂直，为门叶在水平方向的运动提供自由度，使得门叶在开关过程中的弧线运动轨迹成为可能。

挂架是长导杆、短导杆的连接件，挂架承载着长导杆（带着门叶）在短导杆上运动。

5. 携门架

如图 4-17 所示，携门架通过滚珠直线轴承在长导柱上滑动。它将力从机构传送到门扇并且也把力从门扇传送到机构。携门架通过螺钉牢牢地安装在门扇上，因此，携门架将门扇的所有重量和动力传送给长导柱。

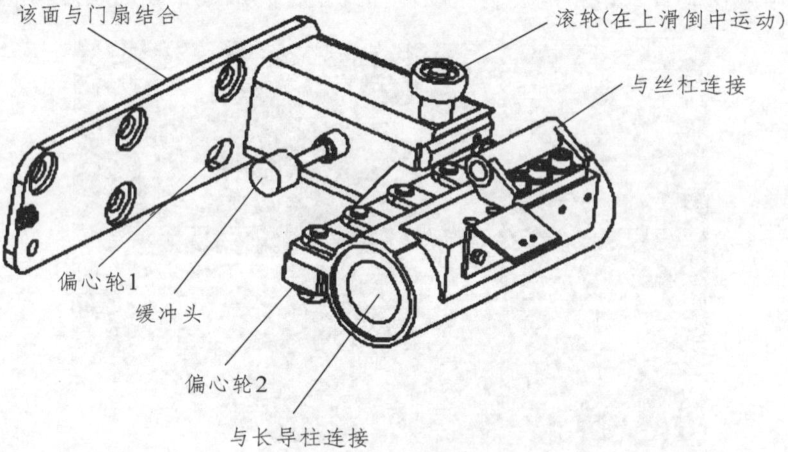


图 4-17　携门架

6. LS 型螺母锁闭装置

LS 型螺母锁闭装置如图 4-18 所示，其丝杠部分的螺旋槽分为三段：一段是螺旋升角大于摩擦角的工作段，一段是螺旋升角小于摩擦角的锁闭段，以及介于这两者之间的过渡段。在过渡段，丝杠的螺旋升角由非自锁逐渐过渡到自锁的螺旋升角；当螺纹的螺旋升角小于摩擦角时，螺纹具有自锁功能，LS 型锁闭装置应用该原理。在丝杠的锁闭段，依靠自锁的原理使丝杠锁住螺母锁闭装置，即可靠地锁住了门；当电机使丝杠正、反双向转动时，LS锁闭装置和门产生与丝杠轴线相平行方向的同步移动，通过螺母锁闭装置进入与退出丝杠的锁闭段来实现门机构的锁闭与无源自解锁。

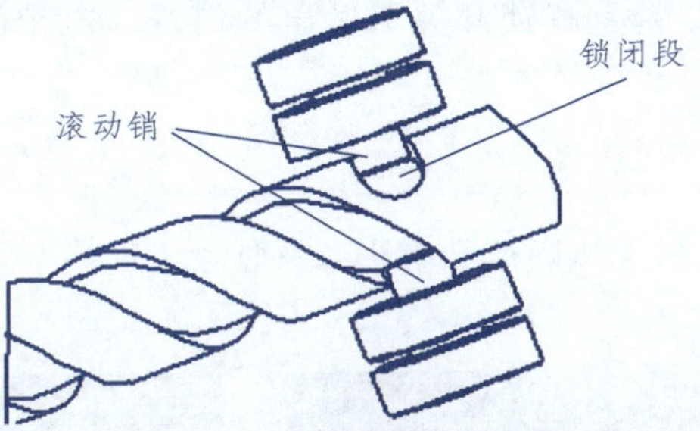


图 4-18　LS型螺母锁闭装置

7. 行程开关

每个车门系统有 4 个行程开关，图 4-19 所示的分别是锁到位开关 S1、门隔离开关 S2、紧急解锁开关 S3 和关到位开关 S4。其中，门隔离开关 S2 安装在右侧门框立柱隔离开关组件盒中，其余 3 个行程开关均安装在驱动承载机构上。4 个行程开关的信息和来自列车控制系统的指令一起控制车门的开与关。

图 4-19　解锁行程开关

8. 车门电子门控器

车门控制系统主要由一个叫作车门电子控制器（或车门控制单元 Electronic Door Control Unit，EDCU）的装置来实现对车门的控制。每个客室车门配置有一个电子门控器，电子门控器安装在客室车门左侧（由内往外看）相邻的第一个侧顶板内。其中，每辆车的 1/3 门和 2/4 门的门控器为主电子门控器（MDCU），其余门的门控器为本地电子门控器（LDCU）。EDCU 由 CPU、电源、执行单元（电机驱动单元、安全继电器）、故障存储单元、通信接口单元及相关软件组成。附属检测器件包括各种开关和传感器等，起着监控车门状态、驱动门机构和与控制门单元通信的作用。其与列车控制系统接口，根据来自列车控制系统的开、关门信号和来自车门机构上显示车门根据列车控制信号（“开门列车线”、“关门列车线”、“零速列车线”）和门驱动机构上元件（关到位开关、锁到位开关、隔离开关、紧急解锁开关）发出的信号，电子门控器控制车门的开启和关闭。

9. 隔离开关

在每套门系统的右门叶（从内往外看）上装有一个隔离开关，以实现门的机械隔离，如图 4-21 所示。

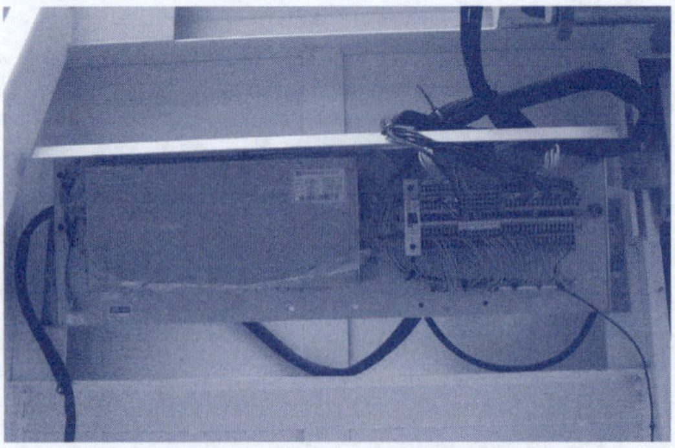

图 4-20　车门电子门控器

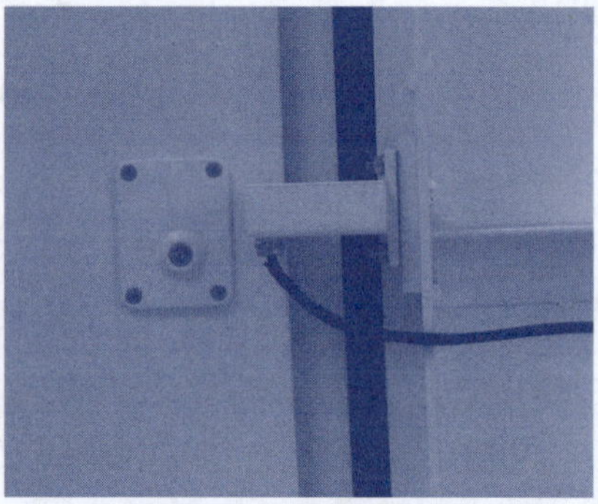

图 4-21　隔离开关

10. 解锁装置

为了能够在紧急情况下解锁并打开车门，在内侧墙上装有一把手柄。在每辆车的最后两个门口（即 17/19 门和 18/20 门）外墙板上，设置有紧急入口解锁装置，采用四方钥匙操作。其作用与内操作装置的功能相同，如图 4-22 所示。

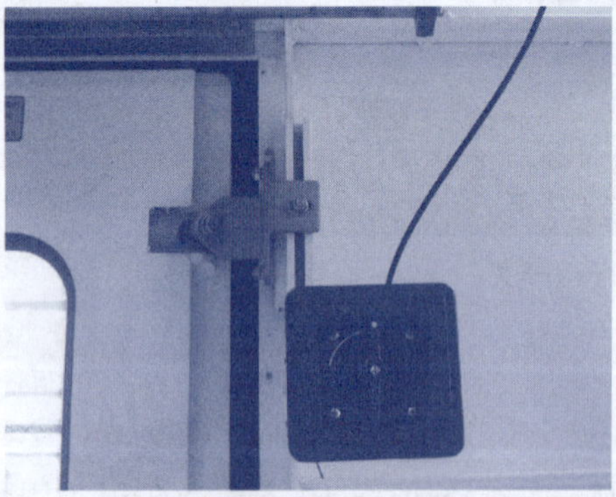

(a) 内部操作装置

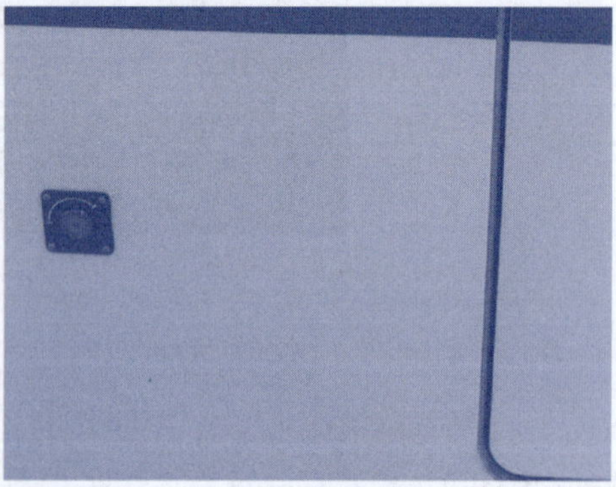

(b) 外部操作装置

图 4-22　紧急解锁装置

11. 平衡轮组件

如图 4-23 所示，在每扇门叶上部的后沿与一个安装在机构上的平衡轮组件在关门位置上啮合，以防止由于任何可能的垂向力使门板偏移。

图 4-23　平衡轮组件

12. 运动导向装置

如图 4-24 所示，运动导向装置包括上滑道、上滑道滚轮、下滑道和摆臂组件。通过滑道（呈一定的形状，实现相关的横向和纵向运动），门扇可以实现沿设定的轨迹运动。上滑道安装在驱动承载机构上，携门架上有一滚轮在上滑道里运动。下滑道安装在门叶上，一个安装在车体结构上的滚轮摆臂装置与该滑道啮合，以提供所要求的导向运动。该导向部件仅承受横向力，不承受纵向和垂向力。

(a) 上滚轮滑道

(b) 下滚轮滑道

图 4-24　运动导向装置

13. 门　扇

门板为铝蜂窝复合结构，具有铝框架、铝蒙板和铝蜂窝芯，采用热固化。为加强机械强度，蒙板的周边都包在铝框架上。门叶结构如图 4-25 所示。

除了一些用于支撑门板和实现门板导向运动的部件外，门板内表面是平的。窗玻璃粘接到门板上并与门板的外表面平齐。门板周边装有胶条，与门框上的压条配合，以实现门的周边密封。门板前沿装有一个特殊的中空胶条，以防夹住障碍物。胶条的烟火特性符合 NF F 16-101 标准。

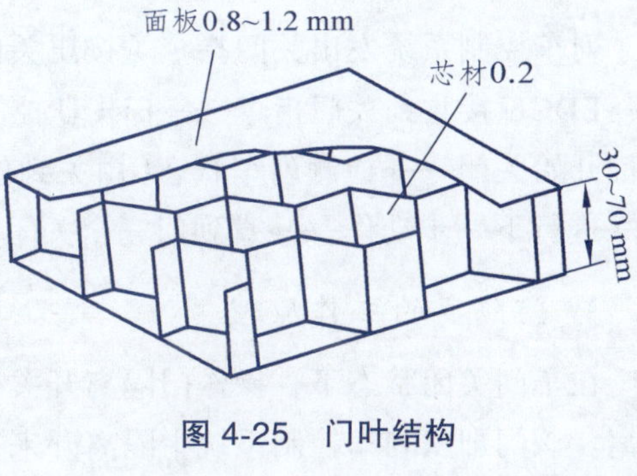


图 4-25　门叶结构

## 三、塞拉门系统的工作原理

当门完全关闭时，门扇与车辆的外表面平齐。开门时，门扇一开始就进行横向+纵向的复合运动，然后沿着车体侧面滑动直到完全打开的位置。客室车门系统的工作原理图如图 4-26 所示。

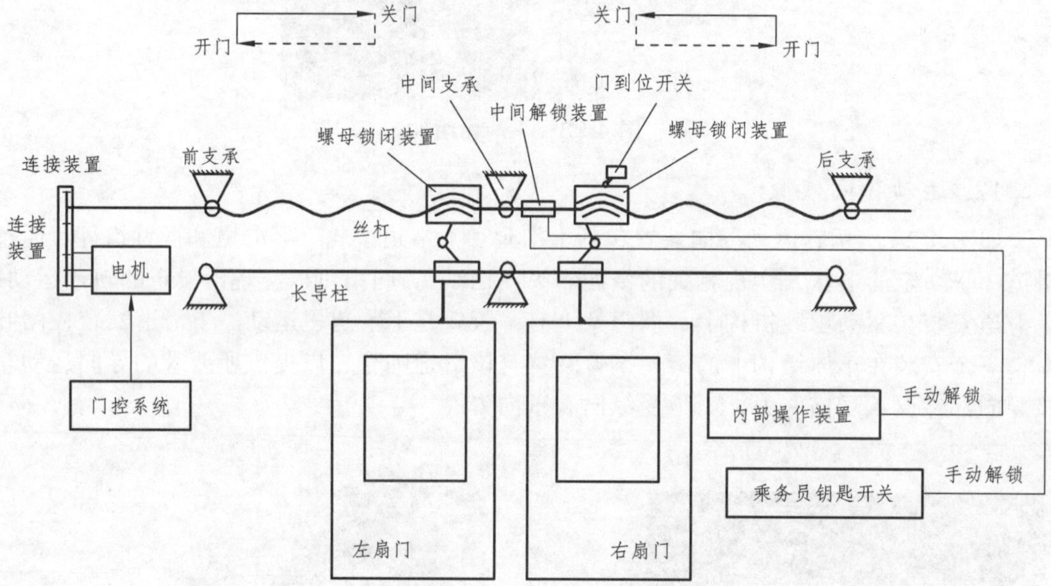


图 4-26　车门工作原理示意图

1. 开门的工作原理

列车控制系统发出开门指令（按压开门按钮或者自动运行模式下的自动开门指令）⟶列车控制系统检测列车状态⟶EDCU 接收到开门指令⟶EDCU 控制电路接通电机电源⟶电机通电并工作⟶中间解锁装置解锁（螺母锁紧装置退出丝杠的锁闭段）⟶携门架上的滚轮、上滑道、摆臂、下滑道及短导柱配合，实现塞拉⟶携门架、长导柱、上下滑道配合，实现平移⟶车门开启直到完全打开。

2. 关门的工作原理

列车控制系统发出关门指令（按压关门按钮或者自动运行模式下的自动关门指令）⟶EDCU 接收到关门指令⟶EDCU 控制电路接通电机电源⟶电机通电并工作⟶车门开始关闭⟶检测列车状态（由关到位开关 S4 和锁到位开关 S1 检测、障碍检测等）⟶进行下一步动作⟶直到门完全关闭。

3. 门隔离的工作原理

在车门关闭状态下，操作门隔离开关，可以使车门机械锁住，电气上从安全环路上隔离。该门即从列车控制系统中隔离开来，不受列车控制系统的控制。

4. 紧急操作的工作原理

操作内操作装置手柄或外操作装置钥匙——►钢丝绳带动中间解锁装置滑轮——►滑轮转动——►带动解锁装置解锁，并启动紧急解锁行程开关 S3——►门控器 EDCU 收到相应信号——►门控器根据列车状态进行下一步动作（若零速信号有效，则车门解锁，可手动打开车门；若零速信号无效，则电机朝关门方向施加一个 300 N、持续 3 min 的力，以阻止车门被打开）。

# 第四节　气动门

电控气动门的开关是通过操作车门按钮，通过电气控制系统控制中央控制阀上的 3 个二位三通电磁阀 MV1（开门）、MV2（关门）、MV3（解锁）的通、断来实现车门的开、关及锁定。车门的控制是由电控制压缩空气，然后再由压缩空气通过气缸转换成机械动作。在气缸的终端有 150 mm 的缓冲行程。调节中央控制阀上的调节旋纽可调整开、关门速度及缓冲速度。由 4 个限位开关 S1（锁闭）、S2（关闭）、S3（切除）、S4（手动解锁），给出车门状况信号，司机可以在司机室操纵按钮，通过电气控制系统实现列车所有门的同步动作，也可对没关好的车门单独进行重开门的控制。当列车按 ATP（列车自动保护系统）模式运行时，列车到站停稳后能自动开门。

## 一、基本控制元件

1. 电磁阀

电磁阀 MV1、MV2、MV3 这 3 个均为二位三通电磁阀，分别为开门、关门、解锁电磁阀。

2. 节流阀

节流阀共有 5 个，其功能分别为调节开门速度、关门速度、开门缓冲、关门缓冲、解锁速度。

3. 快速排气阀

快速排气阀共有 2 个。主气缸两端排气管是通过快速排气阀排向大气的，它相当于一个双向选择阀，它的排气口是常开的，当主气缸通过它充气时，其阀芯将排气口关闭。

其中，电磁阀 MV1、MV2、MV3 及开门速度、关门速度、开门缓冲、关门缓冲节流阀和快速排气阀是集成安装成一体的，即为中央控制阀，如图 4-27、图 4-28 所示。

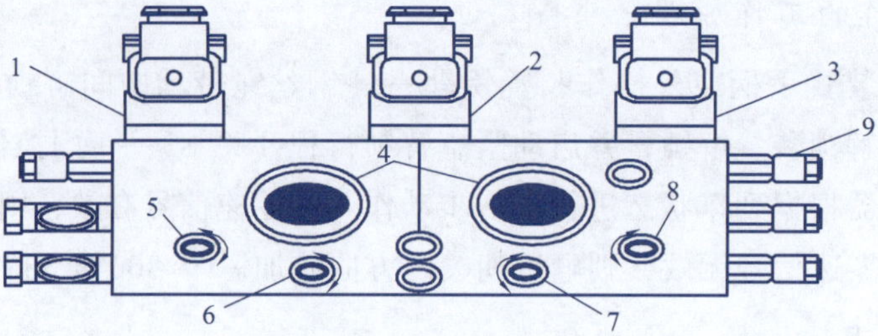

1—关门电磁阀 MV2；2—解锁电磁阀 MV3；3—开门电磁阀 MV1；4—排气孔消音片；5—关门速度节流阀；6—开门缓冲节流阀；7—关门缓冲节流阀；8—开门速度节流阀；9—气路连接头。

图 4-27 中央控制阀

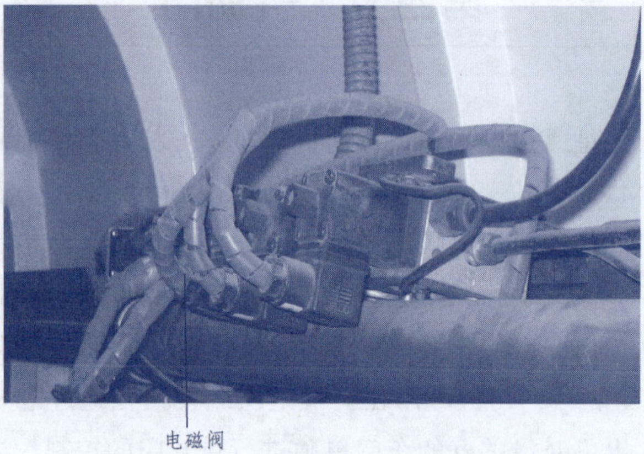


图 4-28 中央控制阀实物图片

4. 气 缸

（1）门控气缸。

门控气缸是开关门动作的执行元件，其中的活塞是一个对称的带有台阶的非等直径的活塞，即两侧直径为 20 mm，中部为 40 mm；其气缸的内径也是非等直径的，两端头的公称内径为 20 mm，中间为 40 mm。这样的结构可使活塞变速运动，如图 4-29 所示。

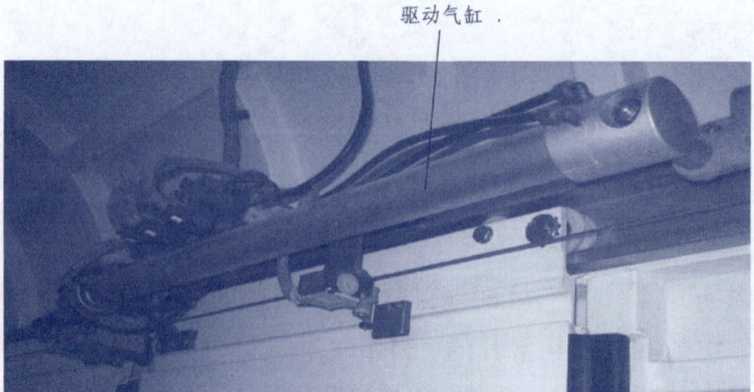


图 4-29 驱动气缸

（2）解钩气缸。

解钩气缸是执行门钩解钩动作的（门钩，呈反“S”形，锁住门叶上的圆销使门不能开启），如图 4-30 所示。

图 4-30　解钩气缸及锁钩

5. 行程开关

车门的打开和关闭还设置了 4 个行程开关 S1、S2、S3、S4。这 4 个行程开关分别对门钩位置、关门行程、门控切除及紧急手柄位置进行限制和位置显示，如图 4-31 所示。

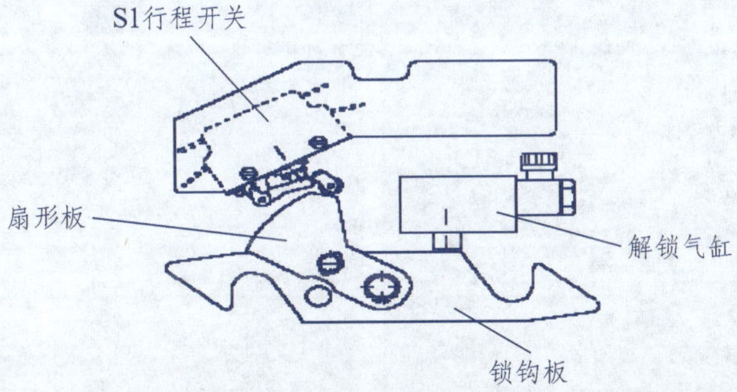


图 4-31　行程开关

行程开关是反映车门开/关动作的限位开关，它把车门的机械动作变成电信号反映到车门的监控回路，使司机随时了解车门的开/关状态。S1、S2、S3、S4 这 4 个行程开关分别对门钩位置、关门行程、门控切除及紧急手柄位置进行监控和显示。

（1）S1 为门钩位置行程开关，表示出门钩锁定与否的信息，装在红色紧急拉手上。

（2）S2 为门叶行程开关，表示出车门关闭与否的信息，固定在门导轨上部的一个安装架上。S1 行程开关与 S2 行程开关为联锁作用，即同一侧 30 个门洞的所有 S1 与 S2 行程开关均为串联，若其中任意一个不闭合，司机室会显示故障，列车则无法启动。

（3）S3 是车门紧急切除行程开关，为常闭的行程开关，装在红色紧急拉手上。当某扇车门由于故障而不能被正常使用时，需使用方孔钥匙启动紧急拉手上的切除机构，从而将该扇门的监控回路短接，排除在列车门控系统之外，使列车不因这扇门的故障而影响正常运营。

（4）S4 为紧急开门行程开关，为常闭的行程开关，装在红色紧急拉手上。有如下两种情况：

① 在 ATP 列车自动保护系统开通时，当客室内的紧急手柄被拉下时，使监控回路断开、司机室会显示故障，列车将自动紧急停车，且由于紧急手柄的动作使门锁也被打开，车门可由人工开启。另外，司机显示屏则向司机报警，显示在客室里有异常情况发生。

② 在 ATP 列车自动保护系统关闭时，当客室内的紧急手柄被拉下时，司机显示屏则向司机报警，客室有异常情况，但是列车不会自动停车。

## 二、车门的机械传动系统

车门的机械传动系统是将驱动气缸活塞杆的运动传递至两扇门叶，使车门产生开、关动作。

车门的机械传动系统包括左门驱动架、右门钢丝绳架、驱动气缸、绳轮及钢丝绳、门上下导轨等，如图 4-32 所示。

**图 4-32　活塞杆、钢丝绳与门叶的连接**

1. 左门驱动架

左门驱动架安装在左车门上，它的作用主要是将驱动气缸的活塞杆固定在左车门上，使左车门在活塞杆的带动下，随着活塞杆的伸缩而进行车门的开、关动作，因此左车门为主动门。左门驱动架与活塞杆的连接方式为球铰连接。左门驱动架在结构上设有开门止挡，用以调整门开度。

2. 右门钢丝绳架

右门钢丝绳架安装在右车门上，它的作用主要是将右车门与钢丝绳相连，使右车门与钢丝绳联动。

3. 驱动气缸

驱动气缸是车门系统的主要部件，也是车门开、关门动作的执行元件，由压缩空气推动其活塞杆运动，并带动左车门开、关，再通过钢丝绳将动力传递至右车门，因此右车门为从动门。驱动气缸的性能好坏直接影响到车门的开/关动作是否可靠。驱动气缸为双重活塞双作用式结构，其活塞可以等效简化为如下所述的模型：对称的带有台阶的非等直径的活塞，即：活塞两侧直径为 20 mm，中部为 40 mm；其气缸的内径也是非等直径的，两端头的公称内径为 20 mm，中间为 40 mm。这样的结构可使活塞变速运动，在车门打开和关闭的瞬间速度降低而形成缓冲，可以起防止夹伤乘客以及降低冲击噪声的作用。气缸的尾座与车体相连，连接方式允许气缸在车体纵向转动；气缸的另一端是活塞杆，与左车门上的驱动架相连，是球铰连接，因此气缸安装是处于浮动状态，不会因车体变形而产生活塞杆在气缸内卡死现象。

4. 绳轮及钢丝绳

绳轮分为左绳轮和右绳轮，安装在门导轨的两端。它们由钢丝绳拉力的驱动而转动。钢丝绳在绕过 2 个绳轮并在通过左门驱动架，被左门驱动架上的钢丝绳夹板夹紧后，钢丝绳的 2 个端头在右门钢丝绳架上汇合。这样钢丝绳将左、右车门联系起来，实现了左、右车门的同步反向联动。

5. 门上下导轨

门上导轨是经过硬质阳极化处理的铝合金挤压型材，长约 2 800 mm，是门系统最宽的配件。左、右车门通过滚轮吊挂在 C 字形导轨上，只要合适地调整好防跳轮与门上导轨的间隙，车门就可平稳而灵活地在导轨上滑动。

门下导轨为一导槽，使门的下边在导槽内滑动。门下导轨须与门上导轨平行且偏差不超过 2 mm。

## 三、车门气动控制工作原理

压缩空气从 P 口进入集成系统，而电磁阀均处于失电状态。

下面将分别叙述开、关门时，压缩空气的流程及气缸活塞的动作。

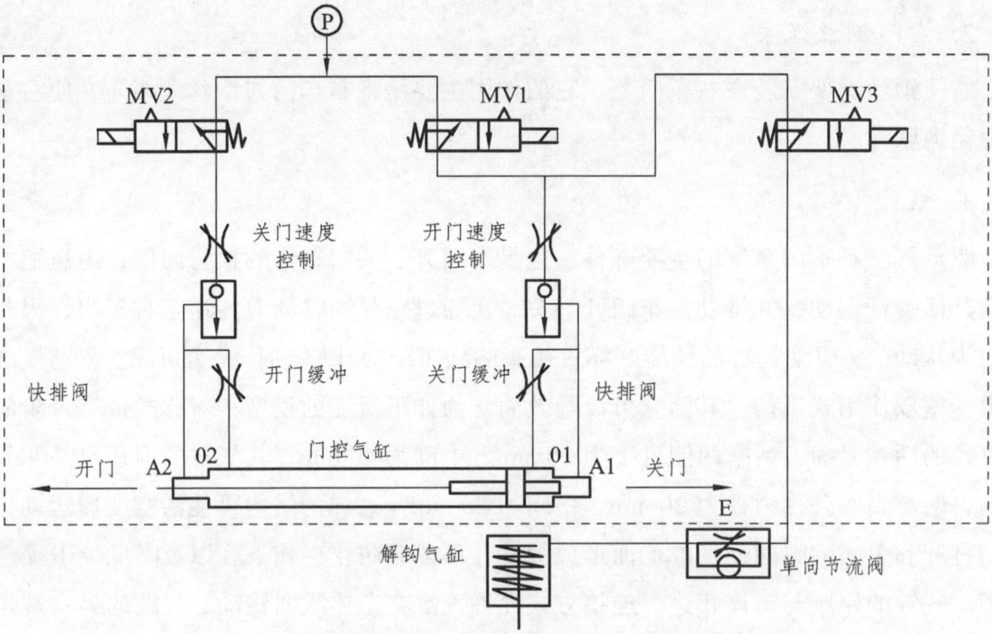


**图 4-33　车门的气动控制原理图**

1. 开　门

开门的空气流程：

（1）进气：

压缩空气 → MV1（得电）→ MV3（得电）→ 节流阀 → 解锁气缸（活塞伸出）→ 顶开门钩

MV1 → 开门节流阀 → 主气缸进气口 A1（01）→ 活塞杆外伸

（2）排气：

活塞左移 → 主气缸排气 A2（02）→ 开门缓冲节流阀 → 快速排气阀 → 大气

当活塞的左端头进入气缸左端的小直径处侧 A2 出口被封堵，大气缸内的气体只能从 02 一个出气口并经过缓冲节流阀到快速排气阀最终排至大气。由于 A2 出口的被堵整个排气速度就大大降低，就使开关门的速度有了一个极大的缓冲。

2. 关　门

（1）关门的空气流程：

MV3（失电）→ 门锁气缸排气活塞缩回 → 门钩复位（在扭簧作用下）

（2）进气：

MV1 失电

压缩空气 → MV2 得电

（以上两路合并）→ 关门节流阀 → 主气缸进气口 A2（02）→ 活塞杆缩回

（3）排气：

活塞杆右移——>主气缸排气口 A1 $\xrightarrow{01}$ 关门缓冲节流阀——>快速排气阀——>大气

关门缓冲的原理与开门缓冲的原理相同。

由于活塞杆的端头与一扇门叶及钢丝绳的一边相连接，而另一扇门叶与钢丝绳的另一边相连接，则使门叶在活塞杆运动时，能同步反向移动。而运动的速度则由快速至突然缓慢，最后使门叶完全关闭或打开。

## 复习思考题

4.1 简述城轨车辆车门的特点。

4.2 简述城轨车辆车门的分类。

4.3 试述门状态受列车线控制的逻辑关系（图表法）。

4.4 简述车门的功能。

4.5 简述塞拉门的结构。

4.6 简述塞拉门的作用原理。

4.7 叙述电控气动门的工作原理。

4.8 电控气动门的基本控制元件有哪些？

# 第五章　转向架

本章相关视频资源

转向架是车辆最重要的组成部件之一，它是保证车辆运行品质、动力性能和行车安全的关键部件。转向架安装在车体与轨道之间。为了便于通过曲线，在车体和转向架之间设有心盘或回转轴，转向架可以绕中心轴相对车体转动。车辆在线路上运行时由于线路存在道岔、接头和几何的不平顺，以及车辆加、减速等原因会产生各种冲击和振动，为了改善车辆运行品质和满足运行要求，在转向架上设有弹簧减振装置和制动装置。

城市轨道交通车辆的转向架可分为动力转向架和非动力转向架，动力转向架上装有牵引电机和减速机构，以驱动车辆运行，非动力转向架则不安装动力和传动设备。装有动力转向架的车辆称为动车，装有非动力转向架的车辆称为拖车。

## 第一节　概　述

### 一、转向架的定义

转向架是支承车体并担负车辆沿着轨道走行的支承走行装置。

轨道交通的发展是一个从无到有、从小到大、从慢到快的过程。铁路发展初期，世界各国均采用二轴车辆，车轴直接安装在车体下面，这样的车辆长度、载重都受到限制，且不利于通过曲线。为了提高车辆曲线通过性能，必须缩小二轴车辆两轴的中心距，缩短车辆的长度；而为了提高车辆载重，又必须增加二轴车辆两轴的中心距，增大车辆的长度。这是一个矛盾，为了解决这个矛盾人们通过缩小轴距设计了一种二轴小车，两个二轴小车上面支承着一节长大车体，二轴小车可绕其中心相对长大车体转动，这样既保证了车辆曲线通过性能，又提高了车辆载重，这样的二轴小车就是转向架。带转向架的车辆与二轴车辆曲线通过的性能比较如图 5-1 所示。

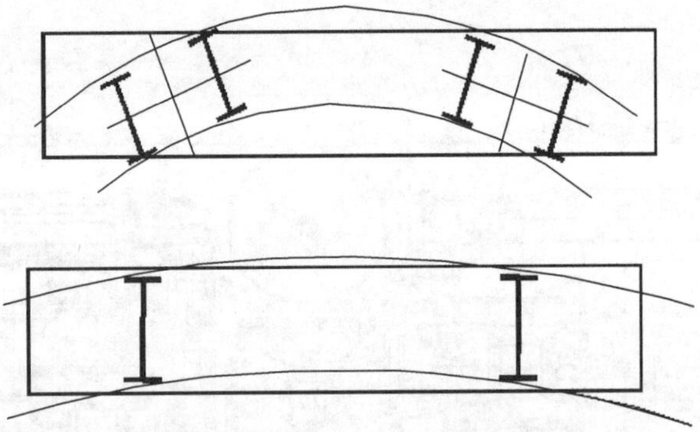

图 5-1 采用带转向架的车辆与二轴车辆曲线通过的性能比较

## 二、转向架的主要功能及要求

（1）车辆采用转向架是为了增加车辆的载重、长度和容积，提高列车运行速度。

（2）保证在正常运行条件下，车体都能可靠地坐落在转向架上。通过轴承装置使车轮沿钢轨的滚动转化为车体沿线路的平动，减少运行阻力与噪声，提高运行速度。

（3）支承车体，承受并传递从车体至轮对之间或从轮轨至车体之间的各种载荷及作用力，并使轴重均匀分配。

（4）保证车辆安全运行，能灵活地沿直线线路运行及顺利地通过各种半径的曲线。

（5）采用转向架的结构便于弹簧减振装置的安装，使之具有良好的减振特性，以缓和车辆和线路之间的相互作用，减小振动和冲击，减小动应力，提高车辆运行的平稳性和安全性。

（6）充分利用轮轨之间的黏着，传递牵引力和制动力。

（7）转向架是车辆的一个独立部件。在转向架与车体之间尽可能减少连接件，并要求结构简单，装拆方便，以便转向架独立制造和维修。

（8）便于安装牵引电机及传动装置，驱动车辆沿着钢轨运行。

## 三、转向架组成

由于轨道交通车辆的用途、运用条件与要求的不同，所采用的转向架结构各异，类型很多，但他们的基本组成部分和主要功能是相同的，城轨车辆转向架主要由构架、驱动单元（动车转向架）、轮对轴箱、中央牵引装置、弹性悬挂（一系、二系）装置、制动装置等部分组成，如图 5-2、图 5-3 所示。

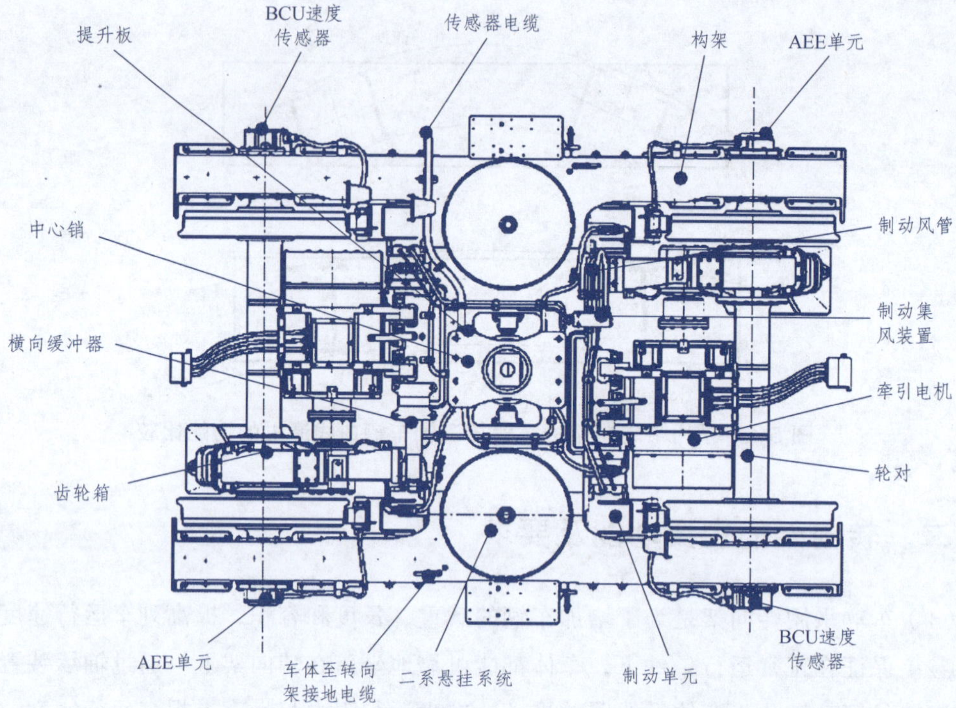

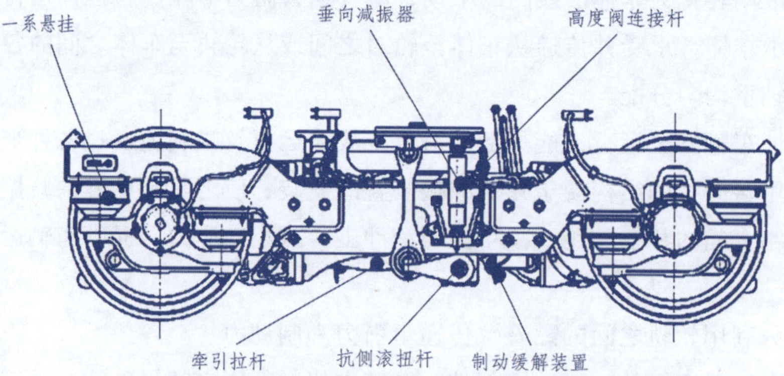


图 5-2 地铁转向架（动车）系统组成

图 5-3 地铁转向架（动车）实物图片

1. 构　架

构架是转向架的基础，它把转向架各零、部件组成一个整体。它不仅承受、传递各种作用力及载荷，而且它的结构形状和尺寸大小都应满足各零件的结构、形状及组成的要求（如应满足制动装置、弹簧减振装置、轴箱定位装置等安装的要求）。

2. 轴箱轮对装置

轮对沿着钢轨滚动，传递车辆与线路的所有载荷：垂向的车辆重量及车辆运行时的动载荷；纵向的牵引力和制动力；横向的向心力。轴箱和轴承装置是联系构架和轮对的活动关节，使轮对沿钢轨的滚动转化为车体沿钢轨的平动。

3. 中央牵引装置

车体和转向架之间水平方向作用力的传递是通过中央牵引装置来实现的。它相当于传统干线客车的摇枕装置。

4. 制动装置

为使运行中的车辆减速或使静止的车辆保持静止状态，车辆必须安装制动装置。车辆除了设有牵引电机的电制动系统外，转向架还安装了另外的摩擦制动系统。每个车轮都配有气动的踏面制动单元或盘形制动单元，该装置安装在转向架构架上。

5. 弹性悬挂装置

为了减少线路的不平顺和轮对运动对车体的各种动态影响（如垂向振动、横向振动和通过曲线等），在轮对与构架之间和构架与车体之间，设有弹性悬挂装置，前者称为轴箱悬挂装置（又称一系悬挂），后者称为中央悬挂（又称二系悬挂）。弹性悬挂装置包括弹簧、减振器及定位装置等。

6. 牵引驱动装置

每个动车上装有一套牵引驱动单元，包括电机、联轴节和变速齿轮箱。它使牵引电机的转矩转化为轮对的转矩，并利用轮轨之间的黏着作用，驱动车辆沿钢轨运行。

## 四、转向架分类

由于车辆的用途不同，运行条件的差异，制造维修方法的制约和经济效益等具体因素的影响，对转向架的性能、结构、参数和采用的材料及工艺等要求就有差异，因而出现了多种形式的转向架。各种转向架主要区别在于：所用车轴数的类型和数目、轴箱定位的方式、弹簧装置的形式、载荷传递的方式等。

### （一）按车轴的数目和类型分类

按转向架上的轴数，可分为 2 轴、3 轴和多轴转向架。转向架轴数的多少是由车辆总重和每根轴的允许轴重确定的。车轴的类型，在我国铁路车辆上按允许轴重分为 B、C、D、E 共 4 种，最大允许轴重受到线路和桥梁标准的限制。

### （二）按轴箱定位方式分类

约束构架与轴箱之间相对运动的机构称为轴箱定位装置。轴箱定位装置对转向架的横向动力性能、抑制蛇行运动具有决定性的作用。轴箱定位装置在纵向和横向要求具有适当的弹性定位刚度值，从而避免车辆在运行速度范围内蛇行失稳，保证在曲线运行时具有良好的导向性能，减轻轮缘与钢轨的磨耗和噪声，确保运行安全和平稳性。

1. 拉板式定位

用特种弹簧钢制成的薄片形定位拉板，其一端与轴箱连接，另一端通过橡胶接点与构架相连。利用拉板在纵、横向的不同刚度来约束构架与轴箱的相对运动，以实现弹性定位，如图 5-4 所示。拉板上下弯曲刚度小，对轴箱与构架上下方向的相对位移约束很小。

2. 拉杆式定位

拉杆的两端分别与构架和轴箱销接，拉杆两端的橡胶垫、套分别限制轴箱与构架之间的横向与纵向的相对位移，实现弹性定位，如图 5-5 所示。拉杆允许轴箱与构架在上下方向有较大的相对位移。

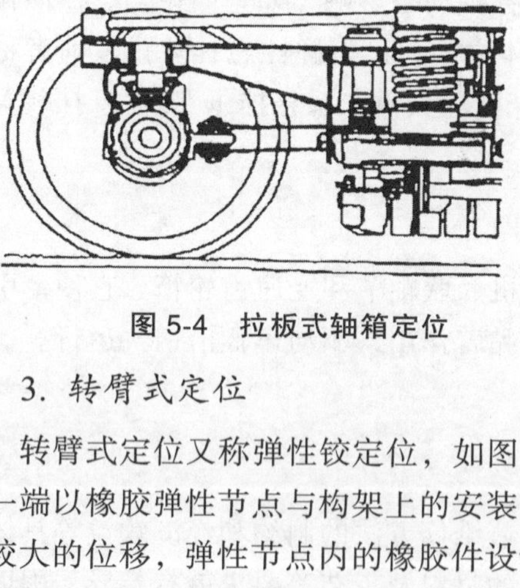

图 5-4　拉板式轴箱定位

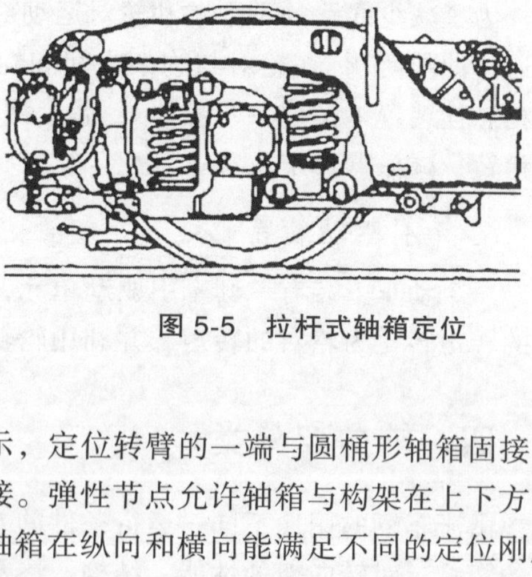

图 5-5　拉杆式轴箱定位

3. 转臂式定位

转臂式定位又称弹性铰定位，如图 5-6 所示，定位转臂的一端与圆桶形轴箱固接，另一端以橡胶弹性节点与构架上的安装座相连接。弹性节点允许轴箱与构架在上下方向有较大的位移，弹性节点内的橡胶件设计成使轴箱在纵向和横向能满足不同的定位刚度要求。

4. 层叠式橡胶弹簧定位

在构架和轴箱之间装设压剪形层叠式橡胶弹簧，其垂向刚度较小，使轴箱相对构架有较大的上下方向位移，而它的纵、横向有适宜的刚度，可以实现良好的弹性定位，如图 5-7 所示。

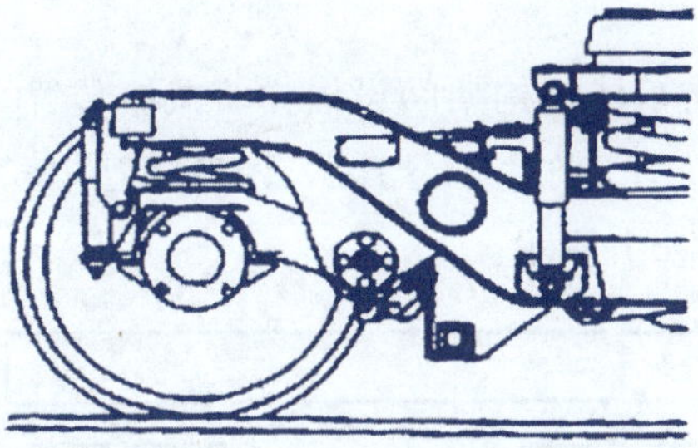

图 5-6　转臂式轴箱定位

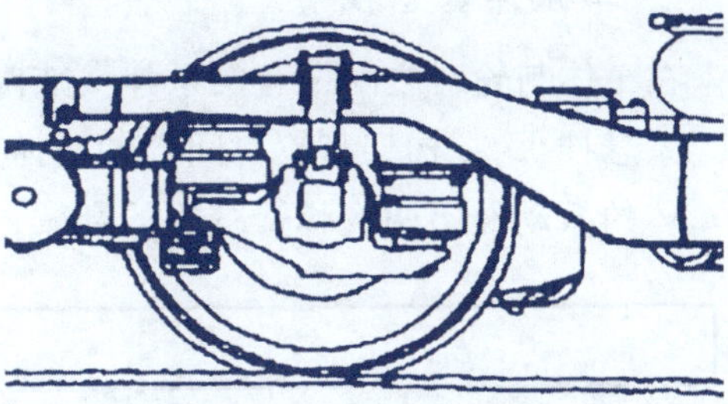

图 5-7　叠成橡胶式轴箱定位

5. 干摩擦导柱定位

安装在构架上的导柱、外定位套及坐落在轴箱弹簧托盘上的支持环均装有磨耗套。导柱插入支持环，当构架与轴箱之间发生上下运动时，两磨耗套产生干摩擦，它的定位作用是通过导柱与支持环传递纵向力和横向力，再通过轴箱橡胶垫产生不同方向的剪切变形，实现弹性定位作用，如图 5-8 所示。

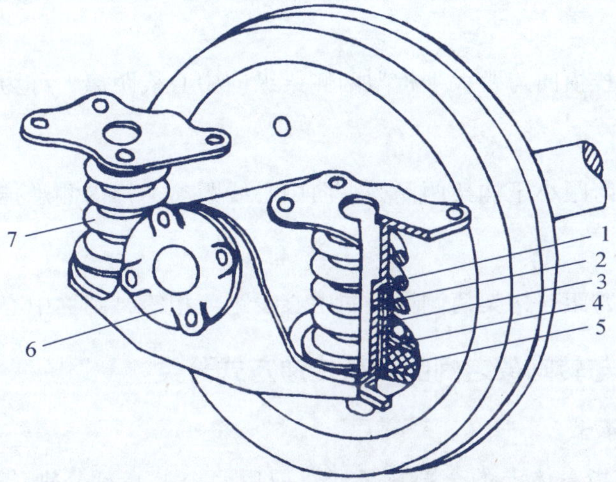


1—弹簧支柱；2—内定位套；3—外定位套；4—支承环；
5—橡胶缓冲垫；6—轴箱；7—轴箱弹簧。

图 5-8　干摩擦导柱定位

## （三）按弹簧装置的形式分类

根据转向架所装设的弹簧系统的多少可分为：

1. 一系弹簧悬挂

在车体与轮对之间，只设有一系弹簧减振装置，如图 5-9（a）所示。它可以设在车体与构架之间，也可以设在构架与轮对之间。

2. 二系弹簧悬挂

在车体与轮对之间设有两系弹簧减振装置，即在车体与构架间设摇弹簧减振装置（又称二系悬挂），在构架与轮对间设轴箱弹簧减振装置（又称一系悬挂），两者相互串联，使车体的振动经历两次弹簧减振的衰减，如图 5-9（b）所示。

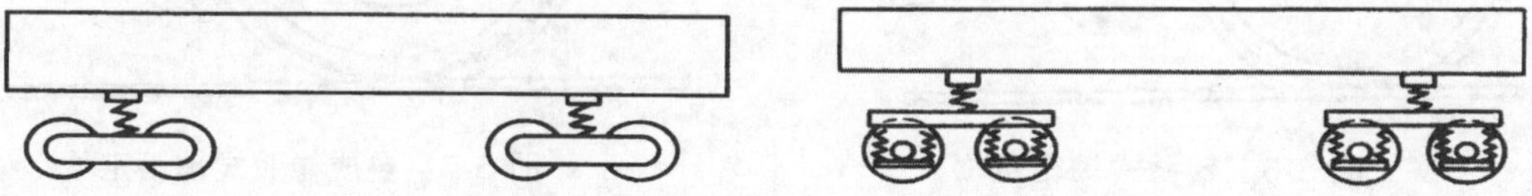

(a) 一系弹簧悬挂　　(b) 二系弹簧悬挂

图 5-9　弹簧悬挂装置

## （四）按摇枕弹簧（二系悬挂）的横向跨距分类

在转向架中，二系悬挂横向跨距的大小对车体的倾覆稳定性影响显著。增大跨距可增加车体抗倾覆的复原力矩，提高车体在弹簧上的稳定性。根据摇枕悬挂装置中弹簧横向跨距的不同可分为：

1. 外侧悬挂

转向架二系悬挂横向跨距大于构架两侧梁纵向中心线距离，称为外侧悬挂转向架。

2. 内侧悬挂

二系悬挂横向跨距小于构架两侧梁纵向中心线距离，称内侧悬挂转向架。

3. 中心悬挂

二系悬挂横向跨距与构架两侧梁纵向中心线距离相等，则称中心悬挂转向架。

## （五）按车体与转向架之间的载荷传递方式分类

1. 心盘集中承载

心盘集中承载指车体上的全部重量通过前后两个上心盘分别传递给前后转向架的两个下心盘。

2. 非心盘承载

非心盘承载指车体的全部重量通过中央弹簧悬挂直接传递给转向架构架，或者通过中央弹簧悬挂装置与构架之间装设的旁承装置传递。这种转向架虽还设有类似于心盘的回转装置，但它仅作为牵引及转动中心之用。

3. 心盘部分承载

心盘部分承载指车体上的重量按一定比例分配，分别传递给心盘和旁承，使之共同承载。

# 第二节 构 架

## 一、构架的作用及要求

构架是转向架各组成部分的安装基础，通过构架把转向架的组成部件组合成一个整体，构架也是转向架承载的主要部件。因此，对构架有如下要求：

（1）部分尺寸精度要求较高，使一些部件安装具有较高的定位精度，如轮对定位，使转向架达到较高的运行性能。

（2）便于各部件及附加装置的安装，包括轮对安装、传动齿轮装置的悬挂、牵引电机的安装、制动系统的安装。

（3）结构经过设计，具有足够高的强度，承受并传递牵引力、制动力、车体重量以及各种冲击、振动，保证列车运行安全。

## 二、构架的分类

（1）就制造工艺而言，转向架的构架主要有铸钢构架和焊接构架两种形式。铸钢构架结构简单，常用于一系减振的货车。焊接结构的构架结构相对复杂，干线铁路的客车和城轨车辆均用焊接结构的构架，它能适应二系悬挂及客车对运行安全性、平稳性的诸多要求。

（2）按结构形式有：开口式、封闭式，或 H 形、日字形、目字形等。

## 三、构架的结构

城轨车辆构架主要由左、右侧梁，两根横梁及前后端梁组焊而成。没有端梁的构架，称开口式构架；有端梁的构架，称封闭式构架。图 5-10 所示为开口式构架。

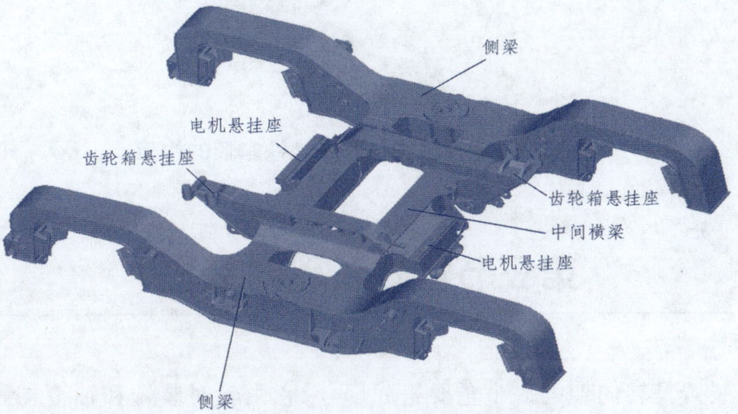


图 5-10　开口式构架

### （一）侧　梁

侧梁是构架的主要承载梁，是传递垂向力、纵向力和横向力的主要构件，侧梁还用来确定轮对位置。

侧梁是在纵向呈 U 形的结构，主要是为了降低车体重心的高度，以提高车辆运行的平稳性和安全性。

地铁车辆侧梁是中空焊接结构，由 4 个面板（上、下、左、右）和内部的加强筋组焊而成。此结构既可以保证构架的强度和刚度，又能大幅降低构架自身的重量。

侧梁上设有踏面单元制动器、一系簧、二系簧等部件的安装座。各部件安装座的安装孔都经过精确定位，从而保证了所有部件组装后的转向架运行性能。

### （二）横　梁

构架两边是侧梁，中间用两根横梁将侧梁连接，使构架成为一个整体。

横梁也是中空结构，断面形状有矩形和圆形两种。矩形断面结构的和侧梁一样是用钢板焊接而成，圆形结构的是采用无缝钢管。横梁上焊有齿轮箱吊座、电机安装座以及牵引杆安装座。有的地铁车辆构架的横梁中空部分还作为空气弹簧的附加气室。

构架除了侧梁和横梁以外，还有纵向连接梁和各种设备的安装座，它们是为了安装相应的设备而设置的。图 5-11 所示为武汉地铁一号线地铁车辆的构架。

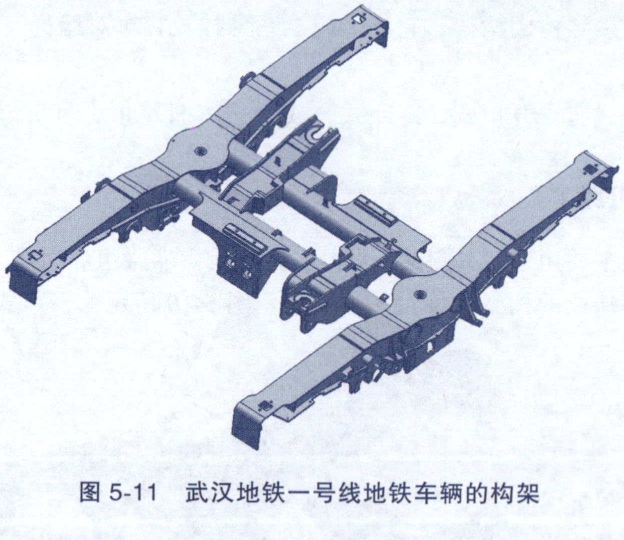

图 5-11　武汉地铁一号线地铁车辆的构架

## 第三节　轴箱轮对装置

轮对轴箱装置是转向架的一个重要组成部分，它由轮对装置和轴箱装置两部分组成，如图 5-12 所示。

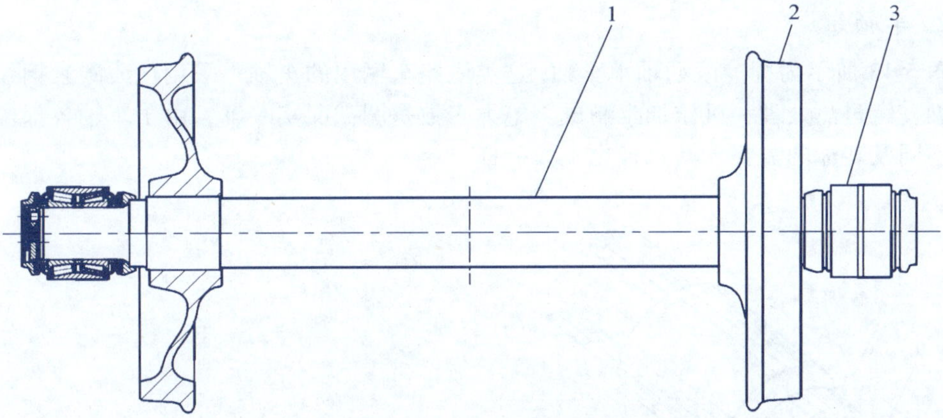


1—车轴；2—车轮；3—轴承。

图 5-12 轮对轴箱装置

## 一、轮 对

轮对是由一根车轴和两个相同的车轮采用冷压的方法组合而成，它是组成转向架的一个非常重要的部件。车轴和车轮一旦压装好，就如同一个整体，为保证安全，绝不允许车轮和车轴有任何松脱现象发生。

### （一）对轮对的要求

（1）在保证足够强度和一定使用寿命的前提下，使其重量最小，并具有一定弹性，以减少轮轨之间的作用力。

（2）应具备运行阻力小，耐磨性好的优点。

（3）应能适应车辆直线运行，又能顺利通过曲线，还应具备必要的抵抗脱轨保证安全的能力。

轮对是影响车辆运行安全性的关键部件之一，故在制造或运用中，对轮对都有严格的技术要求。例如：轮对冷压压装压力的严格控制（压装压力范围：650 ~ 1 110 kN）；车轮内侧距为（1 353 ± 2）mm；轮缘厚度为 32 ~ 26 mm；车轮直径为 840 ~ 770 mm；同轴车轮直径差 < 0.5 mm；同一转向架车轮直径差 < 2 mm；同一节车车轮直径差小于 4 mm。踏面擦伤长度 > 40 mm，深度 > 0.5 mm 时需要镟轮；轮对要定期探伤，发现裂纹必须镟修去除或报废；车轮静态不平衡量 < 125 g 等。

### （二）车 轴

1. 车轴功能

车轴功能主要是连接车轮和转向架构架；支撑转向架和车体；传递牵引力、制动力和向心力；承受车体重量。

2. 车轴组成

图 5-13 所示为标准滚动轴承车轴，这类铁路车辆用的车轴是采用优质碳素钢加热锻压成型，经过热处理和机械加工制成。绝大多数是圆截面实心轴，由于车轴各部位受力状态不同及装配的需要，其直径也不大一样。

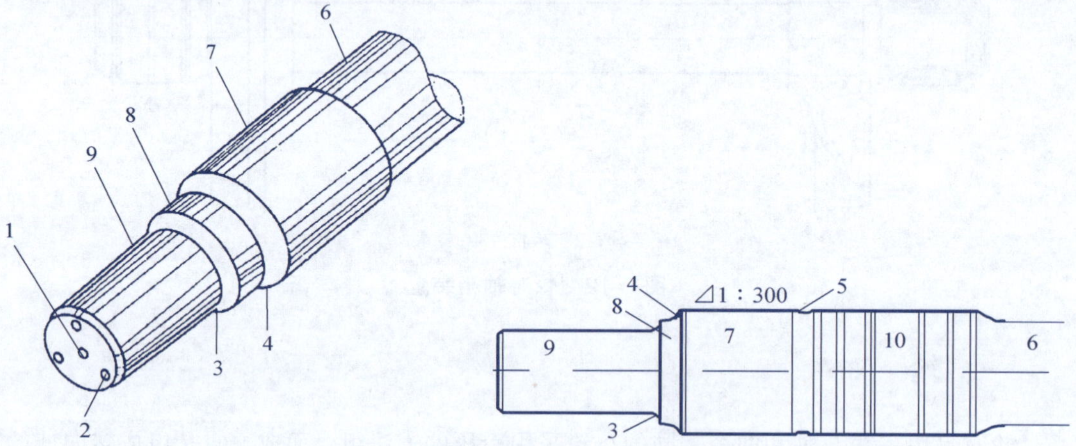


(a) 拖车车轴　　(b) 动车车轴

1—中心孔；2—轴端螺栓孔；3—轴颈后肩；4—轮座前肩；5—轮座后肩；6—轴身；7—轮座；8—防尘板座；9—轴颈；10—齿轮座、齿轮箱轴承座。

**图 5-13　标准滚动轴承车轴**

（1）轴颈：用以安装滚动轴承，负担着车辆重量，并传递各方向的静动载荷。

（2）轮座：是车轴与车轮配合的部位。轮座直径向外侧逐渐减少，成为锥体，锥度为 1∶300；同时为了便于压装，减少应力集中，轮座最外侧还有一小段锥度较大的锥面。

（3）防尘挡板座：是车轴与防尘挡板座配合部位，其直径比轴颈直径大，比轮座直径小，介于两者之间，是轴颈与轮座的过渡部分，以减少应力集中。

（4）齿轮座、齿轮箱轴承座：动车车轴的一端有齿轮座、齿轮箱轴承座，车轴的齿轮座部位凹槽较多，超声波探伤时应注意避开其影响。

（5）轴身：是车轴中央部分，该部位受力最小。为了减少簧下质量，有些轮对采用空心车轴。

## （三）车　轮

车轮按结构可分为整体车轮和带箍车轮两种。整体车轮按其材质又可分为辗钢轮和铸钢轮。目前，我国干线铁路和地铁车辆上使用的车轮绝大多数是整体辗钢轮，新型铸钢轮也正在逐步投入使用；从踏面形状可分为锥形踏面车轮和磨耗性踏面车轮。整体车轮包括踏面、轮缘、轮辋、辐板和轮毂等部分，如图 5-14 所示。

1. 车轮各部分的名称

（1）踏面：车轮与钢轨的接触面。

（2）轮缘：轮辋内侧直径最大、突出的圆弧部分，它起着引导车轮沿钢轨运行，防止脱轨的重要作用。

（3）轮辋：踏面沿径向的厚度部分。

（4）辐板：连接轮辋与轮毂部分。

（5）轮毂：是轮与轴相配合的部分。

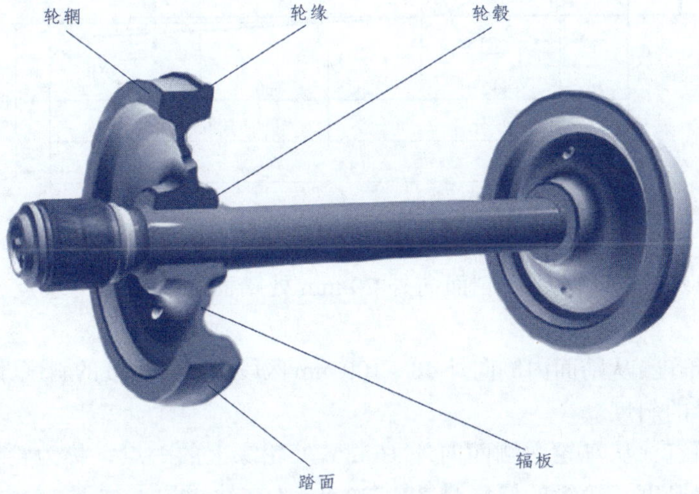


**图 5-14　车轮结构及名称**

## 2. 车轮形状及踏面上的主要尺寸

整体轮的形状如图 5-15 所示。

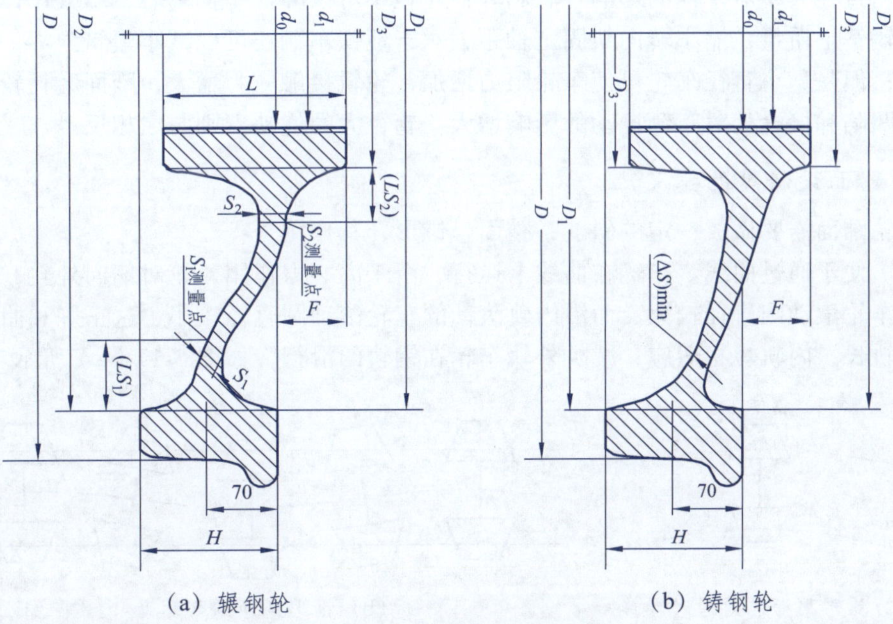


（a）辗钢轮　　（b）铸钢轮

**图 5-15　整体车轮结构**

锥形踏面车轮踏面形状尺寸如图 5-16 所示。踏面各部分释义如下：

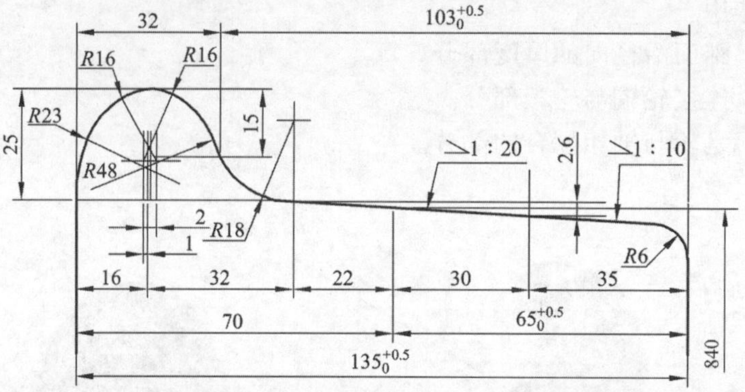


**图 5-16　锥形踏面车轮踏面形状、尺寸**

（1）基点与基线：从车轮内侧面向外 70 mm 处踏面上一点称为基点，由基点组成的线称为基线。

（2）踏面的锥度：从踏面内侧向外 48 ~ 100 mm 区段设有 1∶20 的斜度，踏面外侧 35 mm 区段设有 1∶10 的斜度。

（3）轮缘顶点：从车轮内侧面向外 16 mm 处轮缘上的一点，称为轮缘顶点。

（4）轮缘的厚度：轮缘的厚度是 32 ~ 26 mm（在轮缘顶点往下 15 mm 处测量）。

（5）轮缘的高度：轮缘的高度是 25 mm（在轮缘内侧面向外 48 mm 处的踏面上测量）。

（6）车轮直径测量的基准：基线圆称为滚动圆。滚动圆的直径作为车轮的名义直径，车轮直径为 840 ~ 770 mm。

车轮直径大小对车辆的影响各有利弊：轮径小可以降低车辆重心，增大车体容积，减小车辆簧下质量，缩小转向架固定轴距，对于地铁车辆还可以减小建筑限界，降低工程成本；但是，小直径车轮可使车轮阻力增加，轮轨接触应力增大，踏面磨耗较快，通过轨道凹陷和接缝处对车辆振动的影响增大。轮径大的优缺点则与之相反。

3. 踏面设斜度的意义

车轮踏面需要做成一定的斜度，踏面呈锥形，其作用是：

（1）便于通过曲线。车辆在曲线上运行，由于离心力作用，轮对偏向外轨，外轨上滚动的车轮滚动圆直径较大，而沿内轨滚动的车轮滚动圆直径较小，这正好和曲线区间线路外轨长，内轨短相适应，减少外轨车轮在钢轨的滑行，如图 5-17（a）所示。

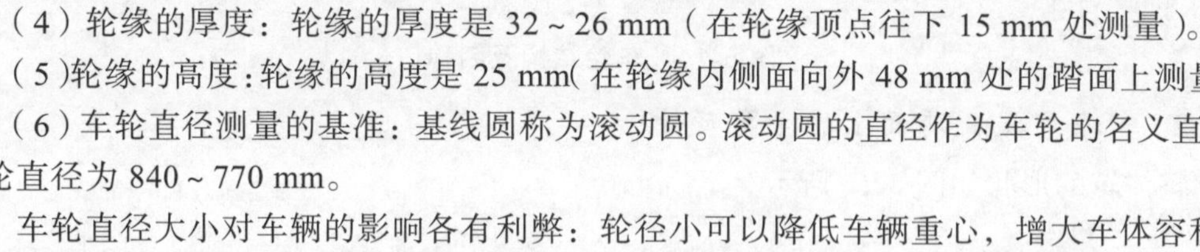


（a）锥形踏面轮对通过曲线　　　　（b）锥形踏面蛇形运动

**图 5-17　锥形踏面轮对通过曲线特性、自激蛇行运动**

（2）可自动调中。车轮在直线线路上运行时，如果车辆中心线与轨道中心线不一致，轮对在滚动过程中能自动纠正偏离位置，如图 5-17（b）所示。

（3）由于踏面与钢轨接触面可以不断变化，使踏面磨耗沿宽度方向比较均匀。

由此可知，车轮踏面必须要有斜度。而由于踏面斜度的存在，也是轮对以至整个车辆发生自激蛇行运动的原因。蛇行运动是引起车辆振动，降低车辆运行品质的主要原因之一。

4. 磨耗形踏面

实践证明，锥形踏面车轮在运行的初期磨耗很快，但磨耗成一定形状后，车轮与钢轨的磨耗都变得缓慢，形状也变得相对稳定。如果把车轮踏面一开始就做成类似磨耗后的稳定形状，即磨耗形踏面，可增大轮轨接触面积，减少轮轨接触应力，明显减少轮与轨的磨耗；发生磨耗后外形变化小，镟轮时无益消耗小，减少车轮修复成原形时镟切掉的材料，延长车轮使用寿命，减少车轮检修工作量；磨耗形踏面既能保证车辆直线运行的横向稳定，又有利于曲线通过，故被轨道车辆广泛采用。磨耗形踏面如图 5-18 所示。

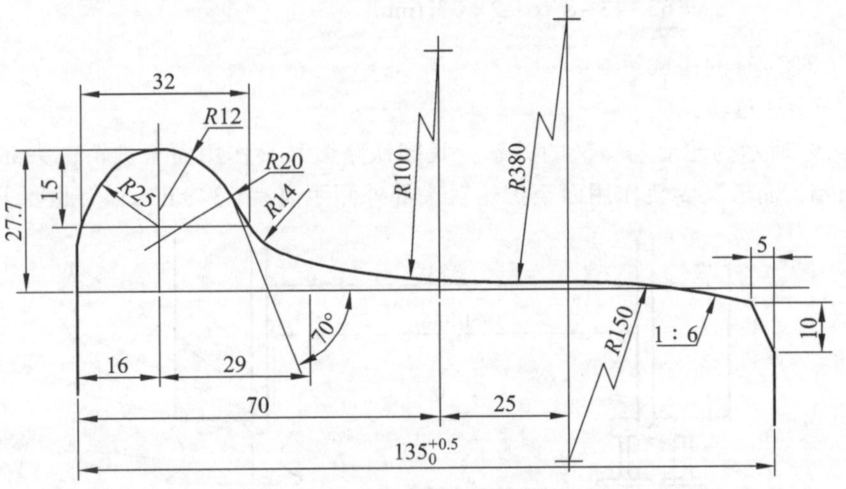


**图 5-18　磨耗形踏面**

5. 轮对形状尺寸与线路的相互关系

1）轮对内侧距与线路尺寸的关系

轮对在正常线路上运行时，轮对的内侧距离和车轮踏面几何形状将是影响行车安全和运行平稳性的重要因素，轮对内侧距有严格规定，因为它影响到如下几个方面：

（1）保证轮缘与钢轨一定的间隙：以减少轮缘与钢轨的磨耗，实现轮对的自动调中作用。

我国标准轨距最小为 1 433 mm，轮对内侧距最大为 1 355 mm，最大轮缘厚度为 32 mm，可得钢轨与轮缘之间的游隙 $e$ 为：

$$e = 1\,433 - (1\,355 + 32 + 32) = 14\ (\text{mm})$$

由上式可知，每侧轮缘与钢轨之间的平均最小游间为 7 mm，故能保证正常状态下轮缘与钢轨不致发生严重磨耗。

（2）安全通过曲线(安全搭载量)。

《铁路技术管理规程》规定，最小曲线半径的最大轨距为 1 450 mm，而车辆轮对最小内侧距为 1 351 mm，轮缘厚度最小为 26 mm，假定一侧轮缘紧贴钢轨，则另一侧车轮踏面的安全搭载量为：

$$e_1 = 1\,351 + 26 + 135 - 1\,450 = 62\ (\text{mm})$$

考虑运用中可能产生的最不利因素如下：

① 钢轨头部圆弧半径：13 mm；

② 钢轨负载后造成的弹性外挤量：8 mm；

③ 车轮踏面外侧圆弧半径：6 mm；

④ 轮对负载后内距减小量：2 mm。

按最不利的条件累计后，轮轨的搭载量为：

$$e_{1'} = 62 - 13 - 8 - 6 - 2 = 33\ (\text{mm})$$

足以保证车轮应有的搭载量。

（3）安全通过辙叉。

图 5-19 所示为轮对与辙叉的关系，我国铁路辙叉心作用面至护轮轨头部外侧距离 ≥1 391 mm，而辙叉翼轨作用面至护轮轨头部外侧距离≤1 348 mm。为此要求：

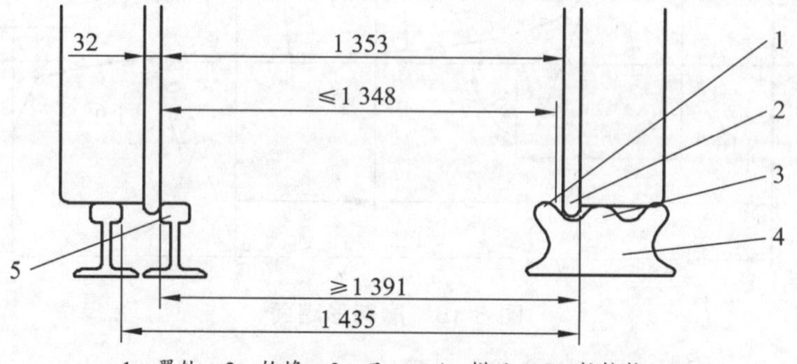


1—翼轨；2—轮缘；3—叉心；4—辙叉；5—护轮轨。

**图 5-19　轮对与辙叉的关系**

① 轮对最大内侧距加上一个轮缘厚度应≤1 391 mm。如果＞1 391 mm，车轮将骑入辙叉的另一侧，导致脱轨。

② 轮对最小内侧距应＞1 348 mm，否则，轮缘内侧面将被护轮轨挤压，不能顺利通过道岔。

从上面的分析可知，应该对轮对内侧距离有严格的规定。轮缘与钢轨之间的游隙太小，可能会造成轮缘与钢轨的严重磨耗；轮缘与钢轨之间的游隙太大，轻者会使轮对蛇行运动的振幅增大，影响车辆运行品质，重者会因搭载量不够而造成脱轨事故。

2）踏面斜度与曲线半径

车辆通过曲线时，为使压装在同一车轴上的左右两个车轮与钢轨之间不发生滑动现象，理想情况是运行中外轮滚动的距离与外轨长度相适应，内轮滚动距离与内轨长度相适应，于是每个瞬时的车轴纵向中心线与曲线半径的方向总是相重叠的（保持径向），轮对以如此状态通过曲线，称为径向通过曲线，如图 5-20 所示。这样的通过，可以减小运行阻力，减小轮轨之间的磨耗。并有利于避免脱轨现象的发生。由于轮对踏面具有斜度 $\lambda$，轮缘与钢轨之间存在游间，当车轮外移 $y$ 时，可使内侧车轮以小半径 $r_0-\lambda y$、外侧车轮以大半径 $r_0+\lambda y$ 同时滚动。在纯滚动条件下，锥形踏面车轮通过曲线。由于 $b$、$r_0$、$y$ 与 $R$ 相比均为很小的量，故可运用三角形相似定理，近似可得到下式：

$$\frac{r_0+\lambda y}{r_0}=\frac{R+b}{R}$$

则有 $$R=\frac{br_0}{\lambda y}$$

式中 $R$——曲线半径；

$r_0$——车轮半径；

$\lambda$——踏面斜度；

$b$——车轮滚动圆距离之半；

$y$——轮对横向外移量。

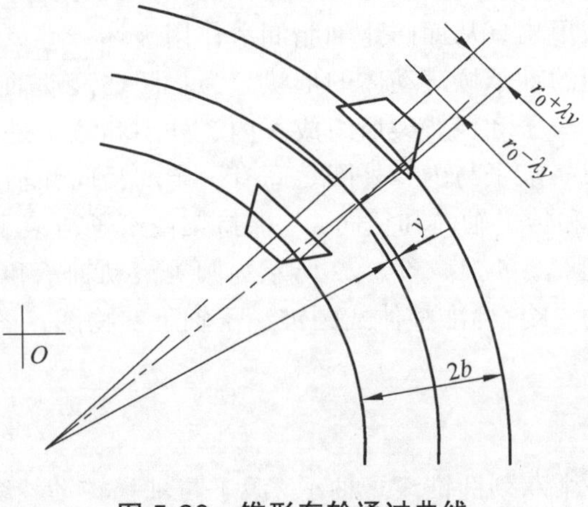


**图 5-20 锥形车轮通过曲线**

分析上式可知，若 $r_0$、$b$、$y$ 各参数为常数，则踏面斜度 $\lambda$ 与曲线半径 $R$ 成反比，这说明增大踏面斜度 $\lambda$，在不发生滑动现象的情况下可以通过较小半径 $R$ 的曲线。例如，$2r_0$=840 mm，$\lambda$=0.05，$2b$=1493 mm，$y$=10 mm，得到不发生滑动现象的最小曲线半径 $R$=630 m。

实际运行线路，正线的最小曲线半径地铁（A 型车）为 300 m；轻轨（B 型车）为 250 m。为能使车辆顺利通过小半径曲线，应允许轮对横移量 $y$ 增大，也就是要求曲线区段轮轨之间的游间比直线区段要加大，也就是把外侧钢轨外移。在《铁路技术管理规程》中具体规定了曲线的加宽。例如，曲线半径 $R<350$ m 时，轨距加宽 15 mm，即最大轨距宽度为 1 435 + 15=1 450 mm，轮对最小内侧距离为 1 351 mm，轮缘厚度最薄限度为 26 mm，故轮轨之间最大间隙 $e'$ 为：

$$e'=1\,450-(1\,351+2\times 26)=47\ (\text{mm})$$

从上述分析可以得出：

① 车轮踏面必须有斜度，增大踏面斜度，可以通过较小的半径曲线；

② 为了使车辆顺利通过曲线，曲线区段（$R\leqslant 600$ m 时）的轨距要加宽。

## 二、轴承、轴箱装置

1. 轴承、轴箱装置的作用

（1）连接轮对与转向架构架，使轮对沿钢轨的滚动转化为车体沿线路的平动。

（2）承受和传递轮对与转向架之间的各种载荷，即车体重力、牵引力、制动力和向心力。

（3）给轴承内外圈定位，保持轴颈和轴承的正常位置。

（4）轴箱采用滚动轴承，降低了轴箱摩擦系数，减少了车辆起动和运行的阻力，以适应地铁车辆高速运行、起动频繁、行车密度大的要求。

（5）保持轴承油脂，保证轴承良好的润滑性能，并具有良好密封性，防止尘土、雨水等物的浸入或油脂被甩出，从而防止油脂润滑作用破坏，避免燃油事故。

一般轨道车辆使用的轴承按滚动体的形状分为：圆柱滚动轴承和圆锥滚动轴承。轴承一般由外圈、内圈、滚子和保持架所组成。内、外圈和滚子是用高碳铬钢制成，保持架是用青铜或锻钢制成。滚子与内、外圈之间有一定的径向和轴向间隙，以保证滚子自由滚动，载荷分布合理和传递轴向和径向力。保持架使滚子与滚子之间保持一定的距离，防止相互挤压而被卡死。图 5-21、图 5-22 所示为圆锥滚动轴承和圆柱滚动轴承；图 5-23 所示为用于地铁车辆的 SKF 标准整体式圆锥滚子轴承实物图；图 5-24 所示为滚动轴承内部结构。

2. 圆锥滚动轴承

圆锥滚动轴承为一个双列圆锥滚子轴承，滚子与轴承转动轴线成一定的倾角。这样，既能承受径向力，又能承受轴向力。外圈是一个内筒面带有 2 个圆锥滚道的套筒，没有挡边。轴承内圈是由两个对称的内圈与夹在中间的内隔圈组成，内圈外圆面有圆锥滚道和大小两个挡边。滚子是一圆锥台。内外圈、滚子均采用渗碳轴承钢，经过淬火热处理，获得表层硬度高、心部韧性好的良好组织。圆锥轴承的内圈与滚子不可分离，只能应用压配合，即用油压机将轴承接压装于轴颈上。为防止压装时拉伤或磨损轴颈，轴承内圈装配倒角与圆孔母线连接处不能有尖棱，必须圆滑过渡，轴颈表面在装配前应涂一层二硫化钼成膜剂。轴承不宜经常拆卸。

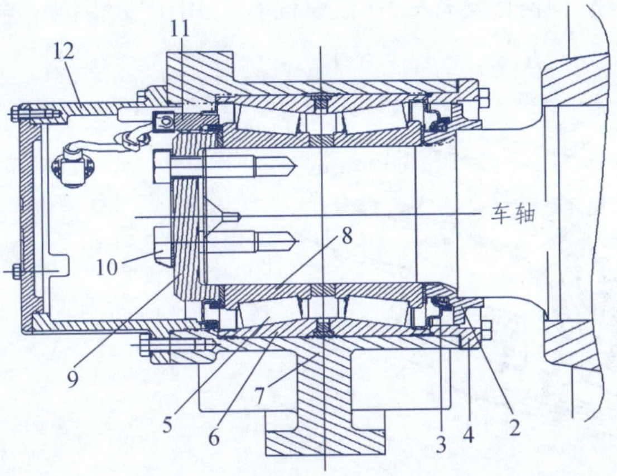


1—车轴；2—防尘挡圈；3—密封；4—轴箱后盖；5—圆锥滚子；6—轴承外圈；7—轴箱体；8—轴承内圈；9—内圈压板；10—螺栓；11—速度传感器；12—轴箱盖。

**图 5-21　圆锥滚动轴承**

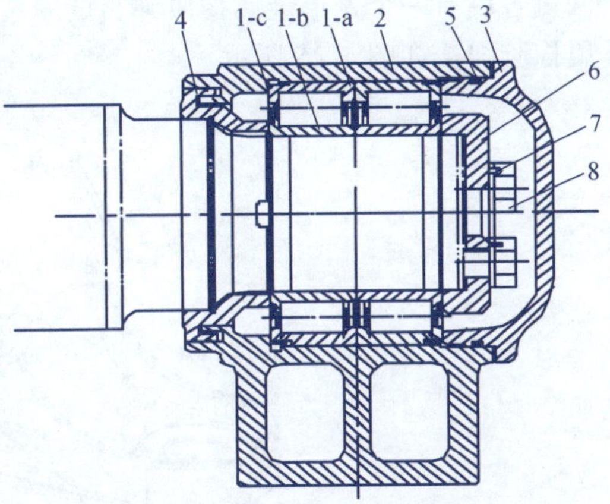


1—圆柱滚子轴承［(a) 外圈，(b) 内圈，(c) 密封盖］；2—轴箱；3—前盖；4—防尘挡圈；5—O 形圈；6—轴端压盖；7—防松片；8—六角螺栓。

**图 5-22　圆柱滚动轴承**

**图 5-23　SKF 标准整体式圆锥滚子轴承**

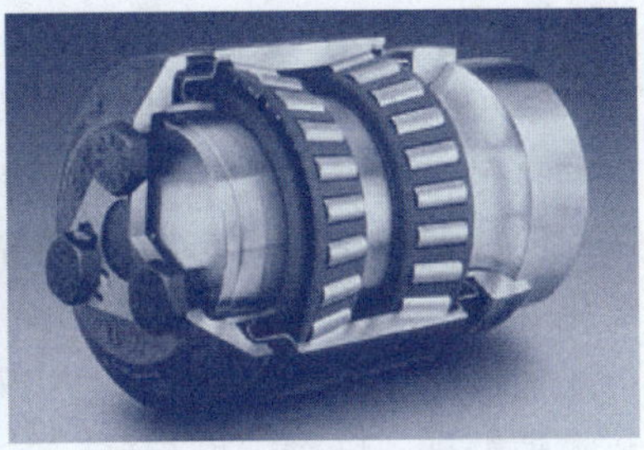

**图 5-24　滚动轴承内部结构**

### 3. 圆柱滚动轴承与轴箱

圆柱滚动轴承与轴箱装置是由两个单列向心短圆柱滚子轴承、轴箱体、防尘挡圈、轴箱后盖、压板、防松片、螺栓和轴箱盖等组成。这种轴承的优点是：结构简单、制造容易、成本低、检修方便、运用比较安全可靠。

圆柱滚动轴承的滚子与内、外圈的滚道成线接触，承载后接触面积较大，因而承受径向载荷的能力较大。轴承内、外圈两侧都有挡边，可以传递轴向力。当轴向力作用时，滚子以其部分端面与挡边（或挡圈）接触，相互之间产生滑动摩擦，如果制造、装配不良时，滚子稍歪斜，就挤掉了润滑油，使端面处不易形成油膜，滚子端部很快会产生磨耗、剥离和缺角等故障，所以对其制造装配技术要求很严格。

前后轴承的内圈与轴颈采用过盈配合。将内圈放在高频电感应炉中加热，待加热温度为 100 ~ 130 °C 时，再将膨胀后的内圈套在轴颈上，冷却后与轴颈紧固成一体。轴承外圈、滚子连同保持架一起装在轴箱体内。

轴箱体为铸钢件，内孔为贯通式圆筒形。轴箱后壁与防尘挡圈配合处设有迷宫槽，与防尘挡圈共同起到防尘作用。轴箱后端筒内设有台阶，以支撑内侧轴承外圈。轴箱体两侧各设有一个锥形金属橡胶弹簧的安装座，座上设有一中心螺栓孔，用于安装锥形金属橡胶弹簧如图 5-25 所示。

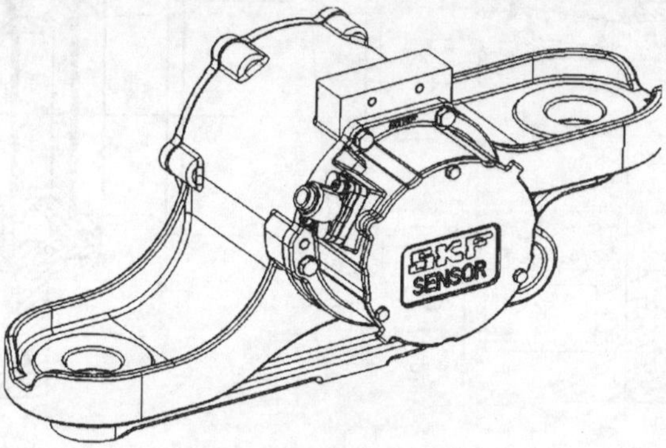


图 5-25　滚动轴承轴箱

防尘挡圈，又称防尘板，它安装在车轴防尘板座上，与车轴过盈配合。其外圆设有迷宫槽，与轴箱后壁的迷宫槽配合。端面支撑内侧轴承内圈，起到防尘和防甩油以及传递轴向力的作用，材质为铸钢。

滚子为 GCr15 轴承钢制造，经过淬火热处理，硬度为 60 ~ 64 HRC。为使滚子与滚道的接触应力分布均匀，避免滚子端部应力集中，滚子两端均带有弧坡。

保持架由 10 号低碳钢冲压而成，它使滚子之间相互保持一定的距离，其表面进行了磷化处理。

轴端压盖用 30 号或 Q235 钢经模锻加工而成，表面经磷化处理。它通过 3 个螺栓安装在轴端部，随轴一同旋转。其内侧有一突起沿，与外轴承内圈接触，以限制轴承由于内圈过盈量不够而在轴承上向外侧移动。

轴箱盖为铸钢件，起密封作用，并便于检查轴承。盖口凸沿伸入轴箱内侧，用以顶住外轴承外圈。轴箱盖用 4 个螺栓与轴箱体连接。

车辆运行中，轴承轴箱装置承受并传递垂向、纵向和横向 3 个方向的力。若钢轨对轮对作用有指向左端的横向力，则轮对两端轴箱装置横向力的传递顺序分别是：

（1）左端：

车轴⟶防尘挡圈⟶轴承内圈⟶滚动体⟶轴承外圈⟶轴箱盖⟶轴箱体。

（2）右端：

车轴⟶轴承内圈⟶轴承滚子⟶前轴承外圈⟶轴箱体。

↘（螺栓⟶压板）↗

# 第四节　弹簧减振装置

车辆在轨道上运行时，将伴随产生复杂的振动现象。为了减少有害的车辆振动，车辆必须设有缓和冲击和衰减振动的装置，即弹簧减振装置。弹簧减振装置按其主要作用不同，大体可分为三类：

（1）起缓和冲击作用的弹簧装置；

（2）起衰减振动作用的减振器；

（3）起弹性约束作用的定位装置。

## 一、弹性元件

### （一）弹簧装置的作用

铁道车辆弹簧装置的作用主要体现在以下两个方面：

（1）使车辆质量及载荷比较平均地传递给各轮轴；

（2）缓和因线路的不平顺、轨缝、道岔、钢轨磨耗或沉降不均匀，以及车轮擦伤、车轮不圆、轴颈偏心等原因引起的车辆振动和冲击。

由于有弹簧减振装置，使车辆的簧下部分与簧上部分既有联系又有区别。即簧上、簧下的作用力既互相传递，而运动状态又不完全相同。车辆上设置弹簧装置可以缓和轮轨之间相互作用，可以提高车辆运行的舒适性和平稳性，保证旅客舒适、安全，延长车辆零部件及钢轨的使用寿命。

### （二）弹簧的主要特性

弹簧的主要特性有：挠度、刚度和柔度。挠度是指弹簧在外力作用下产生弹性变形的大小或弹性位移量（动、静挠度）。而弹簧产生单位挠度所需的力的大小，称为弹簧的刚度。反之单位载荷作用下弹簧产生的挠度称为弹簧的柔度。

弹簧刚度特性的表达式：

线性弹簧

$$k=\frac{1}{i}=\frac{P}{H_0-H}=\frac{P}{f}=\tan\alpha_0=\text{常量}$$

非线性弹簧

$$k=\frac{\mathrm{d}P}{\mathrm{d}f}=\tan\alpha$$

式中 $k$——弹簧刚度；

$i$——弹簧柔度；

$H_0$——弹簧自由高；

$H$——静载荷作用下弹簧高；

$P$——弹簧承受的静载荷；

$f$——静载荷作用时弹簧的挠度；

$\alpha$，$\alpha_0$——挠力线与横坐标的夹角。

弹簧的特性还可以用挠力曲线来表示。设纵坐标表示弹簧承受的载荷 $P$，横坐标表示其挠度 $f$，如图 5-26 所示（不考虑内部阻力的情况）。

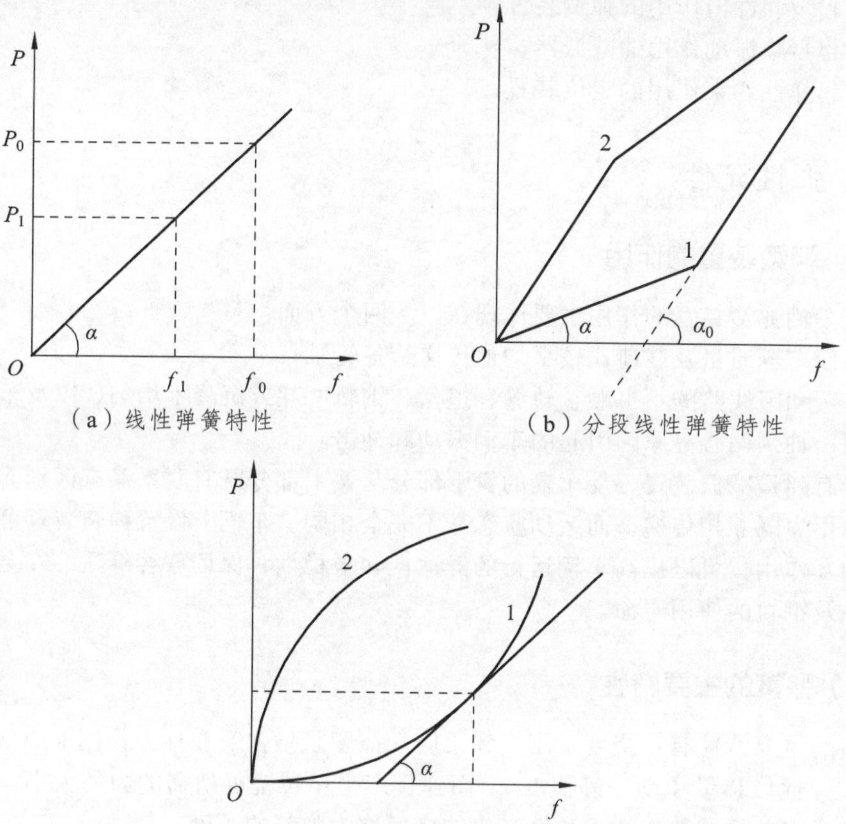


（a）线性弹簧特性

（b）分段线性弹簧特性

（c）非线性弹簧特性

**图 5-26　弹簧挠力图**

图 5.26（a）表示力与挠度呈线性关系，即弹簧刚度为常量。螺旋圆弹簧的特性就是如此。图 5.26（b）表示力与挠度成分段线性关系，属于非线性弹簧，又称准线性。图 5.26（b）曲线 1 的刚度特性为“先软后硬”，如一些重载货车上采用的两级弹簧的特性就是这种情况。图 5.26（c）表示力与挠度成曲线关系，即刚度随着载荷的变化而变化，为非线性特性。图 5.26（c）中曲线 1 的刚度随载荷增加而逐渐增大，如车辆上采用的一些橡胶弹簧、空气弹簧的特性就属于这种。显而易见，在车辆悬挂系统中，为了减小振动，控制振动位移在一定范围内，不能使用图中曲线 2 的特性（“先硬后软”）弹簧。

## （三）弹簧串联、并联及串并联的刚度计算

为了改善弹簧特性，适应安装位置及空间大小需要，在铁路车辆上时常采用组合弹簧。这些弹簧有并联、串联、串并联三种，如图 5-27 所示。组合弹簧的总刚度计算方法如下：

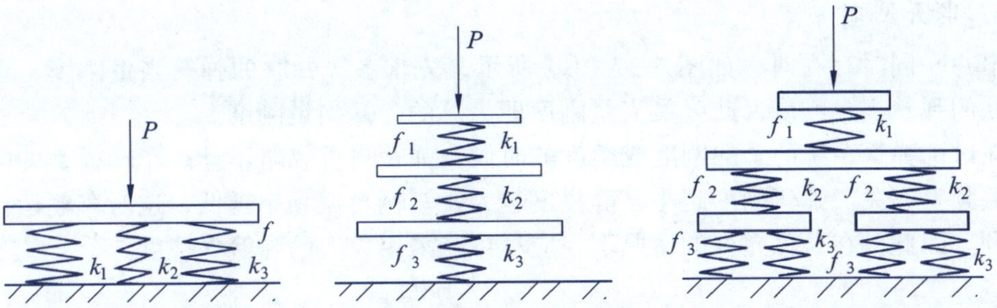


(a) 并联　　(b) 串联　　(c) 串并联

**图 5-27　弹簧系统布置**

1. 并联时

并联时，如图 5-27（a）所示，所有弹簧在载荷 $P$ 的作用下产生相同的挠度 $f$，所以 $n$ 个弹簧中的每一个弹簧上分布的载荷分别为

$$P_1 = k_1 f$$

$$P_2 = k_2 f$$

$$\vdots$$

$$P_n = k_n f$$

故有
$$P = P_1 + P_2 + \cdots + P_n = (k_1 + k_2 + \cdots + k_n) f = k_\Sigma f$$

并联时弹簧系统的当量刚度等于各弹簧刚度的代数和。

2. 串联时

串联时，如图 5-27（b）所示，所有弹簧承受着共同的载荷 $P$，分别使弹簧产生挠度为 $f_1$，$f_2$，…，$f_n$。所以组合弹簧的总挠度 $f_\Sigma$ 为

$$f_\Sigma = f_1 + f_2 + \cdots + f_n$$

故有
$$f_\Sigma = i_1 P + i_2 P + \cdots + i_n P = (i_1 + i_2 + \cdots + i_n) P = i_\Sigma P$$

式中　$i_\Sigma$——组合弹簧的当量柔度，$i_\Sigma = i_1 + i_2 + \cdots + i_n$

则组合弹簧的刚度 $k_n$ 为

$$k_n = \frac{1}{i_\Sigma} = \frac{1}{i_1 + i_2 + \cdots + i_n} = \frac{1}{1/k_1 + 1/k_2 + \cdots + 1/k_n}$$

当 $k_1 = k_2 = \cdots = k_n$ 时，有

$$k_\Sigma = \frac{k}{n}$$

串联时弹簧系统的总刚度等于各个弹簧刚度的倒数之和的倒数。

3. 串并联时

串并联同时存在时，如图 5-27（b）所示，先求各级并联的弹簧当量刚度，再求各级串联的弹簧当量刚度，此弹簧当量刚度即为总的弹簧当量刚度。

在讨论弹簧系统的总的刚度或柔度的时候，弹簧自重忽略不计。车辆弹簧的刚度与其自振频率有关。弹簧刚度越小，静挠度越大，车辆自振频率越低，这对车辆运行平稳性有利。因此，在条件允许的情况下，应尽可能采用较大的弹簧静挠度。

## （四）钢弹簧

1. 螺旋弹簧（圆簧）

在铁道车辆上通常采用簧条截面为圆形的圆柱压缩螺旋弹簧，故又称圆簧，如图 5-28 所示。常用的弹簧材质有 55SiMn 和 60SiMn 两种。这两种硅锰弹簧钢热处理时有较高的淬透性，加热时氧化皮较少，能获得较好的表面质量与较高的疲劳强度，而且与其他的合金钢弹簧相比价格低廉，其化学成分如表 5-1 所示。还有少数的车辆弹簧采用碳钢或铬锰钢。

制造弹簧时分冷卷与热卷，车辆转向架上采用的簧条直径一般都比较粗，故多为热卷。另外，制造时还要将簧条每端约有 3/4 圈的长度制成斜面，使弹簧卷成后，两端成平面，以保证弹簧平稳站立，并尽量减少偏载。两端的 3/4 圈作为支持平面，称为弹簧支持圈。

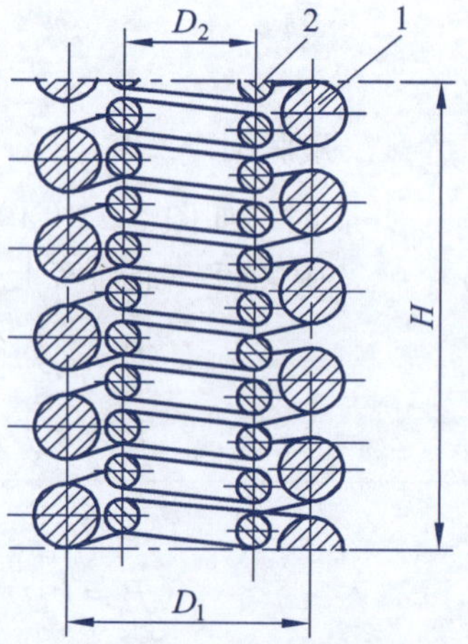


1—外层簧；2—内层簧。

图 5-28 螺旋弹簧

表 5-1 车辆用弹簧钢化学成分

| 牌号 | 元素含量/% | | | | | | |
|---|---|---|---|---|---|---|---|
| | C | Mn | Si | Cr | Ni | S ≤ | P ≤ |
| 55Si2Mn | 0.50～0.60 | 0.60～0.90 | 1.50～2.00 | 0.30 | 0.50 | 0.05 | 0.05 |
| 60Si2Mn | 0.55～0.65 | 0.60～0.90 | 1.50～2.00 | 0.30 | 0.50 | 0.05 | 0.05 |

螺旋弹簧的主要参数有：簧条直径 $d$；弹簧平均直径 $D$；有效圈数 $n$；总圈数 $N$；弹簧全压缩高度 $H_{min}$；弹簧自由高度 $H_0$；弹簧指数 $m=D/d$；垂向静挠度 $f_v$ 和垂向刚度 $k_v$ 等。

在设计车辆悬挂装置中的弹簧时，为提高车辆运行平稳性，在结构空间位置、车钩高差等条件允许的情况下，应尽量增大弹簧总静挠度。

转向架的弹簧装置中，通常采用双卷弹簧，个别情况还有采用三卷弹簧。多卷弹簧与单卷弹簧相比，可以明显减小弹簧所占空间位置，使结构紧凑。这对于铁道车辆载重量大，转向架弹簧所占空间位置受到多方面条件限制，采用双卷弹簧是很适宜的。

为避免卷与卷发生卡住或簧组转动，要求双卷（或多卷）弹簧中紧挨着的两层弹簧的螺旋方向应相，反一个左旋，另一个则右旋，如图 5-29 所示。

图 5-29　双卷螺旋弹簧照片

2. 扭杆弹簧

地铁车辆通过二系悬挂来满足车辆更好的性能要求。为了提高乘坐舒适性，二系悬挂采用较小的刚度，但车辆在外力的作用下产生的侧滚运动或车体通过曲线、侧向力、偏载等因素导致车体偏斜时，二系悬挂较小的刚度使车体两侧较容易出现相对转向架的高度差，即车体相对于转向架发生侧滚运动，这将降低车辆乘坐舒适性和运行平稳性，并且可能使车辆超出列车的动态包络线。

地铁车辆为了弥补二系弹簧刚度小的缺陷，增加车辆抗侧滚振动的稳定性，一般都装有抗侧滚扭杆弹簧。扭杆弹簧不同于螺旋弹簧，它只承受扭转变形，在载荷相同的情况下，扭杆弹簧比螺旋弹簧质量轻。抗侧滚扭力杆主要由扭杆、扭臂和连杆组成。扭杆是一根具有一定扭转刚度的弹簧杆，两端装有扭臂，固装在轴套内，轴套固定在转向架构架或车体上，再通过连杆把车底架和扭臂的另一端铰接，如图 5-30 所示。

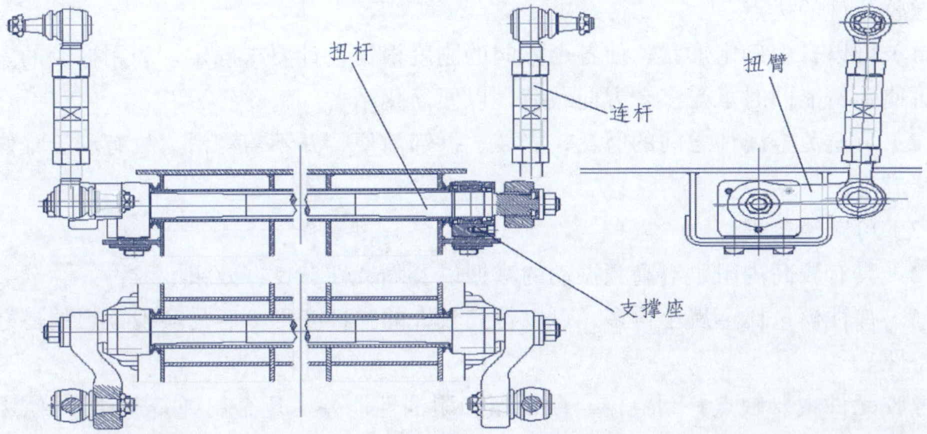


图 5-30　扭杆弹簧结构组成

在车体和转向架之间安装扭杆装置以后，车体相对于转向架的侧滚运动时，可通过连杆把车体侧滚运动传递给扭臂，扭臂绕扭杆中心作用一个力偶，使扭杆产生扭转变形。发生扭转变形的扭杆的复原弹力反作用于车体，可以缓冲并减少车体的测滚运动，从而保证了列车的运行安全性和乘坐舒适性。

3. 环弹簧

金属环弹簧在城轨车辆上主要是作为车钩缓冲器来运用，如图 5-31 所示。

环弹簧由多组内、外环簧组成，内外环簧接触面以 V 形锥面相配合，锥度为 15°左右。组装时要求有一定的初压缩力，以保证环弹簧锥面间的密贴。

当缓冲器受冲击力时，盒盖（前从板）向内移动，压缩螺旋弹簧，并将力通过弹簧座板传递给环簧。由于内、外环为锥面配合，受力后外环扩张，内环缩小，在环簧产生径向变形的同时，弹簧轴向也发生变形，起到缓冲作。与此同时，内、外环锥面间有相对滑动，因摩擦而做功，从而使部分冲击能变为摩擦功而消失。当外力去除后，各内、外环由于弹力而复原，此时同样也要消耗部分冲击能量。

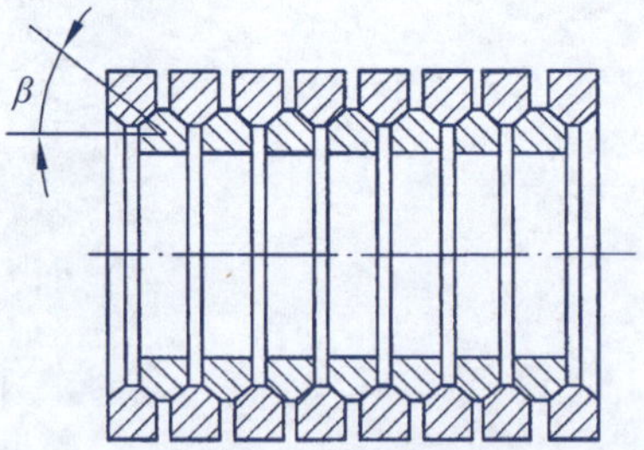


图 5-31 环弹簧

## （五）橡胶弹簧

铁道车辆转向架上橡胶元件，主要用于弹簧装置与定位装置。作为弹簧装置时，主要部件有：轴箱弹簧、轴箱顶部紧急弹簧、空气弹簧的紧急弹簧及中央牵引装置的横向止挡等；作为定位装置时，主要运用于：齿轮箱吊杆球形橡胶关节、中心销复合弹簧、牵引杆橡胶关节及转臂式轴箱定位的转臂橡胶关节等。

1. 橡胶元件的优缺点

橡胶元件的优点：

（1）可以自由确定形状，使各个方向的刚度根据设计要求确定。利用橡胶的三维特性，可使弹簧能同时承受多个方向载荷，以便简化结构。

（2）可避免金属件之间的磨耗，安装、拆卸简便，并不需润滑，故有利于维修，降低维修成本。

（3）可减轻自重。

（4）具有较高内阻，对高频振动的减振以及隔音性有良好效果。

（5）弹性模量比金属小得多，可以得到较大的弹性变形，容易实现预想的良好的非线性特性。

橡胶元件主要缺点：耐高温、耐低温和耐油性能差（比金属弹簧还差），使用时间长容易老化，而且性能离散度大，同批产品性能差别可达 10%。

2. 设计橡胶元件的注意事项

（1）橡胶具有特殊的蠕变特性，即压缩橡胶元件时，载荷加大到一定载荷后，虽不再增载，但其变形仍在继续，且卸去载荷后，也不能立即恢复原状。这种特性通常称为时效蠕变或弹性滞后现象。因此，橡胶的动刚度比静刚度大，其增大的倍率与动载荷的频率和振幅有关，一般要增大 10%～40%。

（2）橡胶元件的性能（弹性、强度）受温度影响较大，当温度变化后这些性能也随之改变。大多数橡胶元件随着温度升高，刚度和强度有明显降低，随着温度降低，刚度和强度都有提高，一般先变硬，后变脆。因此，当温度在－30～+70 °C 时，设计的橡胶元件可依据不同的使用温度，选用不同材质的橡胶，使之具有比较稳定的弹性特性，以满足运用要求。

（3）橡胶具有体积基本不变的特性，即几乎是不可压缩的，它的弹性变形是由于形状的变化所致。因此，必须保证橡胶元件形状改变的可能性。

（4）橡胶元件的散热性不好，故不能把橡胶元件制成很大的整块，需要时应做成多层片状，中间夹以金属板，以增强散热。

（5）橡胶元件的疲劳损坏，主要是由于应力集中处产生裂纹、或橡胶和金属粘合处发生的剥离、以及在压缩时侧面产生的褶皱等现象逐渐发展造成。因此，设计时应使与橡胶接触的配件的表面尽量平整，不要出现锐角。

（6）橡胶变形受载荷形式影响较大，承受剪切载荷时橡胶弹簧变形最大，而承受压缩载荷时变形最小。因此，承受剪切变形的橡胶弹簧承载能力小而柔度大，承受压缩变形的橡胶弹簧承载能力大而柔度小，受拉伸的橡胶弹簧很少用。

### （六）空气弹簧

橡胶空气弹簧，又称空气悬挂。是一种夹织物橡胶囊，内充压缩空气，可膨胀，利用气体的体积弹性起弹簧作用的减振橡胶制品。其结构与无内胎轮胎相似，由内胶层（气密层）、外胶层、帘布耐压层及钢丝圈组成。一般用人工成型（类似于外胎成型），用隔膜定型硫化机硫化制成。和金属弹簧相比，有质量小、舒适性好、耐疲劳、使用寿命长等优点，它同时具有减振和消音作用。广泛用于汽车、火车及冲床等各种机械上。

1. 空气弹簧装置的特点

（1）刚度可选择低值，具有较高柔度，降低车辆的自振频率，提高车辆乘坐舒适性。

（2）具有非线性特性，可以根据车辆振动性能需要，设计成具有比较理想的弹性特性曲线，在平衡位置振幅较小时刚度值较低，载荷加大时，刚度变大，以限制车辆过大的振幅。

（3）由于空气弹簧刚度随着载荷增大而变大，可以保持列车在空重载情况下振动频率基本一致，从而使列车在不同载荷状态下运行平稳性相近。

（4）通过与高度阀并用，可使车辆地板面在不同的载荷下，保持高度基本一致，从而保证车辆地板面与站台高度在很小的范围内变化，并且保证在运行时不超过车辆动态包络线。

（5）空气弹簧和附加空气室之间设有适宜的节流孔，车辆振动时，进出空气弹簧的空气在此节流，使空气弹簧具有减振作用。

（6）空气弹簧具有良好的吸收高频振动和隔音性能。

2. 空气弹簧的分类及结构

空气弹簧大体上可分为囊式和膜式两类。目前，应用较多的为膜式空气弹簧，它有两种结构形式，即约束膜式空气弹簧、自由膜式空气弹簧。

1）囊式空气弹簧

囊式空气弹簧可分为单曲、双曲和多曲等形式。双曲囊式空气弹簧的结构如图 5-32 所示，这类空气簧使用寿命长，制造工艺比较简单。但刚度大，振动频率高，所以铁道车辆上很少采用。

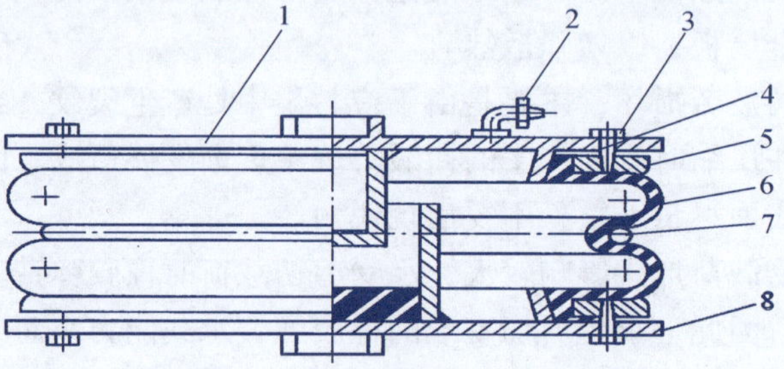


1—上盖板；2—气嘴；3—紧定螺钉；4 —钢丝圈；5—法兰盘；
6—橡胶囊；7—中腰环；8—下盖板。

**图 5-32　双曲囊式空气弹簧**

2）膜式空气弹簧

目前，应用较多的为膜式空气弹簧，有两种结构形式，即约束膜式空气弹簧和自由膜式空气弹簧，如图 5-33 所示。

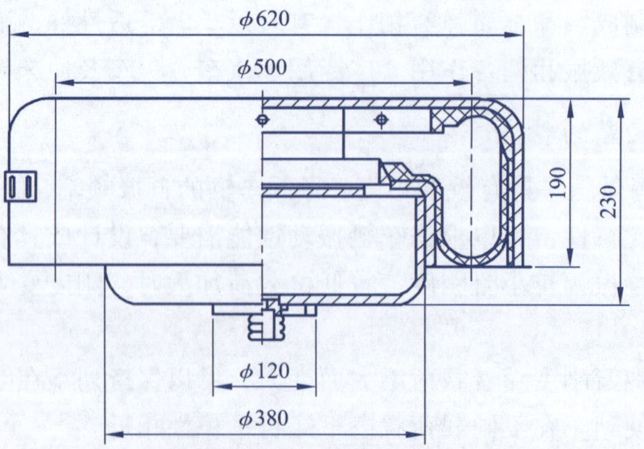


(a) 约束膜式空气弹簧（单位：mm）

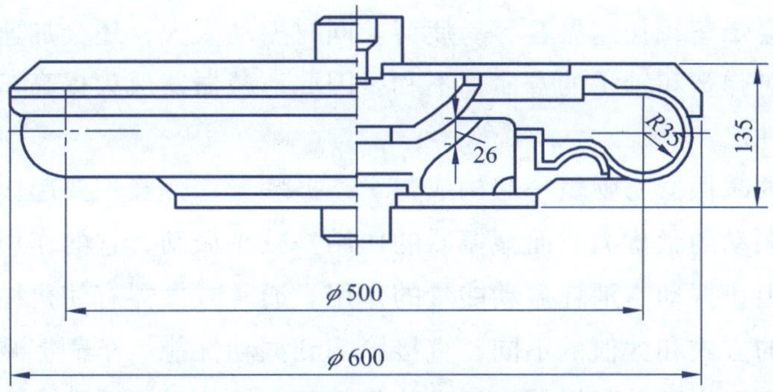


(b) 自由膜式空气弹簧（单位：mm）

**图 5-33　膜式空气弹簧**

（1）约束膜式空气弹簧。

约束膜式空气弹簧由内筒、外筒和将两者连接联结在一起的橡胶囊等组成。这种形式的空气簧刚度小、振动频率低，其弹性特性曲线容易通过约束裙（内、外筒）的形状来控制，但橡胶囊工作状况复杂，耐久性较差。

（2）自由膜式空气弹簧。

由于自由膜式空气弹簧没有约束橡胶囊变形的内、外筒，可以减轻橡胶囊的磨耗，提高了使用寿命。它本身的安装高度比较低，可以明显降低车辆地板面距轨面的高度。质量轻，并且其弹性特性可以通过改变上盖板边缘的包角加以适当调整，使弹簧具有良好的负载特性。因此，在无摇动台装置的空气簧转向架上应用较多。

空气橡胶弹簧由内、外橡胶层、帘线层和成型钢丝圈组成。

内层橡胶主要用以密封，应有较好的气密性和耐油性；外层橡胶除了密封外还起保护作用，应具备抗太阳辐射和臭氧侵蚀并耐老化。还应满足环境温度的要求，一般为氯丁橡胶。

帘线的层数一般为偶数，层层帘线相交叉，并与空气囊的经线方向成一定角度。帘线承受空气弹簧的主要载荷，故其材质对空气弹簧的耐压性和耐久性起着决定性的作用，一般用强度较高的人造丝、维尼龙或卡普隆作为帘线。

在空气弹簧橡胶气囊下方安装有层叠橡胶弹簧（应急橡胶弹簧），该层叠橡胶弹簧的作用是：当空气弹簧气囊失效时（气囊破裂、泄漏等），层叠橡胶弹簧可以承受车辆载荷，起到一定的缓冲减振作用，避免车体与转向架刚性接触，使车辆仍能低速运行。同时，可防止车体倾斜引起车辆翻覆、脱轨。

## 二、减振器

### （一）减振元件的作用与分类

对客车来说，运行的平稳性是一个很重要的问题。车辆振动太大，会使旅客感到不舒服，有的旅客会晕车，长途旅客容易疲劳。同时振动太大，还会加速车辆零部件的磨损和疲劳破坏，对弹簧和轴承的寿命都不利。因此，减振器成为提高车辆舒适度，保证安全性的重要部件之一。

车辆上采用的减振器与弹簧一起构成弹簧减振装置。弹簧主要起缓冲作用，缓和来自轨道的冲击和振动的激扰力，而减振器的作用是减小振动，它的作用力总是与运动的方向相反，起着阻止振动、消耗振动能量的作用。通常减振器有使机械能转化为热能的功能，减振阻力的方式和数值的不同，直接影响到振动性能。车辆上减振器按阻力特性可分为常阻力和变阻力两种减振器；按安装位置可分轴箱减振器和中央减振器；按减振方向可分垂向、横向和纵向减振器；按结构特点又可分摩擦减振器、液压（又称油压）减振器和空气节流减振器。

城轨车辆一般都使用液压减振器和空气节流阀，而摩擦式减振器在铁道货车上得到普遍运用。

（1）无阻尼垂向振动系统（见图 5-34）：无阻尼垂向自由振动系统在物理学上是一个理想系统，由于无阻尼，系统振动不会衰减，一直振动下去，振动频率为：

$$f=\frac{1}{2\pi}\sqrt{\frac{k}{M}}\ (\mathrm{Hz})$$

式中 $k$——弹簧刚度；

$M$——振动质量。

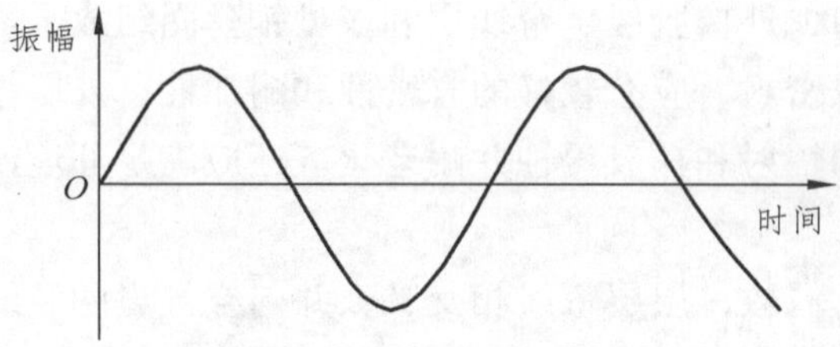


图 5-34　自由振动

（2）有阻尼垂向振动系统（见图 5-35）：实际的振动系统往往都是有阻尼的，甚至要人为地给它添加阻尼（减振器）。有阻尼的振动会衰减，阻尼越大，振动衰减速度越快。但阻尼不适宜太大，否则会使系统受力冲击过大，失去了弹簧的真正意义。

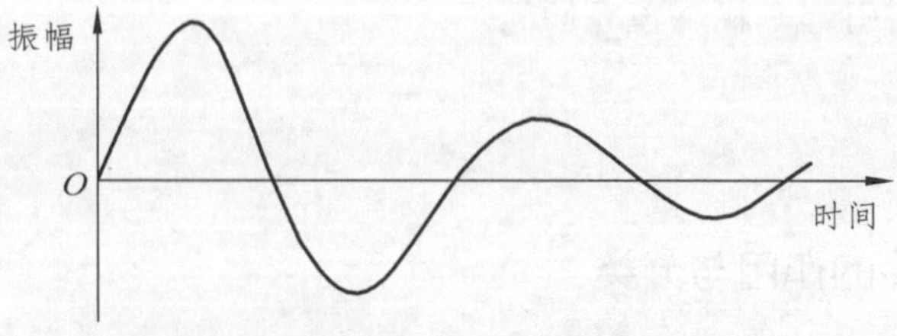


图 5-35　阻尼振动

## （二）空气节流阀

车辆在运行振动过程中，空气弹簧与附加气室之间有压力空气的流动，在空气弹簧和附加空气室之间装设适宜的节流孔，当空气弹簧垂向变位时，上述两者之间将产生压力差。若空气弹簧处于静态变位（缓慢变位）过程，其压力差较小，若是在振动过程（快速变位），则其压力差较大。空气流过节流孔，由于阻力而耗散部分振动能量，使之具有减振作用。采用空气弹簧悬挂装置的车辆，可采用这种减振方式。

### 1. 空气弹簧

空气弹簧采用的节流孔可分为固定节流孔和可变节流孔。节流孔形式的不同，车体振动特性也不同。

当采用固定节流孔时在低频振动范围，无论振幅大或小，对于振动的衰减效果，都存在相对阻尼不足（即节流孔过大）或相对阻尼过大（即节流孔开孔不足）的区域：在高频振动范围，因节流孔相对开孔不足（可类比过硬的弹簧），当振动速度（振幅）大时，存在着对于高频振动隔振不好的区域；当采用可变节流孔时，由于可依据振动速度的变化而改变节流孔的大小，使之处于最佳节流效应状态；在低频振动范围内，对于不同振幅的振动都可以获得适宜的减振；在高频振动范围内，由于节流孔孔径加大（增加了一个节流孔），而不会发生过硬弹簧的现象，使隔振有良好的效果。

### 2. 可变节流孔

可变节流孔有板阀式节流装置和 SYSZ16 型节流阀两种。

板阀式节流孔装置如图 5-36 所示。中央是固定节流孔，两侧为板阀式节流孔，当右侧（或左侧）空气弹簧压力高于左侧（或右侧）空气压力时，上边（下边）的板阀式节流孔开通。由于压缩弹簧变形挠度与压力差成正比，所以压差大弹簧挠度也大，节流孔开度也大。这样就可以避免压差过大而使空气阻力激烈增加。选择适宜的节流孔直径和压缩弹簧的刚度（$k$），就可以得到适宜的阻尼特性（近似为线性流量特性）。

SYSZ16 型节流阀如图 5-37 所示。图中位置是空气弹簧本体（A 部）与附加空气室（B 部）的空气内压处于相等时，节流孔的开度相当于“固定节流孔”的情况。当 A 部内压高出时，将加压在芯阀 1 下端内 a 面上，使芯阀压缩弹簧 2 并下移，节流孔开度加大。当 B 部内压力高出时。将加压在套阀 3 下端 b 面上，使套阀压缩弹簧 2 并上移，节流孔开度加大，实现了可变节流孔的特性。空气弹簧内压差与节流阀节流孔当量直径之间的关系如图 5-38 所示。

## （三）液压减振器

### 1. 液压减振器的结构

液压减振器主要由活塞、进油阀、缸端密封、上下连接部分、油缸、储油筒及防尘罩等部分组成。减振器内部还有油液。图 5-39 所示为 SFK1 型液压减振器的组成。

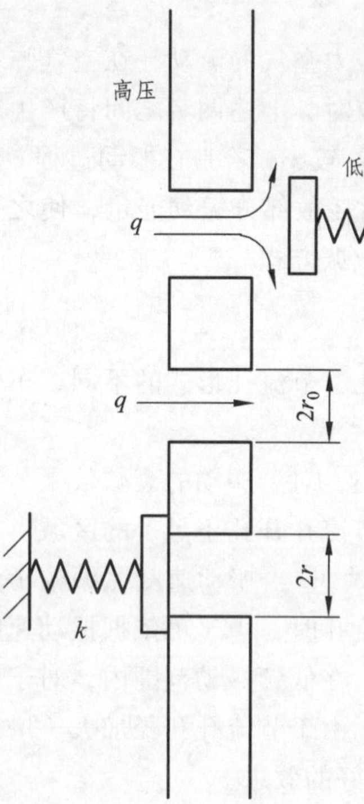


图 5-36　板式节流阀

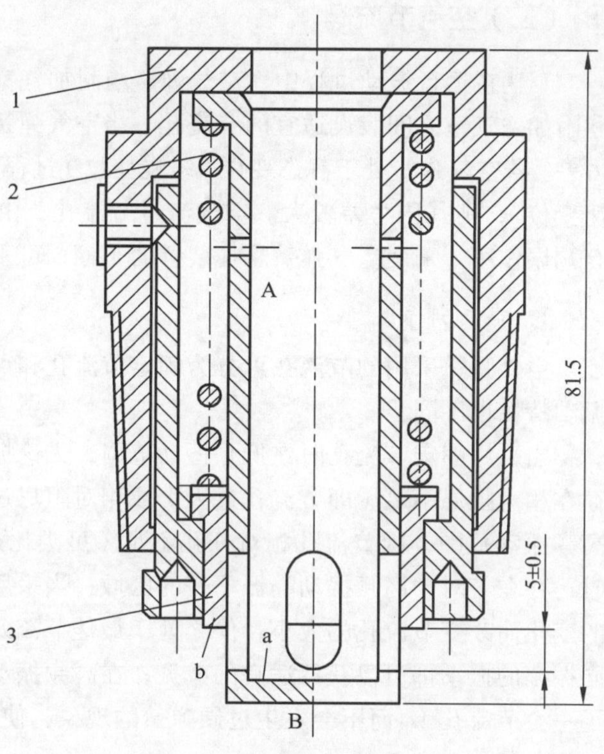


1—芯阀；2—弹簧；3—套阀。

图 5-37　SYSZ16 型节流阀

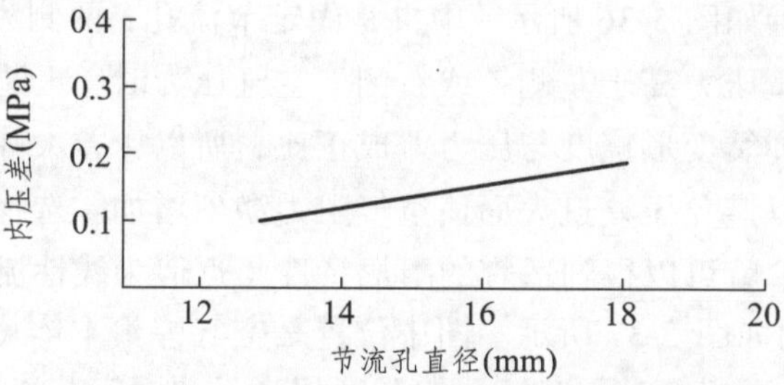


图 5-38　空气弹簧内压差与节流孔直径的关系

（1）活塞部。

活塞部是产生减振阻力的主要部分，由活塞杆、芯阀、芯阀弹簧、套阀和阀座组成，如图 5-40 所示。在芯阀侧面下部开有两个直径为 2 mm 和两个直径为 5 mm 的节流孔。组装后，2 mm 直径节流孔的一部分露出套线，露出部分的节流孔称为初始节流孔，减振器的阻力主要取决于初始节流孔的大小。为能调整阻力的大小，在芯阀、套阀和阀座的底部，设有 0.2 或 0.5 mm 厚的调整垫。5 mm 直径节流孔的作用是防止减振器因振动速度过大，致使油压过高，即限压作用，故又称卸荷孔。在活塞杆的头部，设有胀圈，它的主要作用是提高活塞的密封性，防止活塞磨耗后造成过大的阻力变化。

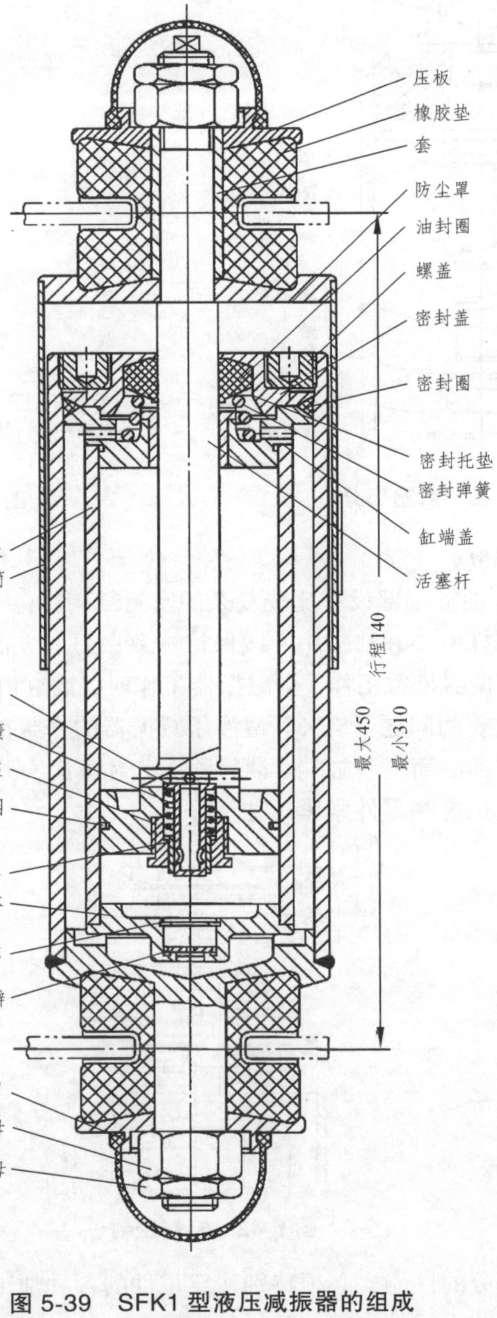


图 5-39　SFK1 型液压减振器的组成

（2）进油阀部分。

如图 5-41 所示，进油阀装在油缸的下端，它的主要作用是补充或排出油液。在进油阀体上装有阀瓣和锁环。在阀瓣和阀体座上的阀口之间，以及在进油阀体和油缸筒之间都要求接触严密，防止漏泄。

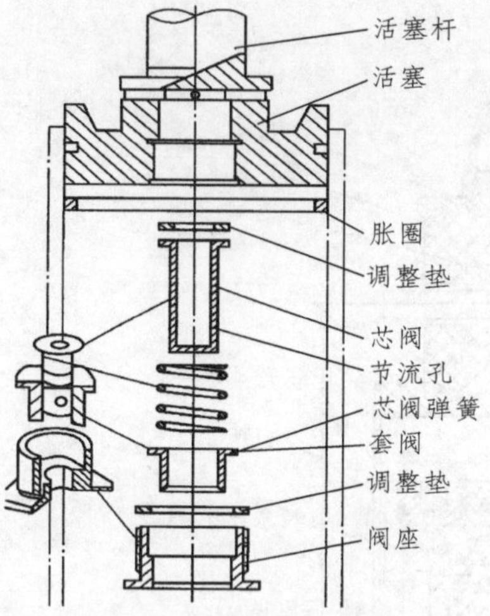


**图 5-40　活塞部分**

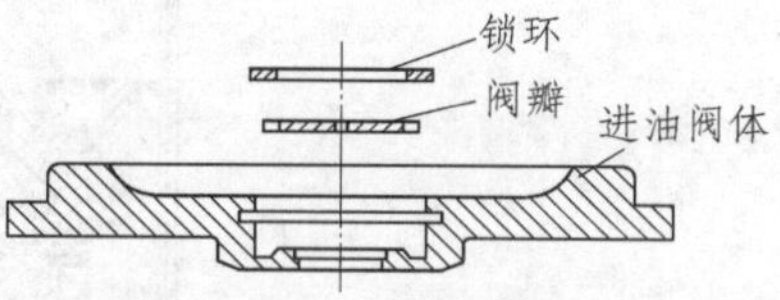


**图 5-41　进油阀**

（3）缸端密封部分。

如图 5-42 所示，油缸端部设有比较复杂的密封结构，它一方面使活塞杆上下运动时起导向作用，使活塞杆中心和油缸中心线保持一致；另一方面是防止油液流出和灰尘进入减振器内，影响减振器正常工作。当减振器工作时，油缸内油压最高可达 $25\times10^5$ Pa，所以密封是一个很重要的问题。SFK1 型液压减振器的密封部分，曾进行过多次改进，现在采用的结构是在油缸筒上装缸端、油封圈、密封弹簧、密封托垫、密封圈和密封盖，并由螺盖通过密封盖把这些零件紧紧压住。

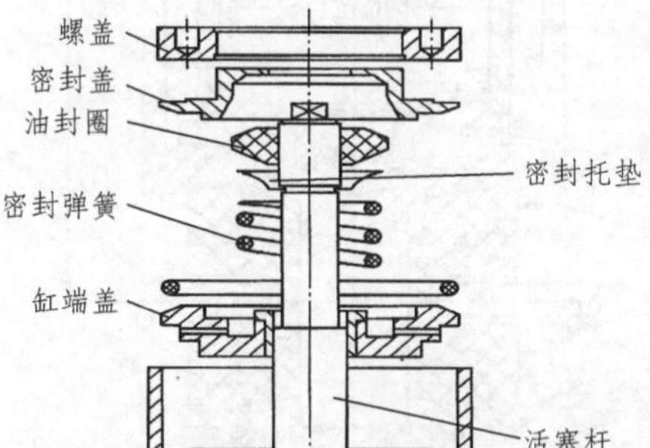


**图 5-42　缸端密封**

为了保持密封部分的性能，必须特别注意零件的各种加工精度，如同心度、垂直度和表面粗糙度等，以减少零件之间的磨耗和变异。另外，在缸端上还压装有一个由铸锡青铜做成的导向套。油封圈的作用，是把漏过导向套和活塞杆之间缝隙的少量油液从活塞杆上刮下来，经过缸端上的回油孔，回到储油筒中。油封圈和密封圈必须采用耐寒耐油的橡胶，要求橡胶在汽油中浸泡 24 h 后没有膨胀和油蚀现象，并要求在低温下保持一定的弹性，油封圈 5 的刮油齿要有合理的形状和高度，齿根应防止裂纹。

（4）上下连接部分。

如图 5-39 所示，上下连接部分由两部分组成，液压减振器上端与车体上的安装座相连接，下端与转向架构架上的安装座相连接。橡胶垫 2 的作用：一方面可以缓和上下方向的冲击；另一方面，当车体和构架在前后左右方向有相对偏移时，橡胶垫可有变形，减少活塞与油缸、活塞杆与导向套之间的偏心，使活动平滑减少偏磨。减振器两端加装防锈帽 23 后可防止雨水浸入端部，避免螺母锈蚀。

（5）液压减振器的油液。

油液对减振器的阻力和使用耐久性起着重要的作用，为保证减振器在不同温度下正常工作，长期使用中性能不变，油液的选择应满足下述要求：

a. 应具有防冻性，在 – 40 °C 气温下油液不凝固。

b. 在 – 40 ~ +40 °C 范围内油液的黏度不应有很大变化。

c. 油液工作时，不应混入空气或产生气泡。

d. 油液应无腐蚀性，以免损伤减振器零件。

e. 油液应有较好的润滑性能，不夹杂沥青、灰渣、胶粘或坚硬杂质。

f. 油液性质应能保持稳定，经过长期工作不改变其物理性能。

g. 油液的化学性能应稳定，在使用过程中不氧化，无渣滓、不变质。

h. 油中不应有水分，价格要便宜。

根据有关单位对多种油类进行的性能试验结果表明：SYB1207-56 号仪表油具有较好的性能。另外，在冬季温度不低于 – 15 ~ – 20 °C 的地区，仍可用变压器油和 22#透平油各 50%的混合油。

## 2. 液压减振器的工作原理

液压减振器的工作原理如图 5-43 所示，同时参看图 5-39。

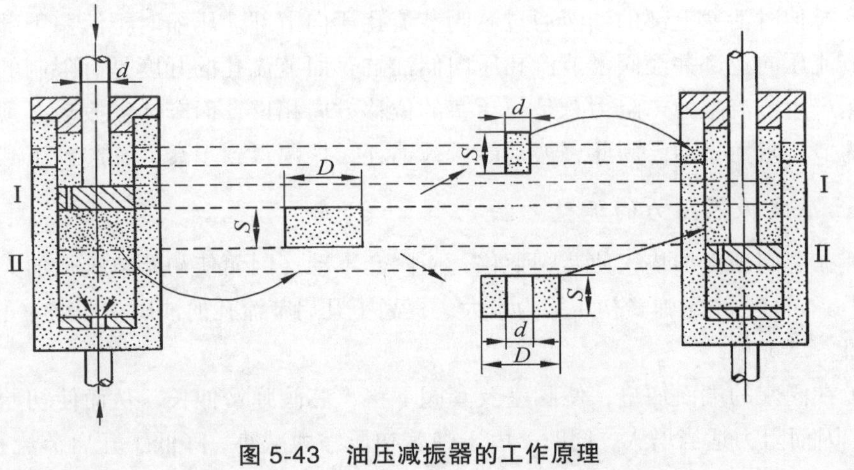


图 5-43　油压减振器的工作原理

活塞把油缸分成上下两个部分，车体振动时，活塞杆随车体运动，与油缸之间产生上下方向的相对位移。当活塞杆向上运动时（又称减振器为拉伸状态），油缸上部油液的压力增大，这样，上下两部分油液的压差迫使上部部分油液经过芯阀的节流孔流入油缸下部。油液通过节流孔时产生阻力，该阻力的大小与油液的流速、节流孔的形状和孔径的大小有关。当活塞杆向下运动时（又称减振器为压缩状态），受到活塞压力的下部部分油液通过芯阀的节流孔流入油缸上部，也产生阻力，因此，在车辆振动时液压减振器起减振作用。

以上讨论的情况只有在活塞杆不占据油缸体积的条件下才是合适的，但实际上活塞杆具有一定的体积，当活塞上下运动时，使得油缸上部和下部体积的变化是不相等的。

设油缸直径为 $D$，活塞杆直径为 $d$，若活塞杆从初始位置Ⅰ向下移动距离 $s$ 后到达位置Ⅱ。这样，油缸下部体积缩小 $\frac{1}{4}\pi D^2 s$，而上部体积增大 $\frac{1}{4}(D^2-d^2)\pi s$，上下两部分体积之差为 $\frac{\pi}{4}d^2 s$，下部排出的油液多于上部所需补充的量。为保证减振器正常工作，在油缸外增加一储油筒，在油缸底部设有进油阀，当活塞杆由Ⅰ向Ⅱ位置运动时，油缸下部油液压力增大，迫使阀瓣紧紧扣在进油阀体上，同时，多余的油液通过阀瓣中间的节流孔流入储油筒，使减振器工作正常。反之，活塞杆向上运动，则上部因体积缩小而排出的油液量将填充不足下部因体积增大而需要的油量，所欠油量从储油筒经进油阀（阀瓣处于抬起状态）进入油缸下部，使减振器正常工作。

如果进油阀阀瓣小孔过大或阀口磨损，又夹杂物等，都会造成向储油缸排油增多，使活塞上部油液不足，在转向拉伸时会出现空走行程，带来冲击。如果阀瓣小孔被堵而减小，会造成压缩阻力过大，与拉伸阻力相差太悬殊。油压减振器要求拉伸阻力和压缩阻力比较接近，减振效果才好。为此，阀瓣小孔的设计要精确，油液的纯度要高。

综上所述，油压减振器的作用原理可简述如下：

油压减振器活塞上下充满油液，当车体上下振动时，就必然带动活塞杆和活塞拉伸和压缩。拉伸时活塞上部的油液通过芯阀节流孔压向下部。压缩时把活塞下部的油液通过芯阀节流压向上部并经阀瓣节流孔压向储油缸，而节流孔的开度是有限制的，液体流动时必然产生节流阻力，阻力总是与活塞的位移方向相反，而车体欲振动必须克服油液流动时的节流阻力做功。因此，振动能量被消耗，振幅得到了衰减，起到了减振作用。

3. 油压减振器阻力的调整方法

（1）在芯阀顶面加垫，使芯阀下移，而阀套不动，因而使初始节流孔加大，使阻力适当减小。同时，由于弹簧初压缩力增大，提高了开启节流孔的油压，即增大了减振器的工作范围。

（2）在阀座的端面加垫，使阀座及套阀下移，芯阀弹簧伸长，从而使初始节流孔开度减小，因而阻力适当增大，同时，由于弹簧初压缩力减小，降低了开启节流孔的油压，即减小了减振器工作范围。

（3）在弹簧上加垫，初始节流孔开度不变，即芯阀和套阀的相对位置不变，故阻力不变。由于弹簧初压缩力增大，因而增大了减振器的工作范围。

# 第五节　空气弹簧系统组成

空气弹簧装置的整个系统如图 5-44 所示，主要由空气弹簧本体、附加气室、高度调整阀、差压阀及滤尘止回阀等组成。

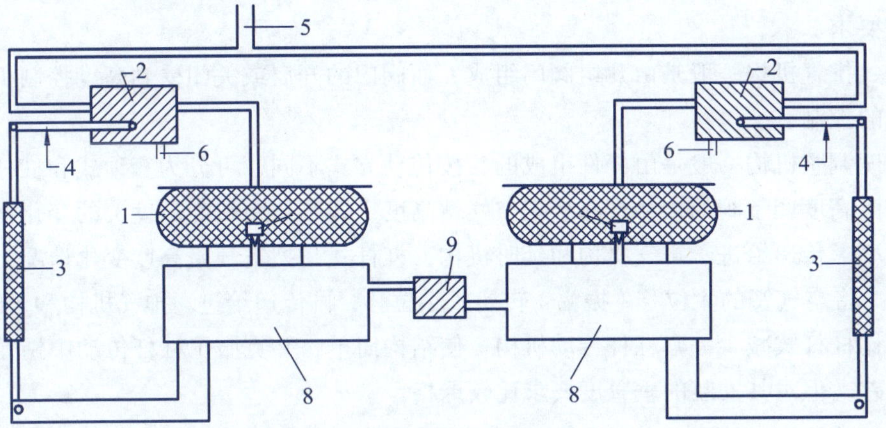


1—空气弹簧；2—高度控制阀；3—高度调整连杆；4—高度调整杠杆；5—供风管；6—排气口；
7—节流孔（阀）；8—附加空气室；9—差压阀。

**图 5-44　空气弹簧系统**

## 一、高度调整阀

高度调整阀是空气弹簧悬挂系统中一个重要组成部件。可以每个转向架与车体连接处安装一个高度控制阀，位于转向架中间。也可以每个转向架与车体连接处安装两个高度控制阀，分别在构架两侧。

高度调整阀主要作用及要求：维持车体在不同静载荷下都与轨面保持一定高度；车辆在直线上运行时，正常的振动和轨道冲击作用不发生进、排气作用；当车辆（装有两个高度控制阀）通过曲线时，由于车体的倾斜使得转向架左右两侧的高度控制阀分别产生进气和排气，从而减少车辆的倾斜。

### （一）高度调整阀的基本工作原理

由于车体静载荷的增加（或减小），空气簧被压缩（或拉伸），使空气簧高度降低（或增高）。随之，车体距轨面高度发生改变，这样，高度控制机构使进、排气机构工作，向空气簧充气（或排气），当空气簧内压与所承受的静载荷相平衡时，空气簧恢复到原来高度，高度控制机构停止工作，进、排气机构处于关闭状态，充气（或排气）作用停止。

延时机构一般是由缓冲弹簧和阻尼减振器（油阻尼或空气阻尼）组成，该机构使得车辆运行时，空气簧在正常的振动情况下，即使空气簧高度发生变化，但不发生充、排气作用。此时仅仅是该机构的缓冲弹簧伸缩变形，而进、排气阀并不动作，但是，当振动的频率低于某一值时（该频率值要低于车辆正常振动的频率，又称为截止频率），进、排气阀工作，使空气簧进、排气，为此，需选取适宜的缓冲弹簧刚度和减振器阻尼值。这样，就可实现车辆运行时在正常振动中（振动频率高于截止频率），空气簧不进气也不排气，而当静载荷变化或车辆通过曲线时（变化频率低于截止频率）空气簧要充气或排气的要求。

进、排气机构一般是由几组阀门组成，而阀门的开启或关闭受到高度控制机构和延时机构的控制。

高度调整机构一般是由杆件组成的，按传动方式不同，可分为直顶式和杠杆式。直顶式是由高度调整阀的接触杆直接把空气簧高度（即车体距轨面高度）的变化情况（幅值和频率）传递给进、排气机构和延时机构。杠杆式是把空气簧高度变化情况，通过杠杆机构，将空气簧的大位移（振幅）转换成小位移，再传递给进、排气机构和延时机构。直顶式比杠杆式减少一套杠杆传动机构，使结构简单，并克服了杠杆传动中销套连接产生的误差，但对其安装的垂直度要求比较严格。

## （二）高度调整阀的主要特性及参数

### 1. 截止频率

为保证在直线运行时，车辆在正常振动过程中，空气簧不发生充、排气作用，要求高度调整阀工作的频率必须低于车辆的垂直振动频率，此频率称为截止频率。只有车辆高度变化的频率低于该值时（如静止状态车辆载荷的变化及车辆通过曲线时），高度调整阀才充、排气。对于高速车辆，因弹簧悬挂装置的刚度非常柔软，则要求较低的截止频率。由上可以看出，截止频率是延时机构正常工作的重要参数。一般该值为 1 Hz 左右。

### 2. 无感区

为避免车辆载荷发生微小变化而高度调整阀就发生充、排气作用以及为安装高度调整阀必然存在的高度差确定所允许的适宜值，需要该阀有无感区，在无感区高度变化的范围内，高度调整阀不发生充、排气作用。一般无感区约为 ± 4 mm。

### 3. 延迟时间

高度调整阀设有延时机构，目的是使高度调整阀具有“截止频率”和“无感区”的性能。为此需要有确定的延迟时间，一般为 1 s 左右。

4. 充、排气时间

设有该参数值是为保证转向架左右高度调整阀充气快慢尽可能一致，以减小空气簧承载的不均衡性，并保证在规定的时间内，空气簧的充、排气量的多少符合所规定的要求。所以，它是保证高度调整阀充、排气的快慢符合规定要求的特性参数。例如，规定某容积为 12 L 的空气簧，内压从 0 升到 0.42 MPa 时，充气时间为 5.5 s。而从 0.42 MPa 降至 0.2 MPa 时，排气时间为 7.75 s。

5. 供风风压

要求列车供风的风压符合高度调整阀止常工作所需的数值。铁道车辆列车管风压为 0.6 MPa。

6. 检修期

为保证高度调整阀的正常工作，减少维修量，延长使用寿命，保证质量，要规定检修期。

确定上述各主要特性参数值时，应注意要结合车辆悬挂参数、运行速度、空气簧类型、线路条件及高度调整阀的结构形式等具体条件选择。

### （三）LV-3 型高度调整阀的结构

LV-3 型高度调整阀的结构如图 5-45 所示。高度调整阀由高度控制机构，进、排气机构和延时机构三部分组成。

高度调整阀的控制机构主要包括连杆套筒 17、连杆 16 和主轴 5，它们主要是完成进、排气的控制作用。

高度调整阀的进、排气机构主要由高度调整阀体 1、过滤网 9、空气节流阀 10、进气阀体 11、进气阀 12、单向阀 13、排气阀体 14 和排气阀 15 等组成。进气阀的低压侧和排气阀的高压侧（即空气簧侧）组成通道并进行联系。通过控制机构的控制，即打开或关闭进、排气阀来完成进、排气作用。

高度调整阀的延时机构主要由活塞 2、吸入阀 3、缸盖 4、缓冲弹簧 6、弹簧支架 7 和减振器支架 8 组成。延时机构以硅油作为阻尼介质，使得车辆运行时，空气簧在正常的振动情况下，连杆虽然随着车体的振动而上下运动，同时带着主轴一同转动，但进气阀与排气阀却不动作。即不发生进、排气作用，仅是该机构的缓冲弹簧扭转变形。这样一方面可减少高度调整阀的误动作，另一方面可起到节省压力空气的作用。

另外高度调整阀的主轴 5、活塞 2、吸入阀 3 和缸盖 4 等部件全部浸泡在硅油中。在主轴上装有弹簧支架 7 和减振器支架 8，可在主轴上自由同转，弹簧支架和减振器支架同时接触缓冲弹簧。在主轴旋转时，转动缓冲弹簧，由此产生的力带动减振器支架，连动突起的活塞，使进气阀和排气阀动作。连杆在水平位置约 ±45°范围内旋转时，设在本体内的限位机构能够限制缓冲弹簧产生过度动作。

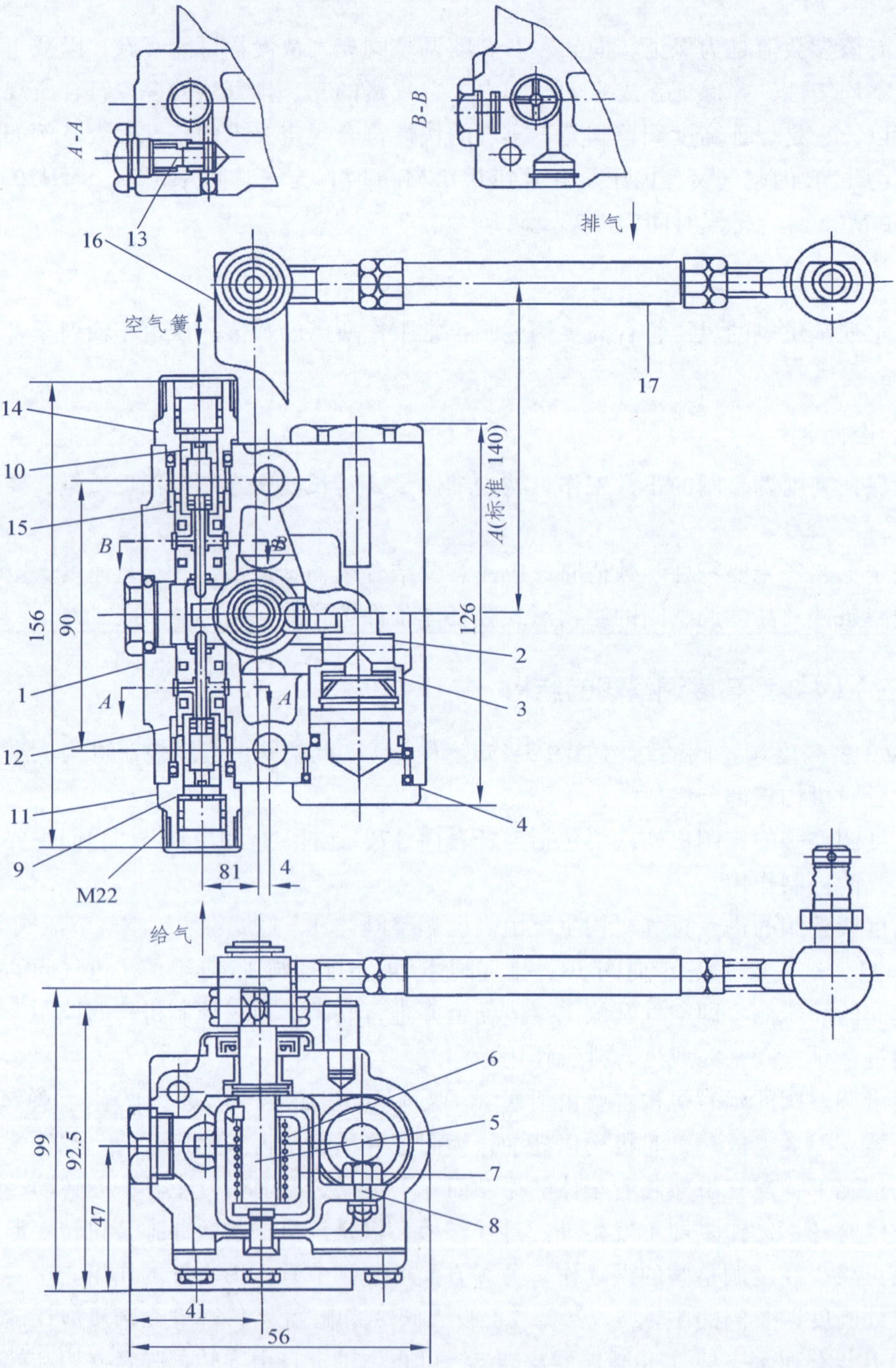


1—阀体；2—活塞；3—吸入阀；4—缸盖；5—主轴；6—缓冲弹簧；7—弹簧支架；8—减振器支架；9—过滤网；10—空气节流阀；11—进气阀体；12—进气阀；13—单向阀；14—排气阀体；15—排气阀；16—连杆；17—连杆套筒。

图 5-45　LV-3 型高度调整阀的结构

## （四）LV-3 型高度调整阀的工作原理

LV-3 型高度调整阀共有 3 个位置 2 条通路。3 个位置是：正常位置、过低位置、过高位置；2 条通路是：进气通路和排气通路。空气簧在车体载荷增加时（见图 5-46），空气簧的内压顶不住，因而被压缩，高度降低，高度阀处于“过低位置”。此时控制机构的连杆向下动作，带动主轴旋转（逆时针），由于延时机构的作用，一定时间后打开进气阀，空气簧风缸中的高压空气进入空气簧，使空气簧高度增加，并使连杆逐渐恢复到水平状态，此时进气阀迅速关闭，空气簧恢复至原来设定高度。

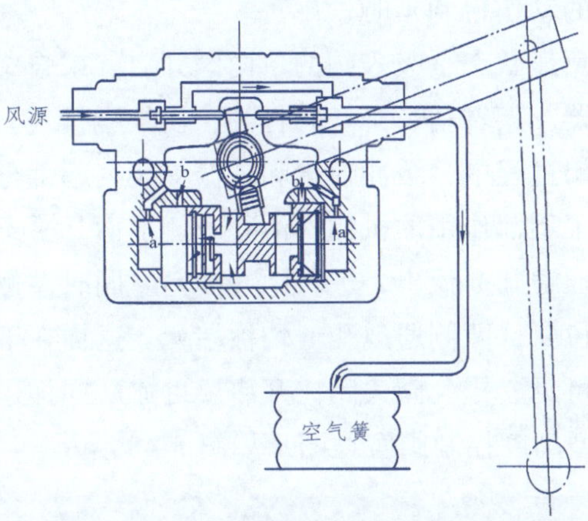


图 5-46　高度调整阀进气

相反，空气簧在车体载荷减小时（见图 5-47），空气簧的内压将过剩，因而空气簧伸长，高度增加，高度阀处于“过高位置”。此时，控制机构的连杆向上动作，带动主轴旋转（顺时针）。由于延时机构的作用，一定时间之后打开排气阀，空气簧内的压力空气由排气阀排入大气，空气簧的高度随之下降，同时连杆逐渐恢复到水平状态，排气阀迅速关闭，空气簧高度恢复至原来设定位置。

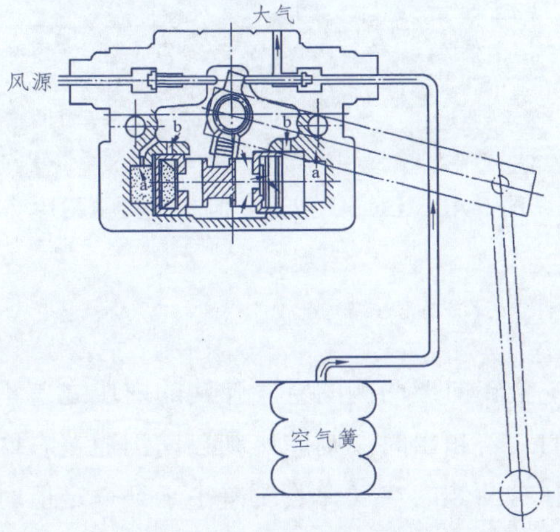


图 5-47　高度调整阀排气

进气阀和排气阀的开启动作，需要一定时间的间隔，相比之下，进气阀和排气阀的关闭动作却要迅速得多，这便是高度调整阀的一大特点。这种效果的产生，是由于延时机构的作用。

如图 5-47 所示，连杆向下动作，带动主轴旋转，转动缓冲弹簧，由此产生的力将减振器支架下的活塞向左侧推动，活塞的吸入阀上有单向阀，由于活塞的动作，活塞的左侧成为液压室（即油缸），在油缸盖上设有液压节流孔 a，形成减速作用，液压油经节流孔 a 排出，从高度调整阀的侧面通路流回中心油室。正是由于节流孔的节流作用产生了抵抗力，使打开进气阀的动作得到延时。

此时活塞的右侧呈负压状态，吸入阀的单向阀开启，来自中心油室的油作为补充。随着活塞的动作，减振器支架转动，排气阀打开，使气囊排气。

相反，在排气阀关闭过程中，缓冲弹簧和减振支架突起部分动作，使活塞往中心部位归位。这时减振器成了不起作用的机构，活塞右侧前面几乎不存在反作用力，右侧油室的油可不经过压缩从通道孔 b 流出，进入中心油室。同时左侧吸入阀的单向阀开启吸入油，活塞返回中心部位时，两侧通道孔 b 均被堵死。这样在下次活塞动作时，又可形成时间上的延迟。由此可见，排气阀关闭比开启要迅速。同样进气阀的开启与关闭原理与排气阀相同。LV-5B 型高度控制阀实物图片如图 5-48 所示。

图 5-48　LV-5B 型高度控制阀实物图片

## 二、差压阀

差压阀是为了保证一个转向架两侧的空气弹簧的内压之差不能超过为保证行车安全规定的某一定值而设定的。若超出时，则差压阀自动沟通左右两侧空气弹簧，使压差维持在该规定值以下，当左右两侧的空气弹簧压差小于某一定值时，左右两个阀都处于关闭状态，左右两个空气弹簧均不相通。差压阀结构如图 5-49 所示。

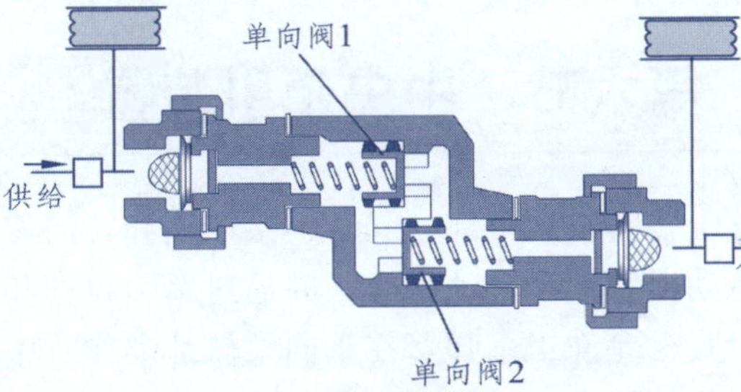


图 5-49　差压阀结构

若左边空气弹簧压力增高，并超过设定值时，即阀中左腔空气压力大于右腔空气压力，右阀的弹簧受压缩，单向阀 2（右侧）打开，使压力空气从左边流向右边（见图 5-50），左侧单向阀关闭。反之。右腔压力高时，左阀的弹簧受压缩，单向阀 1（左侧）打开，使压力空气从右边流向左边，（见图 5-51），右侧单向阀关闭。由于差压阀的这种安全作用，使得空气弹簧的承载符合安全要求。

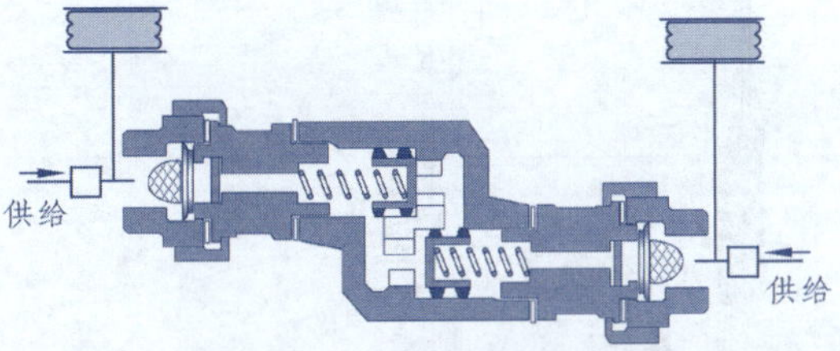


图 5-50　右侧单向阀开启

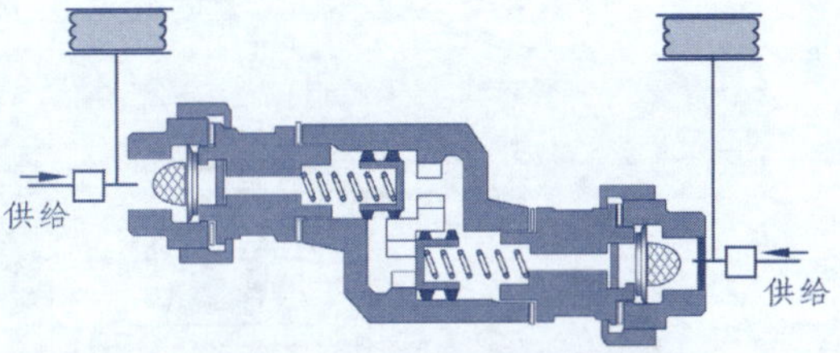


图 5-51　左侧单向阀开启

在选择差压阀时，应注意以下几点：

（1）在转向架左右两侧为均载条件下，车辆正常运行时，该压差值应不影响由于车辆振动所引起的空气弹簧内压力变化的值。

（2）差压阀的差压值应高于车辆在曲线（包括过渡曲线）运行时，仅由于车体的两侧增减载的载荷变化而使左右两个空气弹簧内压变化产生的压差值。

（3）在满足上述两个要求的情况下，尽量取较小的压差值，使各空气弹簧承载不会发生过度的不均衡，以提高车辆运行的平稳性和抗脱轨性能。

（4）当转向架一侧的空气弹簧发生破裂事故时，另一侧空气弹簧内压不能过高，并仍能使车辆以较低速安全运行，以便于事故的处理。DP5 型差压阀实物图片如图 5-52 所示。

图 5-52　DP5 型差压阀实物图片

# 第六节　中央牵引装置

中央牵引连接装置设于转向架的中部，起着连接车体和转向架的作用。在过曲线时为车体与转向架的相对转动提供一个转动中心；并通过牵引拉杆和横向止挡组成传递牵引力、制动力和向心力；同时允许二系弹簧在垂向柔软地动作。中央牵引连接装置的具体形式有多种。常见的有双拉杆式（见图 5-53、图 5-54）、单拉杆式（见图 5-55）和无拉杆式（见图 5-56）。中央牵引装置的具体结构如下：

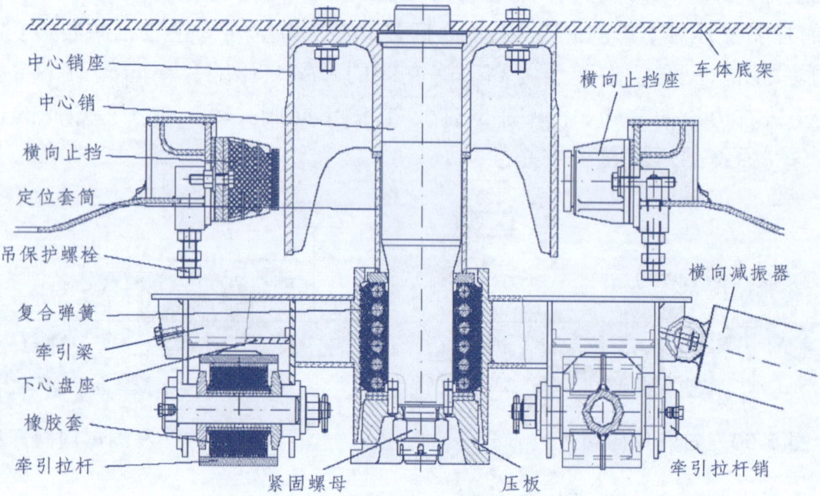


图 5-53　中央牵引连接装置

图 5-54　双拉杆中央牵引装置

如图 5-53 所示，双拉杆式中央牵引连接装置主要由中心销、中心销座、复合弹簧、压板、紧固螺母、横向止挡、起吊保护螺栓、横向减振器、牵引梁、牵引拉杆及销等组成。

图 5-55　单拉杆中央牵引装置

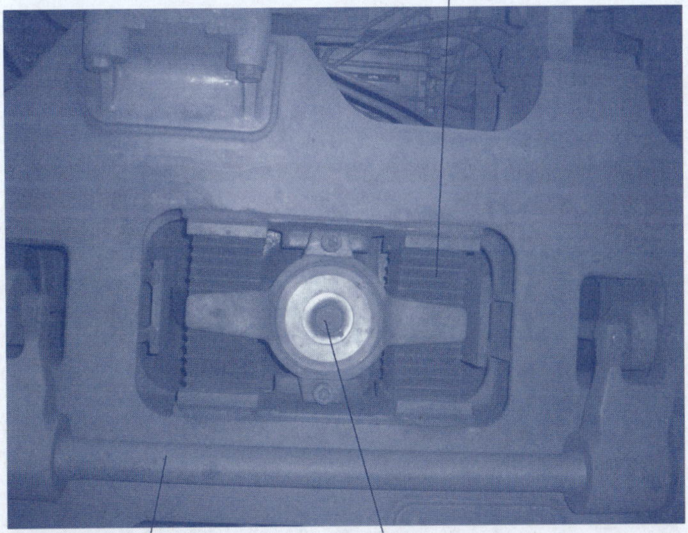


图 5-56　预加应力的弹性块

## 一、中心销及销座

中心销压装于中心销座内，形成一个整体，并经中心销座用 6 个螺栓安装于车体底架上。在安装座底部可加垫片调整车体底架水平高度。下端插入牵引梁内，通过复合弹簧将中心销与牵引梁固定在一起，如图 5-54、图 5-56 所示。中心销及销座有以下功能：

（1）连接车体与转向架，传递车体与转向架之间的牵引力、制动力及向心力。

（2）提供定位，保证转向架能够相对于车体转动，安全通过曲线。

（3）车体被抬起时，力通过中心销（座）—压板及螺栓—牵引梁—起吊保护螺栓—构架—转向架，使转向架也能一同抬起。

## 二、复合弹簧、压板及螺母

复合弹簧的作用是给中心销座提供弹性定位，缓冲车体与转向架之间的作用力，保证转向架能有一定的回转刚度，抑制车辆蛇行运动，如图 5-53、图 5-54 所示。

复合弹簧是由钢圆弹簧和橡胶硫化在一起，通过挤压复合弹簧，消除中心销、复合弹簧、牵引梁之间的间隙，实现了无间隙牵引，从而消除了磨耗。复合弹簧的橡胶变形还可以满足车体和转向架之间在各个方向上有一定程度的摆动和偏斜。

## 三、牵引杆

牵引杆有以下作用：牵引杆在车体与转向架构架之间起着传递牵引力和制动力的作用。同时通过橡胶连接套缓和并减轻力在传递过程中的振动和冲击，使力传递平稳。

双拉杆式牵引杆采用 Z 字形对称布置，它的两端为弹性橡胶节点。牵引拉杆的一端与构架相连，另一端与牵引梁相连，如图 5-54、图 5-57 所示。

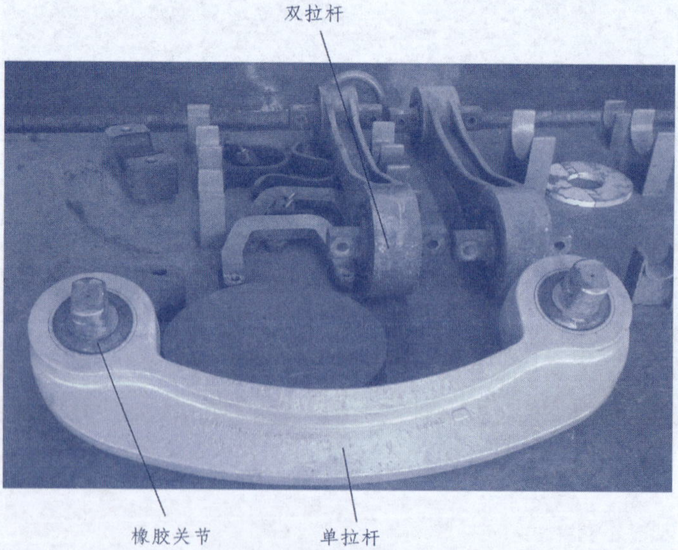


图 5-57 牵引拉杆

单拉杆式牵引杆连接在中心销中部，两端同样为弹性橡胶节点，并且由于橡胶节点的弹性，实现车体与转向架的相对转动，如图 5-55、图 5-57 所示。

无拉杆式中央牵引装置使用一套预加应力的弹性材料块来代替拉杆，如图 5-56 所示。

## 四、牵引梁

牵引梁可以认为是转向架摇枕的小型化。牵引梁通过两根牵引拉杆悬挂在转向架构架上，两端与构架上的横向橡胶止挡配合，中间圆孔插入中心销，实现车体与转向架水平力的传递和提供车体与转向架相对旋转的中心，如图 5-54 ~ 图 5-58 所示。

图 5-58　牵引梁

## 五、横向减振器

在车辆发生横向振动时，横向减振器会施加适当的阻尼力来改善车辆的横向振动。每台转向架只配一个横向减振器，如图 5-58 所示。横向减振器的阻尼特性曲线如图 5-59 所示。

## 六、横向挡组成

为适应低横向刚度的空气弹簧，采用柔性横向缓冲器，它能有效地缓解车辆的横向振动。横向挡由横向止挡座和橡胶挡组成，横向止挡座安装在构架上，橡胶挡安装于横向止挡座内，端面与牵引梁有 10 mm 左右的间隙。横向挡的特性曲线如图 5-60 所示。

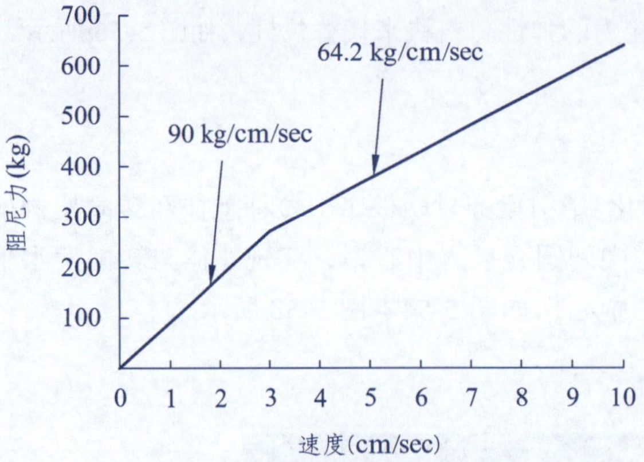


图 5-59　横向减振器的阻尼特性

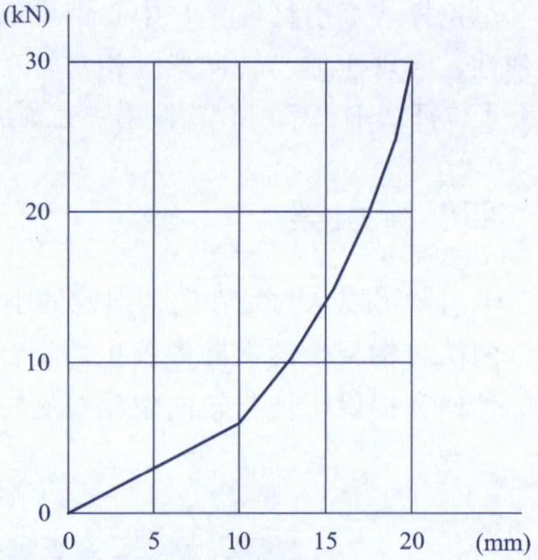


图 5-60　横向挡特性曲线

## 七、起抬保护螺栓

起抬保护螺栓是 4 个（M24 × 110）六角螺栓，每个转向架每侧有 2 个，位于转向架构架的横向止挡下方。抬起车体的时候，中心销通过压板和螺母带着牵引梁随着车体一同抬起，牵引梁抵触到保护螺栓后，将整个转向架一同抬起。

# 第七节　牵引驱动装置

牵引驱动装置仅安装于动力转向架。每个动车转向架的动力装置由两套齿轮传动装置及牵引电机组成。牵引电机悬挂于转向架构架上，呈横向布置。牵引电机和齿轮传动装置由柔性齿形联轴节连接，如图 5-61 所示。

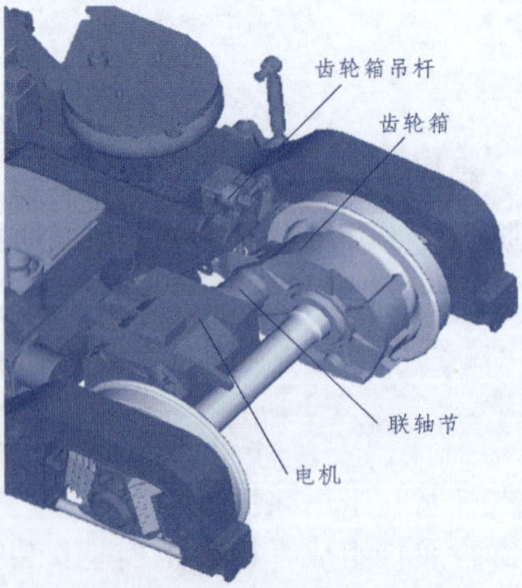


图 5-61　动车牵引系统

齿轮箱及悬挂装置由小齿轮（主动齿轮）、大齿轮（从动齿轮）、齿轮箱、轴承及齿轮箱吊杆组成，如图 5-62 所示。齿轮箱将转矩从牵引电机传递到轮轴并将电机的转速降低到适合于轮轴的水平。齿轮传动装置安装在动力轴上并通过具有悬挂作用的吊杆固定于构架。

小齿轮轴的两端经圆柱滚子轴承 7 支承在上箱体，其轴伸端 8 与弧齿联轴节的半联轴节键连接（见图 5-63），两侧箱体上安装有小端盖，起密封作用。大齿轮 3 固定安装在车轴 5 的齿轮座上，在大齿轮的两侧，齿轮箱由装于车轴上的圆锥滚子轴承 4 支承，为齿轮箱与车轴间提供滚动接触，两侧箱体上安装有大端齿轮箱的箱体，分为上箱体 17 和下箱体 18，为铸造件。高速旋转的大、小齿轮位于齿轮箱内，所以齿轮箱为齿轮的防护罩，箱体应密封，且保持清洁，同时箱体内必须保证有一定量的齿轮润滑油。

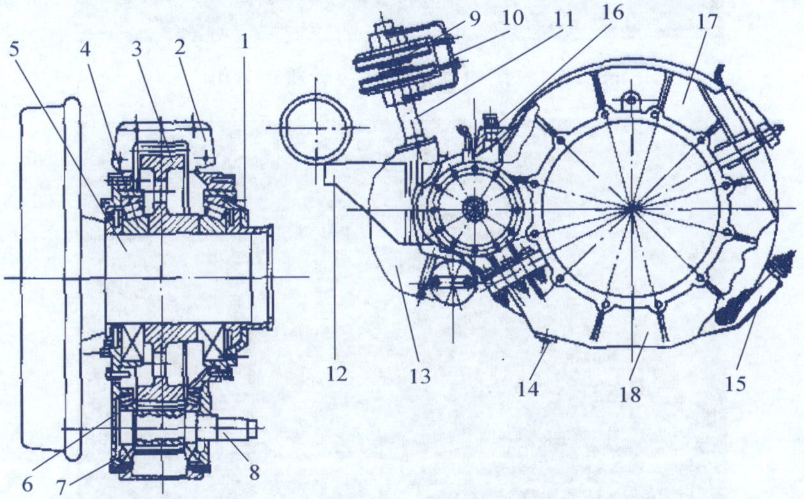


1—大端盖；2—齿轮箱；3—大齿轮；4—轴承；5—车轴；6—小齿轮；7—轴承；8—小齿轮轴伸端；
9—橡胶垫；10—防松板；11—吊杆；12—防护板；13—吊钩；14—排油堵；15—油针及注油堵；
16—排气装置；17—上箱体；18—下箱体。

**图 5-62　齿轮箱及悬挂装置**

**图 5-63　齿轮箱及联轴节**

另外，箱体上还设有用于加油的注油堵 15，用于排油的油堵 14 和用于排气的排气装置 16。图 5-64 所示为广州地铁车辆齿轮箱实物图片；图 5-65 为深圳地铁车辆齿轮箱的实物图片。

**图 5-64　广州地铁车辆齿轮箱**（分解）

**图 5-65　深圳地铁车辆齿轮箱**（排油）

齿轮箱的吊挂装置主要由吊钩、吊杆、橡胶垫、防松板及安装螺栓螺母等组成。虽然齿轮箱的吊挂装置不同车型的构成各不相同，但其基本的作用都是将齿轮箱弹性的吊装在转向架的构架上，使齿轮箱获得弹性定位，并可借此来调节径向偏移量。

齿轮箱吊杆由上、下段吊杆，螺套和 2 个锁紧螺母组成，下段吊杆一端与齿轮箱相连，另一端为左旋螺纹杆，同样上段吊杆一端与转向架相连，另一端为右旋螺纹杆。两段吊杆的螺纹杆旋入螺套两端的螺孔后，分别在螺纹杆上旋入锁紧螺母，旋转螺套便可调节吊杆的长度。在吊杆长度调整好后，应拧紧锁紧螺母锁住螺套，以防松脱。若吊杆万一松脱，则设于构架上的防护板可挡住齿轮箱，防止其掉入轨道。

另外，每一段吊杆经球形橡胶关节与转向架构架、齿轮箱上的安装座弹性相连，这样可使吊杆在一定允许的范围内摆动，同时可以缓解振动。

联轴节是牵引电机和齿轮箱之间的连接机构，牵引电机的转矩通过联轴节递给齿轮箱内的小齿轮。采用联轴节的主要目的是：确保牵引电机轴与小齿轮轴在产生径向偏移时，仍能正常传递牵引电机转矩。若将牵引电机轴与小齿轮直接相连，则会因车体高度的变化、转向架的振动和冲击等原因，使得小齿轮的轴线和牵引电机的轴线不是总处于同一直线上而产生一定的径向偏移，过大的径向偏移将严重影响牵引电机转矩的有效传递。设置联轴节能很好地满足电机轴与小齿轮轴之间的径向偏移要求，确保电机转矩向小齿轮的有效传递。

图 5-66 所示为弧齿联轴节。弧齿联轴节由半联轴节、齿轮套、键、密封垫、定位隔板、圆柱螺旋压缩弹簧等组成。两个半联轴节 6 通过锥度配合分别固定在牵引电机轴 1 和小齿轮轴 11 的轴端；两个齿轮套 5 分别套在两个半联轴节 6 上，并通过半联轴节上的弧齿和齿轮套上的直齿相互啮合来传递牵引电机转矩，因直齿比弧齿长，可提供 ± 8 mm 的轴向偏移，同时由于半联轴节 6 上的齿为弧形，所以各轴 1（11）可经半联轴节 6 相对于齿轮套 5 产生一定的径向偏移；两个齿轮套 5 用螺栓 8 连接，从而实现了牵引电机轴 1 与小齿轮轴 11 的连接。另外，定位隔板 9 夹在两个齿轮套 5 之间，将水平放置在两个半联轴节 6 之间的圆柱螺旋压缩弹簧 7 分成两部分可使两轴产生的径向偏移尽快复位；在每个齿轮套 5 的外侧固定有可伸缩的密封垫 3 和压盖 4，对联轴节的两端进行密封，防止吸入灰尘和漏油。

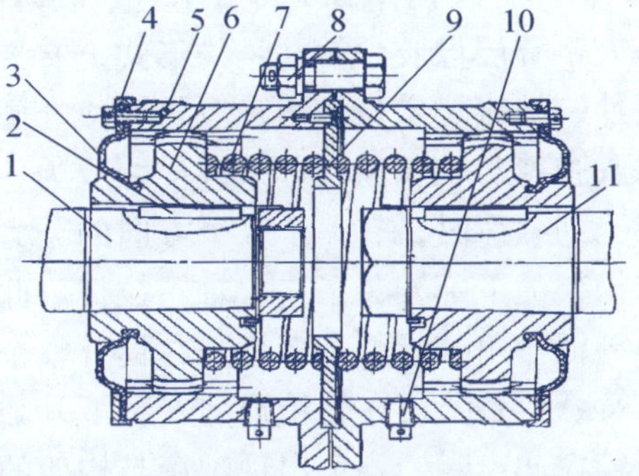


1—电机轴；2—连接键；3—密封垫；4—压盖；5—齿轮套；6—半联轴节；7—圆柱螺旋弹簧；8—螺栓；9—定位隔板；10—油堵；11—小齿轮轴。

**图 5-66 弧齿联轴节**

弧齿联轴节允许牵引电机轴与小齿轮轴的最大径向偏移为 12.6 mm，为了保证在车辆重载时径向偏移不超出允许的范围，在车辆 $AW_0$ 状态下，需通过调节齿轮箱吊杆的长度来达到牵引电机轴比小齿轮轴高（3 ± 1）mm 的要求。同时，由于联轴节为高速旋转部件，每半个联轴节内需添加润滑油（75 ± 5）g。

## 第八节 转向架的悬挂

车体不是刚性地坐落在转向架上，而是通过弹簧装置悬挂起来，并通过减振装置衰减车体振动。整个车辆就是一个多刚体、多自由度的振动系统，该系统被称为车辆悬挂系统。城轨车辆转向架是一个二系弹性悬挂系统，即轴箱悬挂（一系）和中央悬挂（二系）。此二系悬挂系统是串联的关系，目的是提高弹簧系统的挠度，以获得更好的运行平稳性。

## 一、一系悬挂

一系悬挂是轴箱与构架的弹性连接，由轴箱弹簧、减振器及定位装置组成。一系悬挂装置的作用如下：

（1）传递载荷，缓冲减振。传递转向架构架与轮对之间的各种动、静载荷，包括牵引力、制动力、向心力及车体（包括转向架）的重力，并且在这些（动）载荷的传递过程中，起到缓冲减振的作用。

（2）给轴箱提供定位。在纵向和横向提供适宜的弹性定位刚度值，保证车辆良好的运行品质。

（3）达到良好的曲线性能，同时保证转向架在整个运行速度范围内的动态稳定性。

城轨车辆的一系悬挂最常见的有三种形式：圆锥叠层橡胶弹簧（见图 5-67），人字叠层橡胶弹簧（见图 5-68），螺旋圆钢弹簧（转臂）+液压减振器（见图 5-69）。

圆锥叠层橡胶弹簧与人字叠层橡胶弹簧在结构形式上有一定区别，但它们在性能上又有很大的共同点，即缓冲、减振、定位均由橡胶簧完成。圆锥叠层橡胶弹簧中心有一个螺栓，它将圆锥叠层橡胶弹簧与轴箱连接起来，使之成为一个整体。

人字叠层橡胶弹簧在受到载荷时，有一个水平方向的分力，为了保证构架在此分力作用下不遭到破坏，故在构架的下部安装了一根轴箱拉杆。此拉杆的作用是：在构架承载时承受拉力，减少构架导框弯角处承受的弯矩；在提升整个转向架时候抬起轮对。

另外人字叠层橡胶弹簧悬挂系统还在轴箱顶部安装了一个辅助弹簧，也称轴箱止挡。目的是重载或转向架受到较大冲击时，避免出现轴箱与构架的刚性冲击。

图 5-67　圆锥叠层橡胶弹簧

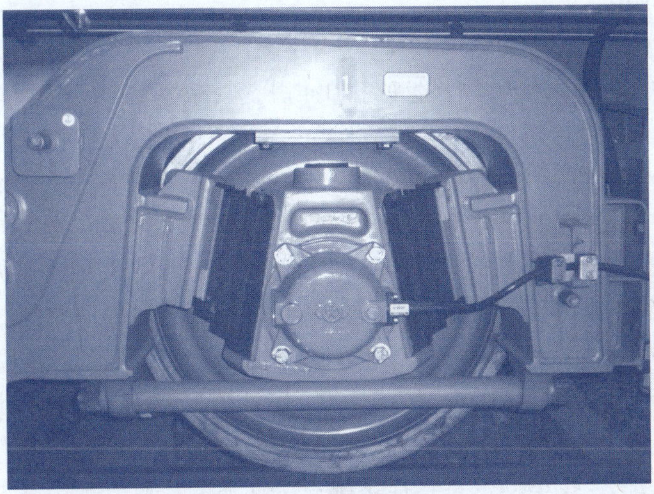

图 5-68　人字叠层橡胶弹簧

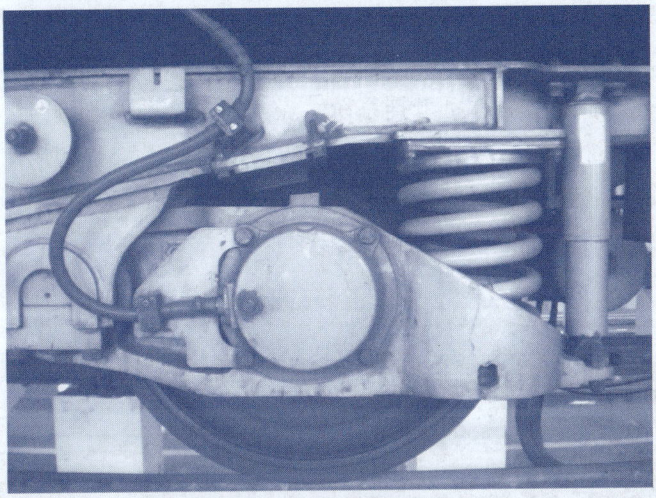

图 5-69　圆钢螺旋弹簧

螺旋圆钢弹簧与橡胶弹簧悬挂系统有较大的区别。螺旋圆钢弹簧缓冲性能很好，但减振性能很差。所以为了提高一系悬挂的减振性能，必须加装一个缓冲器来帮助吸收振动能量。同时，由于螺旋圆钢弹簧水平刚度不够，也必须另外提供一套轴箱定位装置。现代城轨车辆专门的轴箱定位装置中最常见的是转臂式轴箱定位。该一系悬挂系统一般在轴箱顶部也安装有辅助弹簧。

## 二、二系悬挂

二系悬挂装置安装于车体与转向架之间。二系悬挂装置主要包括空气簧、液压减振器、高度调整阀、压差阀、抗侧滚扭杆等。

二系悬挂的作用：

（1）传递车体与转向架的垂向载荷。

（2）进一步改善车体动力学性能（缓和冲击、衰减振动）。

（3）保持车体水平。

（4）保持车体地板在不同载荷时高度基本一致。

不同的车型二系悬挂的具体部件有所区别。由于空气弹簧在缓冲方面的优异特性，现代城轨车辆二系悬挂普遍采用空气弹簧作为缓和冲击的主要部件。所以各种型号的地铁、轻轨车辆二系悬挂均包含有空气弹簧以及与之配合的高度调整阀。但在其他零部件的配置上就不尽相同。深圳地铁一号线（A 型车）、广州地铁三号线（B 型车）、南京地铁一号线（A 型车）以及武汉地铁一号线一期（B 型车）车辆的二系悬挂系统如图 5-70 ~ 图 5-73 所示。

（1）广州地铁三号线车辆二系悬挂系统：空气弹簧、液压减振器（每转向架两个）、抗侧滚扭杆、差压阀和高度调整阀（每转向架 1 个），如图 5-70 所示。

（2）深圳地铁一号线车辆二系悬挂系统：空气弹簧、液压减振器和高度调整阀（每转向架 2 个）、抗侧滚扭杆、差压阀（每转向架 1 个），如图 5-71 所示。

（3）南京地铁一号线车辆二系悬挂系统：空气弹簧、液压减振器、高度调整阀（每转向架 2 个）、抗侧滚扭杆、差压阀（每转向架 1 个），如图 5-72 所示。

（4）武汉地铁一号线车辆二系悬挂系统：空气弹簧、高度调整阀（每转向架两个）、差压阀（每转向架 1 个），如图 5-73 所示。

图 5-70　二系悬挂（广州地铁车辆）

**图 5-71　二系悬挂（深圳地铁车辆）**

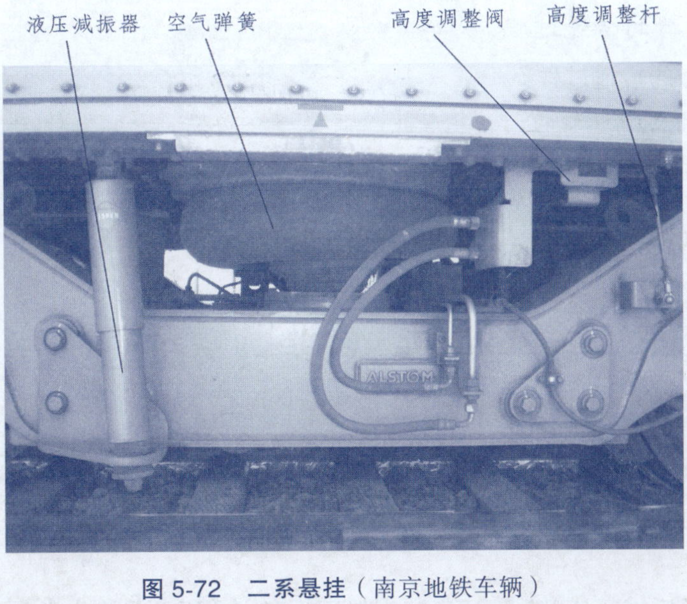


**图 5-72　二系悬挂（南京地铁车辆）**

图 5-73　二系悬挂（武汉地铁车辆）

## 三、车体与转向架载荷的传递

转向架所承受的载荷包括垂向载荷、纵向载荷（即牵引力和制动力）及横向载荷三种。其载荷从车体至钢轨或从钢轨至车体的传递过程如下：

1. 垂向载荷的传递过程

车体底架（枕梁）⟶空气弹簧（紧急弹簧）⟶构架⟶轴箱弹簧⟶轴箱⟶轮对⟶钢轨。

2. 纵向载荷的传递过程

（1）牵引力的传递过程：

钢轨⟶轮对⟶轴箱⟶轴箱定位装置⟶构架⟶牵引杆⟶牵引梁⟶中心销（座）⟶车体。

（2）制动力的传递过程：

与牵引力的传递过程相同，只是力的方向相反。

3. 横向载荷的传递过程

钢轨⟶轮对⟶轴箱⟶轴箱定位装置⟶构架（横向止挡）⟶牵引梁⟶中心销（座）⟶车体。

# 第九节　转向架附属装置

转向架除了机械部分以外，还安装有保证行车安全所必需的一些电器设备。主要是

ATC 速度传感器（见图 5-74)、防滑速度传感器（见图 5-75)、接地装置（见图 5-76)、轮缘润滑器(见图 5-77)和通信天线(见图 5-78)等。以下是南京地铁一号线(见图 5-79)和武汉地铁一号线（见图 5-80）车辆转向架上的附属设备配置情况。

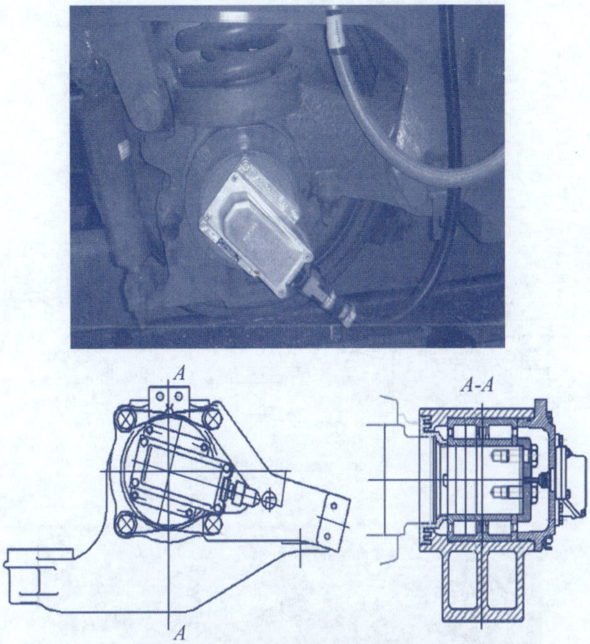


图 5-74　ATC 速度传感器

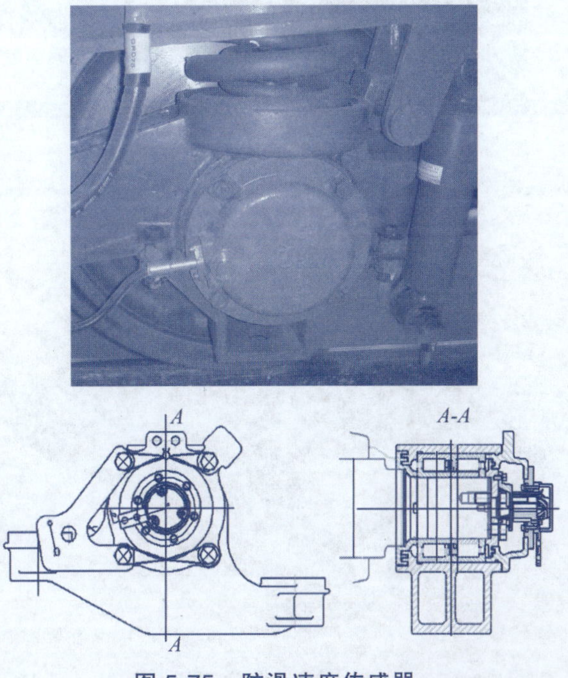


图 5-75　防滑速度传感器

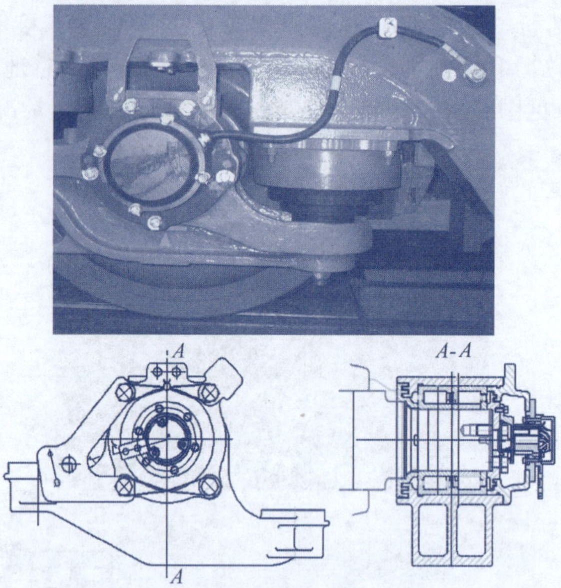


图 5-76　轴端接地

图 5-77　轮缘润滑器

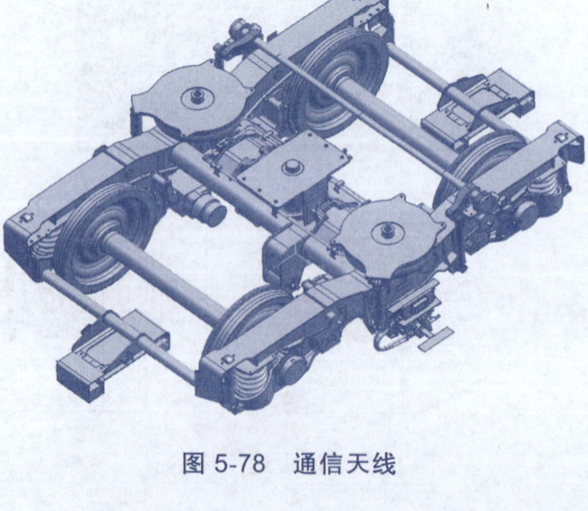

图 5-78　通信天线

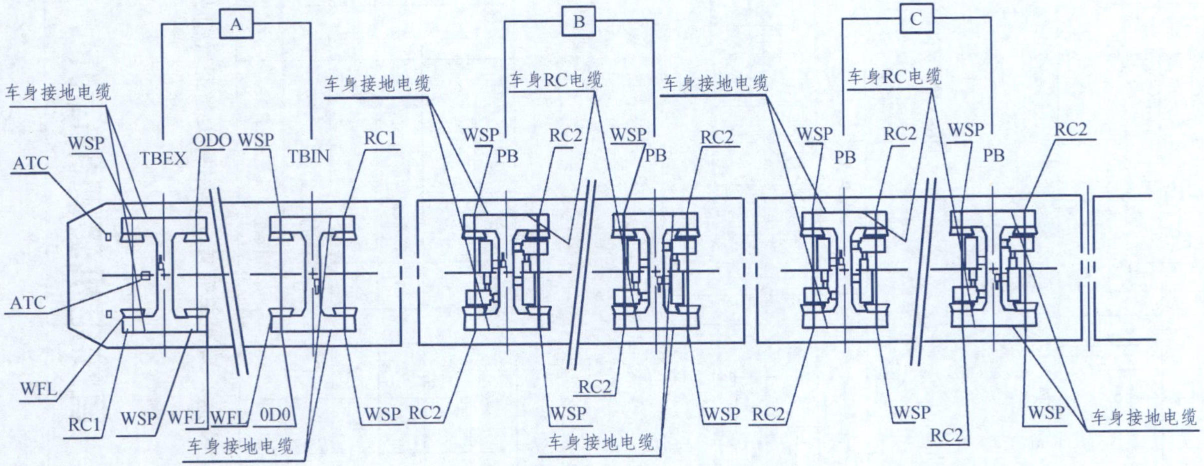


图 5-79　南京地铁一号线车辆转向架附属设备配置情况

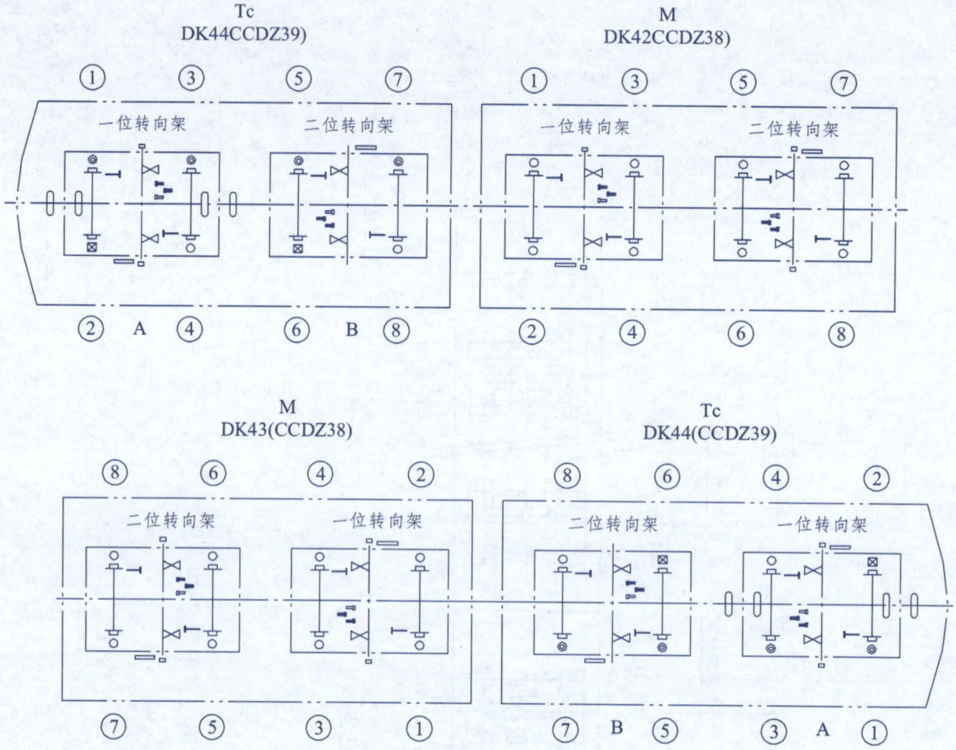


| 符号 | 设备 | 数量 | | | |
|---|---|---|---|---|---|
| | | Tc | | M | |
| | | 一位 | 二位 | 一位 | 二位 |
| ⋈ | 高度调整阀 | 2 | 2 | 2 | 2 |
| ▬ | 空气制动配管 | 2 | 2 | 2 | 2 |
| ▭ | 停放制动配管 | 1 | 1 | 1 | 1 |
| ⊠ | ATP速度传感器 | 1 | 1 | | |
| ⊣ | 带停放的制动单元 | 2 | 2 | 2 | 2 |
| ○ | 普通轴箱 | 1 | 1 | 4 | 4 |
| ◎ | 防滑传感器 | 2 | 2 | | |
| ▭ | 铭牌 | 1 | 1 | 1 | 1 |
| 0 | ATP线圈 | 4 | | | |
| ▫ | 受流器 | 2 | 2 | 2 | |

图 5-80　武汉轨道交通一号线车辆转向架附属设备配置情况

# 第十节　直线电机转向架简介

## 一、直线电机的基本原理

所谓直线电机就是利用电磁作用原理，将电能直接转换成直线运动动能的设备。理论上，做旋转运动的点如果旋转半径趋于无穷大就成为直线运动，因此可以认为直线电机是直径无限大而长度有限的旋转电机，或者说直线电机是将旋转电机沿其径向剖开，然后展开成直线形状演变而成的，如图 5-81 所示。

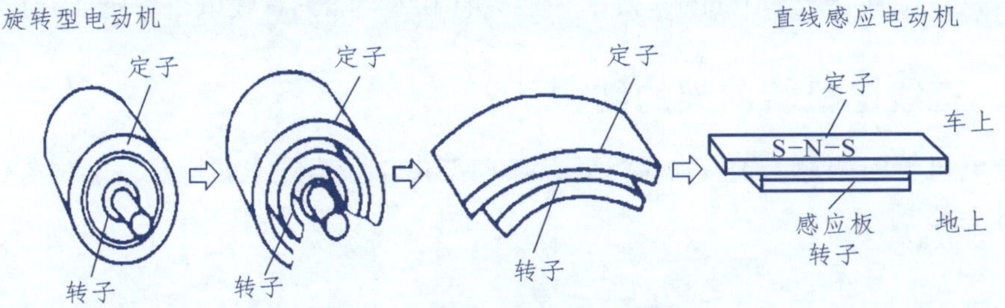


**图 5-81 直线电机原理示意图**

与旋转电机相对应，旋转电动机的定子和转子，在直线电动机中称为初级和次级。为了在运动过程中始终保持初级和次级耦合，初级侧或次级侧中的一侧必须做得较长。在直线电动机中，直线感应电动机应用最广泛，因为它的次级可以是整块均匀的金属材料，即采用实心结构，成本较低，适宜于做得较长。

直线电机系统是介于磁悬浮与轮轨系统之间的一种轨道系统，并区别于传统轨道交通牵引模式。它既有传统轮轨系统的安全可靠性，又有磁悬浮系统非黏着的特点，非常适合城轨车辆。我国广州地铁四号线车辆采用的就是线性感应电机驱动技术，构架内置，这在国内还是首次。

## 二、直线电机转向架的特点

### 1. 优　点

（1）由于不依靠轮轨黏着作用进行牵引，直线电机车辆具有爬坡能力强的优点（最大坡度可达 80‰）。有利于线路断面设计，有利于选线和避开地下建筑物，同时有利于地下至地面、高架线的过渡，降低线路制造成本。

（2）由于不依靠黏着作用牵引，且直线电机比较扁平，车轮可以尽量减少，车辆高度可以明显降低，隧道建设成本也可明显减少。

（3）没有齿轮箱、联轴节等传动装置，转向架重量得到降低，传动效率提高，机械传动噪声降低。

（4）由于直线电机运行过程中电机与感应板之间的除开纵向吸力以外，还有很大的垂向吸力，可以增加车轮垂向载荷，降低车轮脱轨风险。

（5）列车处于低速制动状态时，车辆气制动才开始施加，这时候才需要依靠轮对黏着作用，车辆大部分运行时间是不依靠黏着作用的，可以减少车轮打滑几率，提高车轮使用寿命。

### 2. 缺　点

为了保证最佳的牵引和制动力，应减小直线电机与感应板距离（气隙）。但为了防止直线电机运行过程中撞击感应板，应适当加大直线电机与感应板距离，所以直线电机对气隙的维护要求比较高。一般来说，普通旋转电机气隙约为 2 mm，效率为 0.9 左右；而直线电机气隙往往大于 9 mm，效率一般只有 0.7 ~ 0.8，直线电机车辆能耗比较大。

## 三、直线电机转向架的结构

直线电机转向架为二轴转向架，每台转向架由 1 台直线电机驱动。转向架结构如图 5-82、图 5-83 所示。

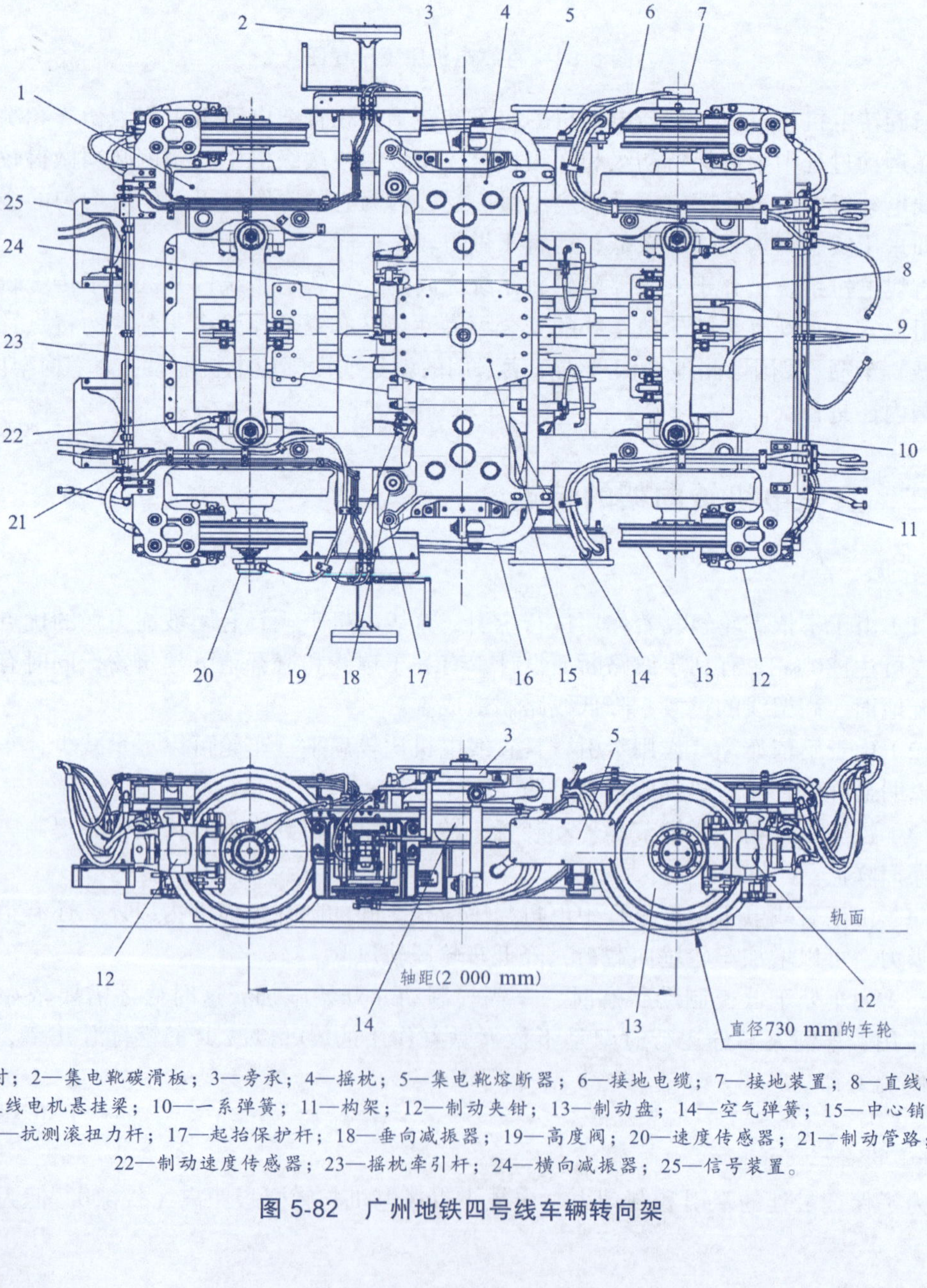


1—轮对；2—集电靴碳滑板；3—旁承；4—摇枕；5—集电靴熔断器；6—接地电缆；7—接地装置；8—直线电机；9—直线电机悬挂梁；10—一系弹簧；11—构架；12—制动夹钳；13—制动盘；14—空气弹簧；15—中心销座；16—抗测滚扭力杆；17—起抬保护杆；18—垂向减振器；19—高度阀；20—速度传感器；21—制动管路；22—制动速度传感器；23—摇枕牵引杆；24—横向减振器；25—信号装置。

图 5-82　广州地铁四号线车辆转向架

图 5-83　广州地铁四号线转向架实物图片

1. 牵引驱动装置

直线电机通过电机垂向吊杆、悬挂梁悬挂于轴箱体上，不经过任何减振，牵引力和电制动力通过纵向牵引杆传递给构架；横向连接杆是为防止直线电机横向摆动而设计的。牵引杆两端设有橡胶弹性关节，在加速和减速时不会造成刚性冲击，如图 5-84 所示。

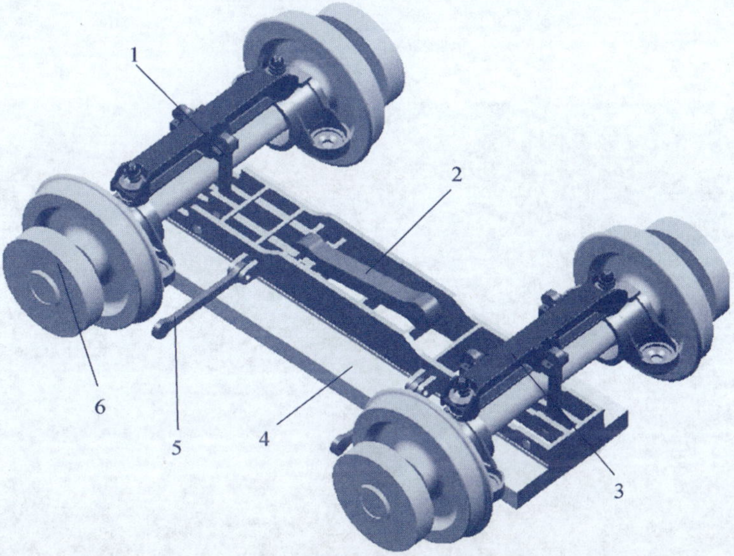


1—电机垂向吊杆；2—纵向牵引杆；3—电机悬挂梁；4—直线电机；5—横向连接杆；6—制动盘。

图 5-84　直线电机悬挂系统结构

直线电机与感应板的气隙通过电机悬挂梁上的高度调整机构来实现，调整机构能够满足旋轮后较大尺寸的调整和日常维护过程中的微动调整。直线电机的安装及其与感应板之间的间隙为 10 ~ 12 mm，如图 5-85 所示。

2. 构架（内置式）

构架俯视呈“目”字形结构，采用箱形全钢板焊接结构。构架侧梁由 U 形断面压型的上下盖板组焊而成，为中间下凹的鱼腹箱形结构，以保证侧梁的抗弯、抗扭性能。

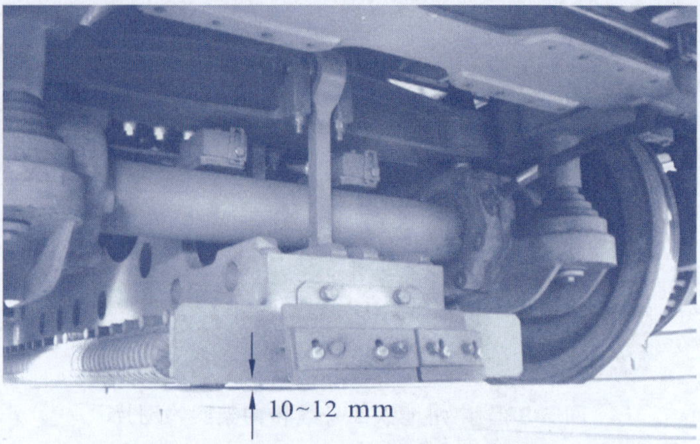


图 5-85　直线电机与感应板的间隙

3. 一系悬挂

轮对轴箱采用轴箱内置、制动盘外置的结构，简化了结构并减轻了重量。轴箱与构架之间设置了锥型橡胶弹簧的一系悬挂，其结构如图 5-86 所示。

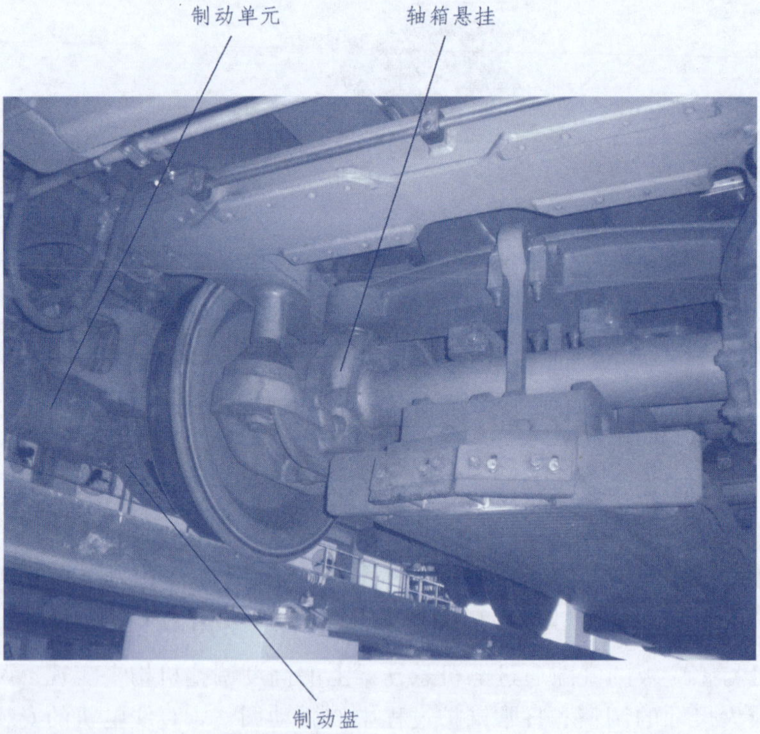


图 5-86　一系悬挂

4. 制动装置

转向架制动采用外置式盘式制动单元，每根轴安装 2 套，其中一套具有停车制动功能。每列车的制动单元为同一种形式。

5. 二系悬挂

二系悬挂采用有摇枕结构，由空气弹簧、抗侧滚扭力杆作为缓冲元件；配有垂向、横向液压缓冲器，用以衰减振动能量；再加上高度调整阀，使得转向架具有良好的减振性能和舒适度。摇枕与构架之间纵向力靠摇枕牵引杆来传递；横向力靠摇枕挡传递。牵引杆和摇枕挡都安装有橡胶缓冲件，避免传力时出现刚性冲击，如图 5-87 所示。

图 5-87 二系悬挂

6. 转向架与车体的连接

直线电机转向架采用的是有摇枕式，车体、转向架之间通过心盘来传递垂向载荷，而车体上的中心销和摇枕上的销孔则是传递水平力和转向架相对于车体的旋转中心，如图 5-88、图 5-89 所示。

图 5-88 车体上的上心盘、中心销

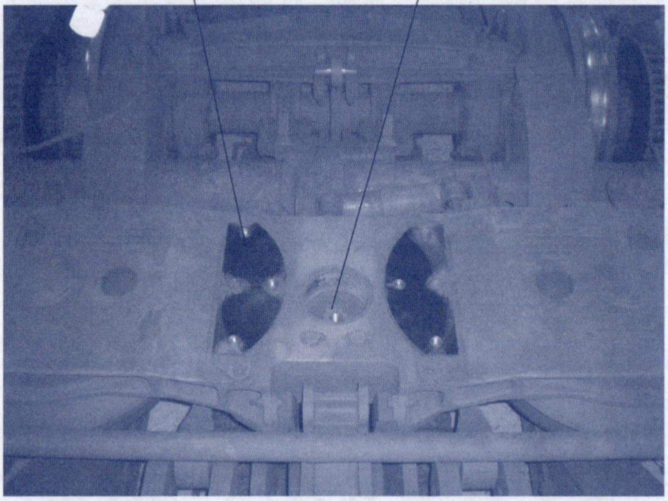


图 5-89　摇枕上的下心盘、中心销孔

## 四、转向架参数

转向架中心距…………11 140 mm

车辆固定轴距…………2 000 mm

车轮直径（采用整体辗钢车轮，新轮）…………730 mm

车轮直径（半磨耗）…………690 mm

车轮直径（全磨耗）…………650 mm

轮对内侧距…………（1 353 ± 2）mm

列车结构速度…………100 km/h

列车最大运行速度…………90 km/h

冲击极限…………$0.75\ m/s^3$

起动平均加速度（0 ~ 35 km/h）…………$\geqslant 1.0\ m/s^2$

在额定负荷（$AW_2$）下，全部动车工作时，正线列车平均运行速度…≥45 km/h

# 第十一节　独轨转向架

目前，独轨车辆主要有两种：一种是跨座式（图 5-90），另一种是悬挂式，其转向架结构有较大的区别。

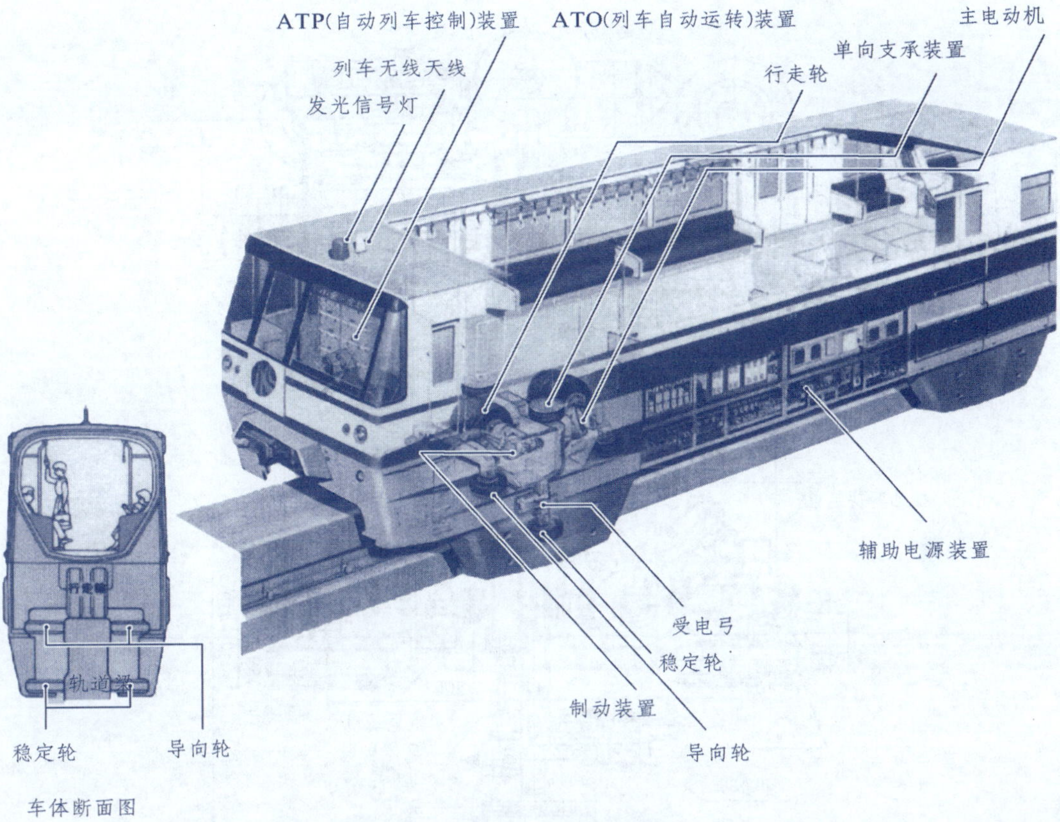


图 5-90　跨座式独轨车辆

## 一、跨座式独轨转向架

跨座式独轨车辆转向架为二轴转向架，且全部为动力转向架。该转向架（图 5-91）的结构如图 5-92 所示。

图 5-91　跨座式独轨车辆转向架实物图片

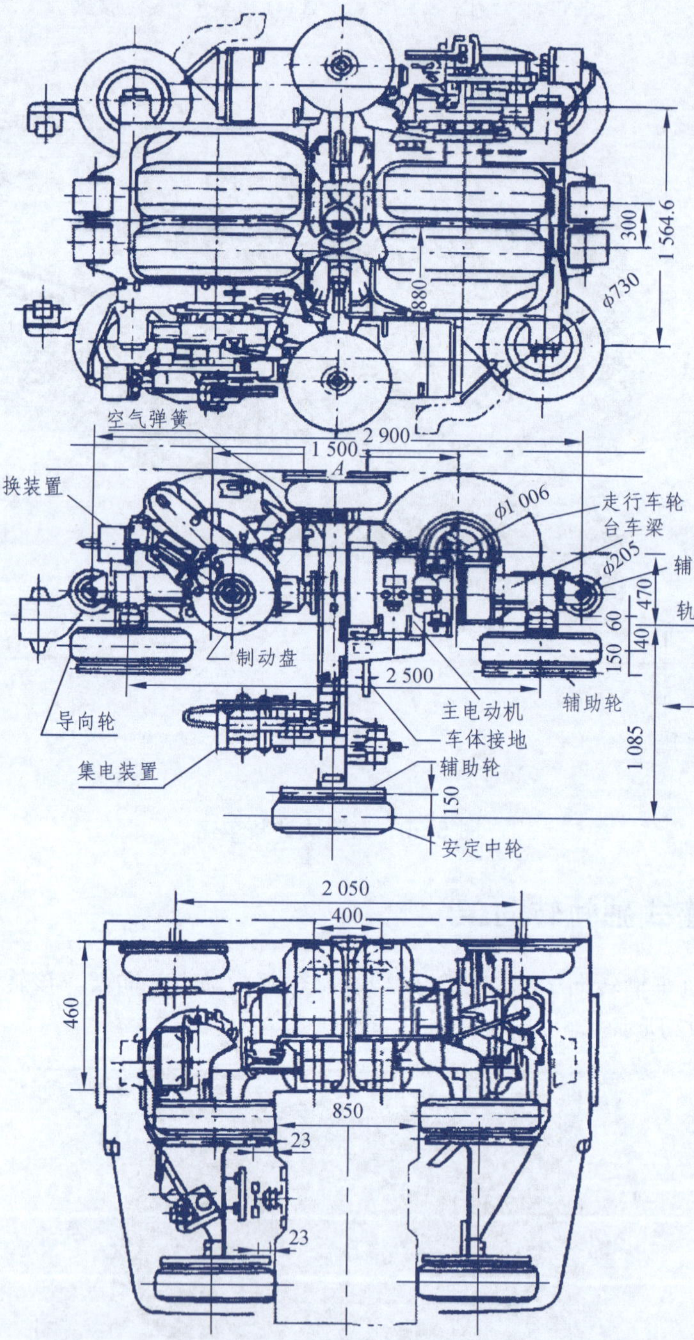


图 5-92　跨座式独轨车辆转向架结构（单位：mm）

1. 车　轮

转向架每根轴上装有两个走行轮，走行轮为内部充入氮气的钢套橡胶车轮。为防止走行车轮轮胎放炮，转向架前后两端装有辅助车轮，转向架两侧上方各设两个导向轮，下方各设 1 个稳定轮，如图 5-93 所示，它们都是内部充入空气的钢套橡胶车轮。为防止导向轮和稳定轮轮胎放炮，在相应位置装有钢制备用轮，并设置了车轮轮胎放炮检测器。

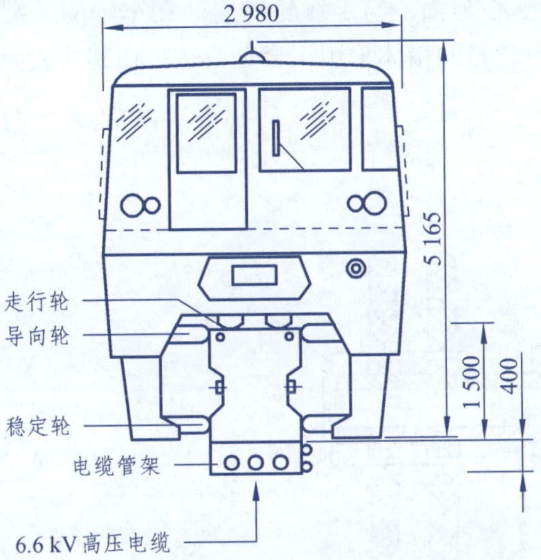

图 5-93　跨座式独轨车辆导向轮及稳定轮（单位：mm）

2. 弹簧减跨系统及中央牵引装置

跨座式独轨车辆转向架为无摇枕结构，只有单级弹性悬挂，车体的垂向载荷通过空气弹簧直接传至转向架构架。空气弹簧胶囊下有应急叠层橡胶弹簧，起应急支撑作用，而牵引力和横向力则通过中央牵引销装置进行传递。牵引销的上部固定在车体枕梁上，下部插在能够传递纵向力的牵引梁孔内，能够自如地相互垂直运动和回转。牵引梁与构架横梁之间设有牵引叠层橡胶，其特性是纵向较硬、横向柔软，所以既能有效地传递纵向力，又能随空气弹簧做横向运动。每台转向架的中央牵引销处前后设有 1 组牵引叠层橡胶。两个液压减振器装在车体和构架两空气弹簧之间，用于衰减横向和垂向振动。

3. 制动装置

独轨转向架的制动有基础制动和电制动两部分，当电制动不足时，由基础制动补充。基础制动部分带有停放制动器，利用弹簧产生制动力。基础制动装置采用盘形制动，安装在驱动齿轮减速箱的非驱动侧，包括空油变换器、液压卡钳、闸瓦、制动盘等部件。压缩空气通过空油变换器将空气压力变换成油压作用于液压卡钳上，电信号通过空油变换器实现空气压力和油压的转换。用风动液压转换阀控制液压卡钳的接通和断开，液压卡钳通过闸瓦作用在齿轮箱中间轴的制动盘上，产生制动作用。

4. 驱动及传动装置

如图 5-94 所示，驱动装置采用二级减速的直角齿轮传动，即牵引电动机通过联轴节将转矩传至减速箱，经过螺旋伞轮减速并直角转向后传给圆柱齿轮进一步减速，最后由驱动轴来转动走行轮。减速箱由输入轴、中间轴、驱动轴组成，输入轴和中间轴之间采用螺旋伞齿轮传动，而中间轴与驱动轴之间采用圆柱齿轮传动减速箱整体固定在转向架构架上。车轴为空心轴，而驱动轴则穿过该空心车轴，与走行轮相连。在车轴的一端布置有减速箱，另一端则连接轮芯及走行轮。齿轮箱的箱体采用铝合金铸造，在其外表面敷设有降低噪声的减噪材料。

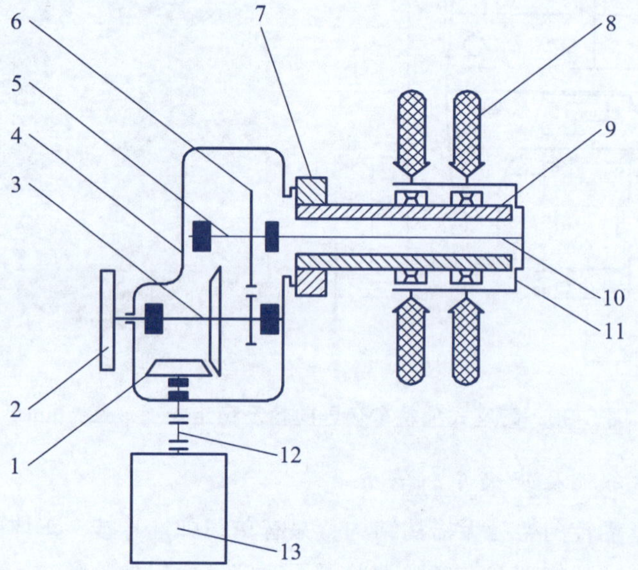


1—伞状齿轮；2—制动盘；3—中间轴；4—齿轮箱；5—驱动轴；6—大齿轮；
8—行走轮；9—车轴；11—空心轴；12—联轴节；13—电机。

**图 5-94　驱动装置**

5. 构　架

独轨转向架的构架采用压型钢板焊接构架，侧梁和横梁为全封闭箱型结构。独轨转向架的构架上有许多章鱼似的腿，前后四条短腿安装备用行走轮，下方四条短腿安装导向轮，中间两条长腿安装稳定轮。

构架横梁空气弹簧下方设有电机轴贯穿孔，“长腿”中上部伸出牵引电机安装座，电机座的下方是受电弓安装座。构架的侧梁上开有圆孔，用于安装车轴和减速齿轮箱。

## 二、悬挂式独轨转向架

如图 5-95 所示，悬挂式独轨车辆转向架也为二轴转向架，且全部为动力转向架。转向架每根轴上装有 2 个走行轮，转向架两侧上方各设 2 个导向轮，装有车轮轮胎放炮检测器和备用轮胎，可及时更换。电机位于构架两侧梁中间，纵向布置，如图 5-96 所示。独轨的走行部与轨道的关系如图 5-97 所示。

图 5-95　悬挂式独轨转向架

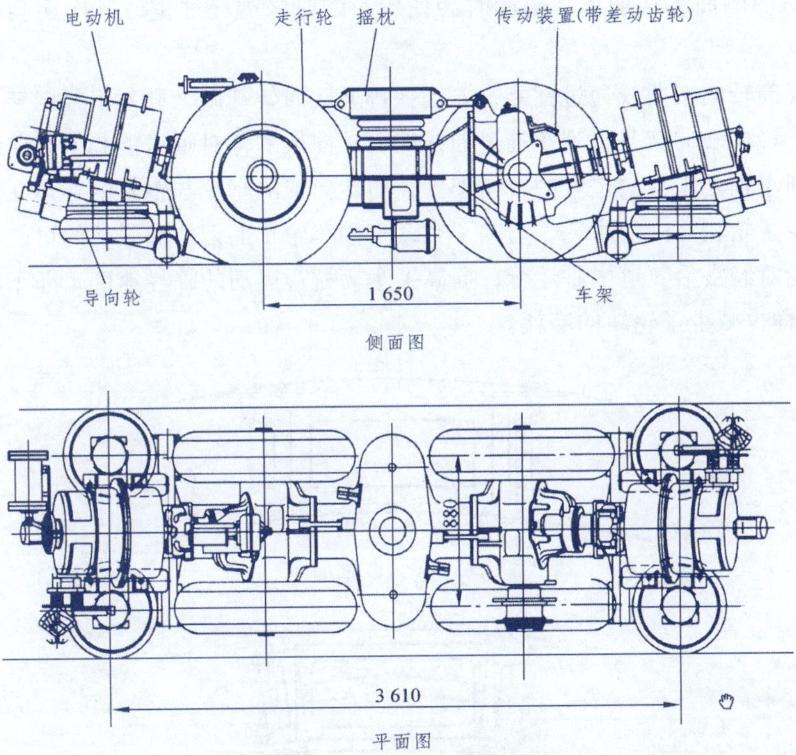


图 5-96　悬挂式独轨转向架结构

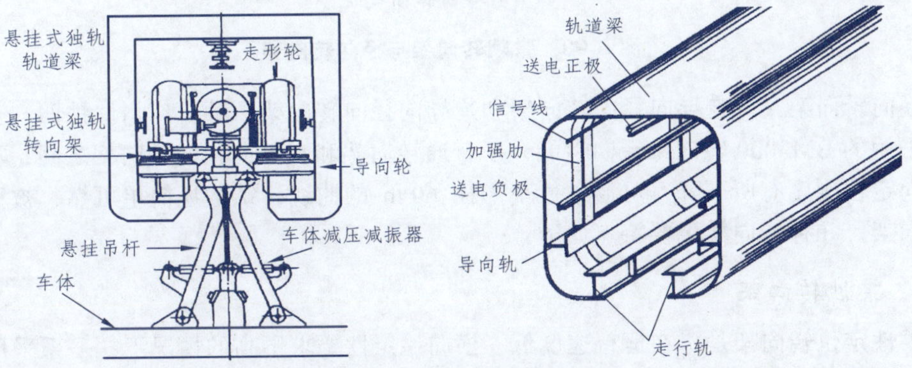


图 5-97　独轨的走行部与轨道

# 第十二节　径向转向架简介

常规转向架在通过曲线时，由于轮对相对于构架间的水平定位刚度较大，两轮对的轴线在构架中几乎保持相互平行，故轮对与轨道间形成较大冲角。冲角的增大将导致轮对的横向蠕滑增加，从而使轮轨间的横向蠕滑力增大，其结果是轨道易出现横移、使曲线轨道的侧面磨耗加重，也同时会使轮对的轮缘磨耗加重，其次还会产生摩擦噪声危害。

为了提高转向架曲线通过性能，人们在普通转向架基础上开发出径向转向架，如图5-98所示。径向转向架是指列车通过曲线时，转向架的轮对轴线能趋向与曲线半径方向一致，亦即车轴处于径向位置的转向架。径向转向架的车轮与钢轨的冲角几乎为零，从而大大减少了轮轨之间的磨耗，消除了空载车辆车轮爬上钢轨而脱轨的可能；在直线上运行时使轮对经常沿轨道中心运行，提高了车辆蛇行运动的临界速度（即车辆的运行稳定性），同样也减少了轮轨的磨耗。

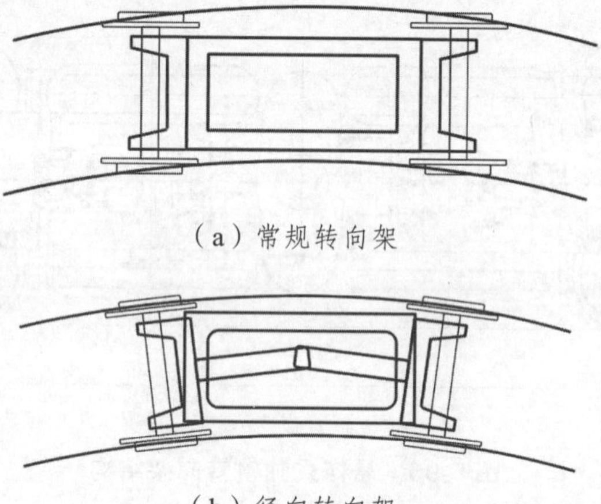

（a）常规转向架

（b）径向转向架

**图 5-98　常规转向架与径向转向架**

径向转向架又分自导向径向转向架和迫导向径向转向架两种。广州地铁四、五号线列车采用的BM3000转向架径向性能介于普通转向架和自导向径向转向架之间，不但轴箱纵向定位刚度有所下降，可通过最小半径 60 m 的曲线，结构还简单可靠，被称为柔性转向架。几种转向架主要特点如下：

1. 柔性转向架

柔性定位转向架是指在运行速度低、横向稳定性要求不高的情况下，一系采用柔性悬挂（弹簧定位刚度比常规转向架小），以降低轮对横移和摇头刚度。减轻了约束的轮对在通过曲线时，由于踏面锥度的存在，轮对偏向外轨道，并能自动趋向径向位置。但轮对的径向运动仍受一系弹簧定位影响，其轮对扭转摆动有限，轮轨冲角不能减小到最佳状态。此外，由于一系柔性定位转向架无径向装置，在通过曲线时不能使前后轮对同时趋于径向位置，故柔性定位转向架不是真正意义上的径向转向架。

2. 自导向径向转向架

自导向径向转向架是在同一转向架前后轮对间加装导向机构，将前后轮对的摇头运动耦合起来，这样转向架通过曲线时，导向机构可以将前轮对趋于曲线径向位置的趋势反向传递给后轮对，使前后轮对在通过曲线时均有趋于曲线径向位置的作用。由于导向依然是靠轮轨间的蠕滑力导向，而不是附加设备的外力，所以称为自导向径向转向架。

3. 迫导向径向转向架

迫导向径向转向架能够通过附加驱动装置主动控制曲线通过时轮轨间的冲角。其基本设计思想是：利用机车车辆通过曲线时车体与转向架之间的相对回转位移，通过连接车体和轮对的导向机构迫使前后轮对反向回转而趋于曲线的径向位置，这样的径向转向架称为迫导向径向转向架。

## 复习思考题

5.1 简述转向架的功能。

5.2 简述转向架的组成及各组成部件的作用。

5.3 简述转向架的分类。

5.4 简述构架的作用及要求。

5.5 简述构架的分类与结构。

5.6 对轮对有哪些要求?

5.7 简述车轴各部分名称及作用。

5.8 简述车轮各部分名称及作用。

5.9 简述锥形踏面、车轮踏面各部分的形状及尺寸。

5.10 简述轴承、轴箱装置的作用。

5.11 简述踏面设斜度的意义。

5.12 简述轮对内侧距与线路尺寸的关系。

5.13 若钢轨对轮对作用有指向左端的横向力，试述轮对两端轴箱、轴承装置横向力的传递顺序。

5.14 简述城轨车辆弹簧装置的作用。

5.15 简述橡胶弹簧的优缺点。

5.16 简述空气弹簧的特点。

5.17 简述城轨车辆上减振元件的作用与分类。

5.18 简述液压减振器的结构及各部件作用。

5.19 简述空气弹簧系统组成及各部件作用。

5.20 简述高度调整阀的作用及基本工作原理。

5.21 简述差压阀的作用及基本工作原理。

5.22 简述中央牵引装置的作用及结构。

5.23 简述城轨车辆转向架的悬挂系统。

5.24 简述车体与转向架载荷的传递。

5.25 简述直线电机转向架的特点。

5.26 何为径向转向架？径向转向架有何特点？

5.27 试述自导向径向转向架与迫导向径向转向架各有何特点。

# 第六章　车辆连接装置

本章相关视频资源

地铁列车的车端连接装置包括：车钩缓冲装置和贯通道装置。车钩缓冲装置可以实现车辆之间的机械、电路和气路的连接，将各个车厢组成一列完整的列车；贯通道装置则是列车内各车厢之间人员安全流通的通道，它具有防雨、防风、隔尘、隔音以及隔热等功能，能够保证旅客在运行中的车辆之间安全、便捷地通行。

## 第一节　车钩缓冲装置

### 一、车钩缓冲装置的作用

车钩缓冲装置是车辆最基本也是很重要的部件之一，它包括车钩和缓冲器。车钩是用来连接列车中各车辆并使之彼此保持一定的距离，传递列车的纵向力；缓冲器用于缓和车辆之间的冲击作用。有的车钩不带缓冲装置，但两个相连接的车辆车钩中，至少有一个车钩带有缓冲装置。

### 二、车钩连接装置的分类

按照车钩连接时的自动化程度不同，车钩可分为自动车钩、半自动车钩和半永久牵引杆。自动车钩可以实现车辆的机械、电器和气路的自动连接；半自动车钩能够实现机械和气路的自动连接，而电器系统的连接需手动完成；半永久牵引杆的机械、电器和气路均需要手动连接。按车钩连接时两连接车钩之间是否有间隙，车钩可分为刚性车钩和非刚性车钩。刚性车钩在两连接的车钩之间没有间隙，是一种紧密型的关系，不能产生任何方向的移动。亦即密接式车钩一旦连接后，两连接的车钩就成为一个整体（刚体），两车钩的轴线始终处在同一条直线上。如果两相邻的车体有高度差，则两连接的车钩轴线呈倾斜状态。这种车钩多运用于干线铁路的动车组和城轨车辆。而非刚性车钩在两连接的车钩之间有一定的间隙，即前后、左右有间隙，上下方向相互不约束。非刚性车钩在干线铁路的客车和货车上广泛运用，如图 6-1 所示。

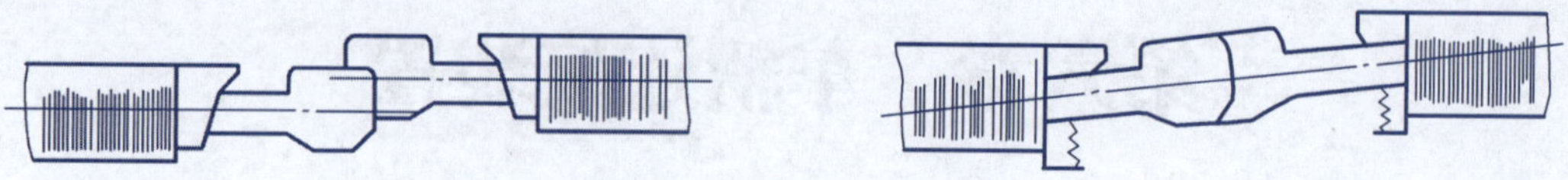

(a) 非刚性车钩　　(b) 刚性车钩

图 6-1　刚性车钩与非刚性车钩

刚性车钩与非刚性车钩相比有以下优点：

（1）减小了两个车钩连接表面之间的间隙，从而降低或消除了车钩在传递纵向力时的冲击，提高了列车运行的平稳性。

（2）由于车钩零件的位移减小了，并且在这些零件上作用的力也减小了，因此改善了车钩内机构的工作条件。

（3）减少了车钩连接表面的磨耗。

（4）减小了由于两连挂车钩相互冲击而产生的噪声。

（5）可以减少在意外撞车事故时，发生一个车辆爬到另一个车辆上的危险。

刚性车钩与非刚性车钩相比有以下缺点：

（1）车钩强度低。

（2）需要复杂的钩尾销连接结构和复杂的对心装置。

（3）钩体的结构和铸造工艺较为复杂。

（4）较难实现两车钩纵向中心线高度偏差较大的车辆之间的连挂。

由于这些特点，特别是其强度低、结构复杂，决定了刚性车钩主要用于城轨车辆等动车组，而非刚性车钩较普遍地应用于一般铁路客车、货车。

# 第二节　密接式车钩

## 一、自动车钩

自动车钩位于列车端部，其电气和风路连接装置也装于机械钩头之上。车辆在连挂时，车钩的机械、电气和风路系统都同时自动连接；解钩时，可在驾驶室操纵实现自动解钩，也可采用人工手动解钩。解钩后，车钩处于待挂状态；电气连接器盖板和风管连接器也同时自动关闭，以防受到雨水、尘埃的污染和压力空气泄漏。

我国城轨车辆上使用的自动车钩主要有两种：一种是柴田式密接车钩，一种是沙库（Schafenberg）密接式车钩。

## （一）柴田式密接车钩

1. 车钩结构

柴田式密接车钩缓冲装置如图 6-2 所示，它由车钩钩头、缓冲器、解钩系统和尾部安装等部分组成。钩头为带一平面的凸圆锥体，侧面是带有凹孔的钩身。钩舌在凸锥与凹锥之间，形状是一半圆台，在连挂和解钩时可以转动，以实现车钩的连接和分解。其机械钩头的结构如图 6-3 所示。

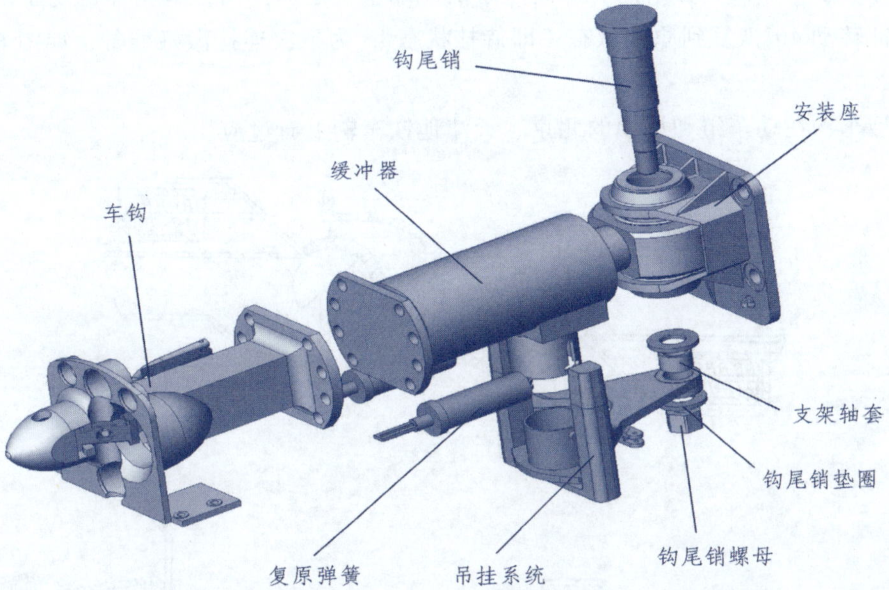


图 6-2　柴田式密接车钩缓冲装置总体组成及其尾部安装

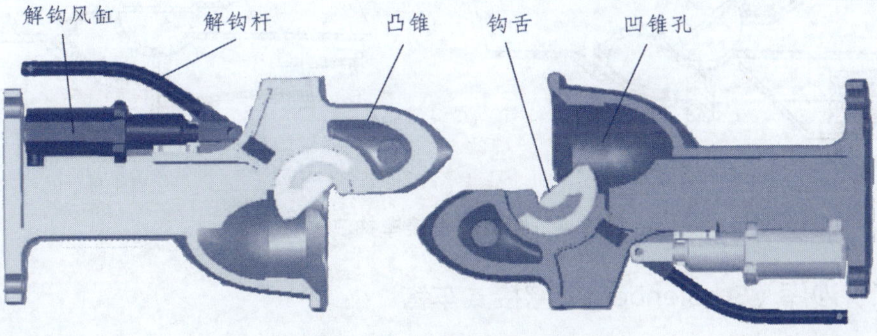


图 6-3　柴田式密接车钩机械钩头结构

2. 作用原理

柴田式密接车钩有待挂、连挂和解钩三种状态。

（1）待挂状态：连接前的准备状态，此时钩舌及解钩杆的位置与连挂时相同，解钩风缸活塞杆处于回缩状态，半圆形钩舌的连接面与水平面成 40°角，如图 6-4（a）所示。

（2）连挂状态：两钩连挂时，凸锥插进对方车钩相应凹锥孔中。这时凸锥的内侧面在前进中压迫对方的钩舌转动，使解钩气缸的弹簧受压，钩舌沿逆时针方向旋转 40°。当两钩连接面相接触后，凸锥内侧面不再压迫对方的钩舌，此时，由于弹簧的作用，使钩舌恢复到原来的状态，即处于闭锁位置，如图 6-4（b）所示。

（3）解钩状态：司机操纵解钩阀，压缩空气由总风管进入解钩气缸，经解钩风管连接器送入相连挂的解钩气缸，活塞杆向前推并带动解钩杆，使钩舌转动至开锁位置，此时两钩即可解开。两钩分解后，解钩气缸的压缩空气迅速排出，解钩弹簧复原，带动钩舌顺时针转动 40°恢复到原始状态（即待挂状态），为下次连挂做好准备，如图 6-4（c）所示。

该型车钩在动车组和早期的北京、天津地铁车辆上有过应用。

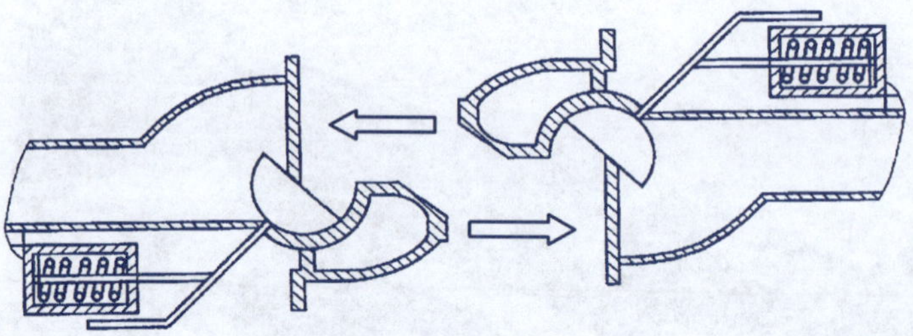

(a) 待挂状态

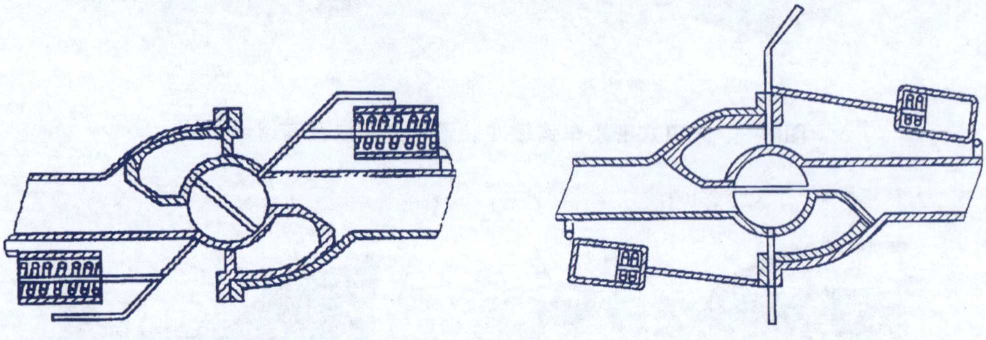

(b) 连挂状态　　(c) 解钩状态

图 6-4　柴田式密接车钩三态作用

## （二）沙库（Schafenberg）密接式车钩

沙库密接式车钩缓冲装置由气动车钩、电气车钩、机械车钩、缓冲装置、对中装置、高度调整装置及安装座等组成，如图 6-5、图 6-6 所示。该自动车钩在连挂时能实现机械、电气和压力空气的自动连接。缓冲装置可缓和车钩之间的作用力、吸收车钩的冲击能量。车钩尾部的对中装置使车钩中心线与车体中心线保持一致，并且允许车钩在水平面内绕销轴左右适当摆动，摆动角度约 ±30°。高度调整装置使车钩保持水平，并且可以通过橡胶弹簧的变形，实现车钩在垂直方向上的摆动，摆动角度约 ±4°。

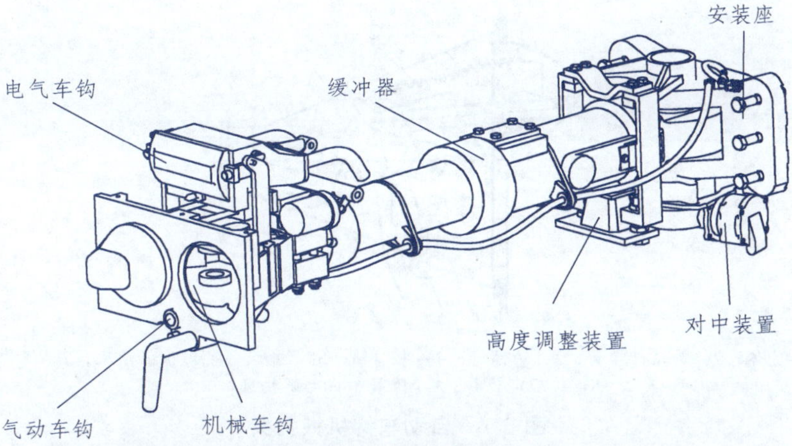


**图 6-5　沙库密接式车钩缓冲装置（自动车钩）**

**图 6-6　南京地铁密接式车钩缓冲装置**

1. 机械钩头的结构

沙库密接式车钩机械钩头由壳体和锁闭机构组成，如图 6-7、图 6-8 所示。主要零件有：壳体、钩舌、中心轴、钩锁杆、钩锁弹簧、钩舌定位杆及弹簧、定位杆顶块及弹簧、解钩风缸等。前端突出的是凸锥，凹入的是凹锥孔。

两车钩连挂时车钩面相互密贴，凸锥插入到对方的凹锥孔内，对方车钩的凸锥插入到已方的凹锥孔内。钩头的后方是套管连接箍，通过法兰与车钩杆连接。车钩的闭锁机构主要包括钩锁、钩舌、中心销及弹簧等。钩舌上有一个缺口，叫钩嘴，连挂时与对方的钩锁杆相啮合。在闭锁与解锁的过程中，钩舌可绕着中心销旋转，以实现钩舌上的钩嘴与对方钩锁杆的咬合与分离。弹簧可帮助车钩连挂时钩舌和钩锁杆向闭锁位置移动，同时也可保证车钩稳定的处于闭锁位置。

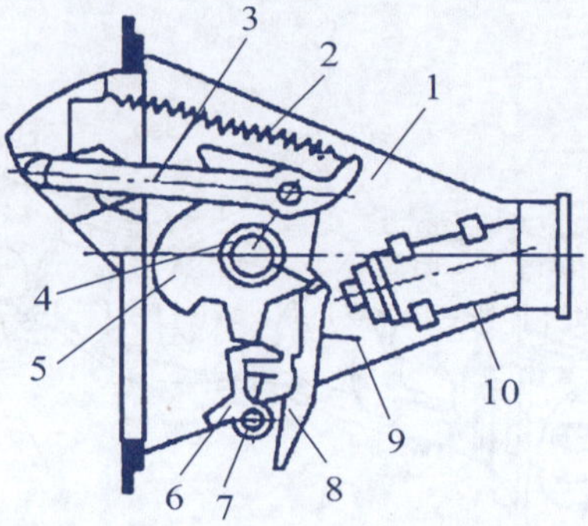


1—壳体；2—钩锁杆弹簧；3—钩锁杆；4—中心轴；5—钩舌；6—定位杆顶块；7—弹簧；
8—钩舌定位杆；9—弹簧；10—解钩风缸。

**图 6-7 自动车钩机械钩头**

**图 6-8 自动车钩机械钩头实物图片**

### 2. 工作原理（三态作用）

根据车钩是否连挂，闭锁装置有三种状态（位置），即待挂、连挂和解钩。

（1）待挂状态。

待挂状态为车钩连接前的准备状态。此时，钩舌定位杆被固定在待挂位置，钩锁弹簧处于最大拉伸状态，钩锁杆退缩至钩头凸锥体内，钩舌板上的钩嘴对着钩头正前方，如图 6-7、图 6-9（a）所示。

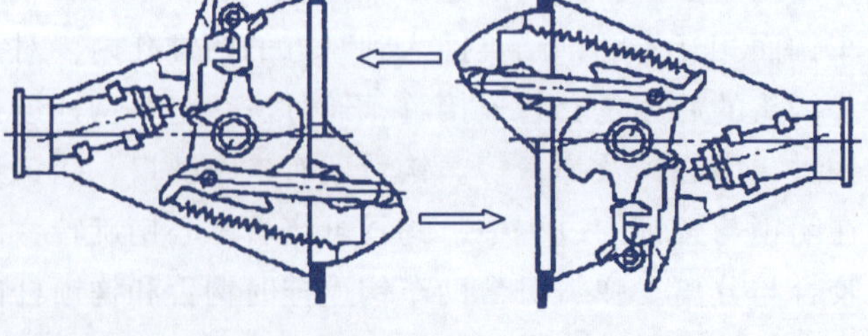

（a）待挂状态

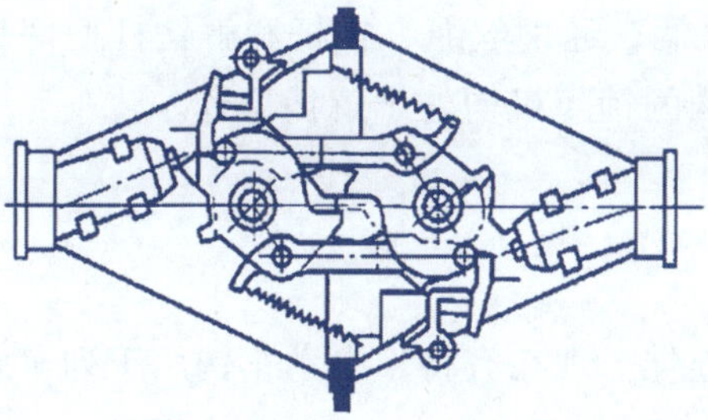

(b) 连挂状态

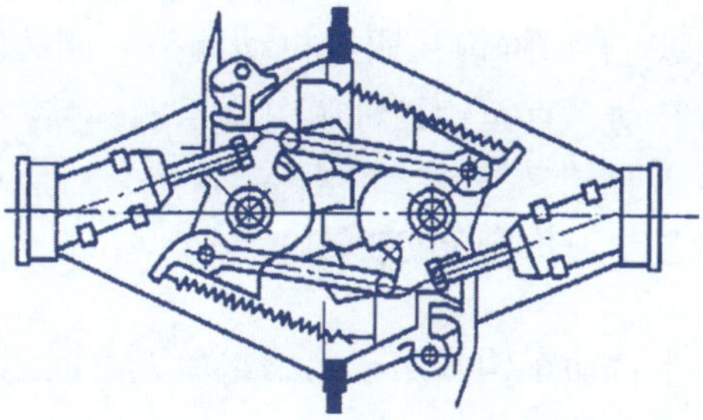

(c) 解钩状态

**图 6-9　自动车钩的三态作用**

（2）连挂状态。

连挂状态又叫闭锁状态。相邻车钩的凸锥体伸入对方车钩的凹锥孔并推动定位杆顶块向内转动，顶开钩舌定位杆，使钩舌定位杆与壳体脱离，由于钩锁杆弹簧的回复力使钩锁杆伸向外侧，使钩舌离开待挂位置，并带动钩舌做逆时针转动，使钩锁杆伸进相邻车钩钩舌的钩嘴，完成两钩的连接锁闭。此时，钩锁弹簧处于松弛状态，连挂两钩的钩锁杆和钩舌形成平行四边形，车钩受牵拉时，拉力由两钩锁杆均匀分担，使钩舌始终处于锁紧位置。当车钩受冲击时，压力通过两车钩壳体法兰传递，如图 6-9（b）所示，闭锁位时钩锁杆、钩舌所处的位置如图 6-10 所示。

**图 6-10　闭锁位**

（3）解钩状态。

如图 6-9（c）所示，解钩状态又叫开锁状态，解钩方式有两种，一种是气动解钩，一种是手动解钩。

① 气动解钩：司机操纵按钮控制电磁阀，使解钩风缸充气，风缸活塞杆推动钩舌顺时针转动，使相邻车钩的钩锁杆脱开钩舌，同时使自身的钩锁杆克服钩锁弹簧拉力缩入钩头凸锥体内，当对方的凸锥从凹锥孔中退出后，定位杆顶块在弹簧的作用下复位，在钩锁杆弹簧的作用下，钩舌逆时钟转动，钩舌定位杆钩住壳体，钩舌回至待挂位，从而车钩又恢复到待挂状态。解钩状态锁闭机构各零件位置与待挂状态零件位置相同，不同之处为待挂状态两车钩钩头是分开的，解钩状态两车钩钩头仍然挨在一起，但不能承受拉力，一旦车钩受到拉力作用，两车钩即刻分开。

② 手动解钩：通过拉动钩头一侧的解钩手柄，经钢丝绳、杠杆和解钩杆使两钩的钩舌转动，直至钩锁杆脱离钩舌的钩嘴，使车钩的锁闭机构处于解钩位置。

## 二、半自动车钩

半自动车钩多用于两编组单元之间的车辆连挂。现在有将半自动车钩用于列车之间的连接之趋势。

半自动车钩的机械钩头结构与自动车钩相同，连挂方式和锁闭方式也相同。可以自动实现列车内单元之间的机械连接和风管连接，电气连接只能手动。解钩时机械和气路部分可自动，也可手动。

半自动车钩用于列车内单元车组之间的连接时，有的半自动车钩还有贯通道的支座。用于车辆运行中和车辆分离后支撑贯通道装置，如图 6-11 所示。

图 6-11　南京地铁车辆半自动车钩

## 三、半永久牵引杆

半永久性牵引杆用于同一单元内车辆之间的连接，使之编组成单元车组。单元车组内的车辆在运行过程中一般不需要分解，通常只在维修时才分解。与半自动车钩一样，有的半永久牵引杆上有贯通道支撑座，用于车辆运行过程和解钩之后支撑贯通道。

半永久牵引杆只是将两车车钩连接部分的钩头改为套筒联轴节，取消了风路和电路的自动连接。风路和电路连接只能依靠手动连接，如图 6-12、图 6-13 所示。

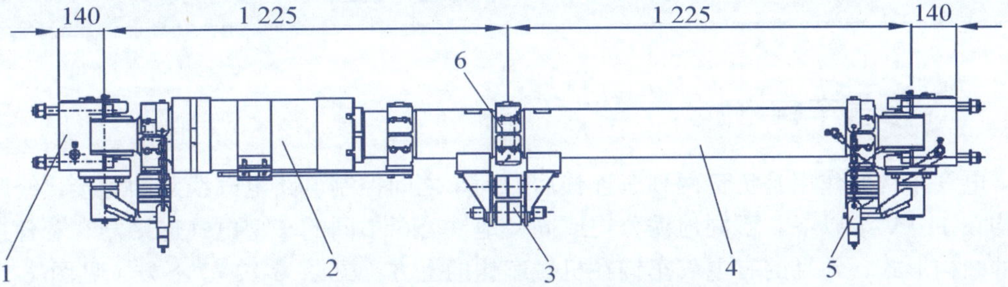


1—安装吊挂系统；2—缓冲系统；3—风管连接器；
4—牵引杆组成；5—风管座；6—连接环。

**图 6-12 武汉地铁车辆半永久牵引杆**（单位：mm）

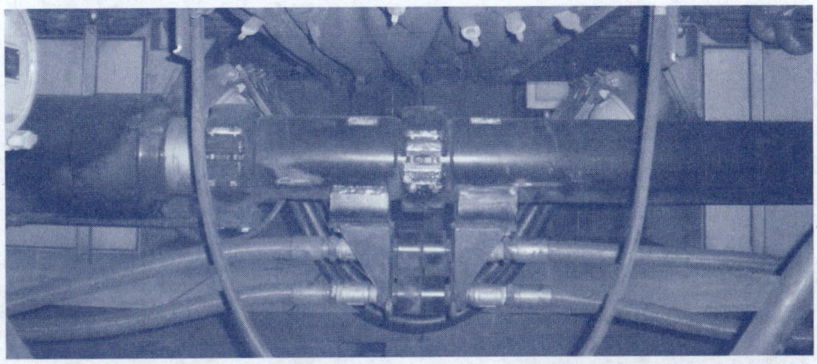

**图 6-13 武汉地铁车辆半永久牵引杆实物图片**

连接环（又叫套筒联轴节）将两个相邻的车钩杆连接起来，完成车钩的机械连接，其结构如图 6-14 所示。该连接环不仅用于两车钩之间的连接，还可用于自动或半自动车钩钩头与钩杆以及钩杆与缓冲装置之间的连接。牵引杆前部有一圈突起的凸沿，用以与连接环内沿相啮合，实现牵引力的传递。车钩的推力靠两牵引杆端面传递。牵引杆端面有一凸锥和锥孔，呈左右对称分布，用以车钩连接时对中和连接好后承受两钩之间的径向力。

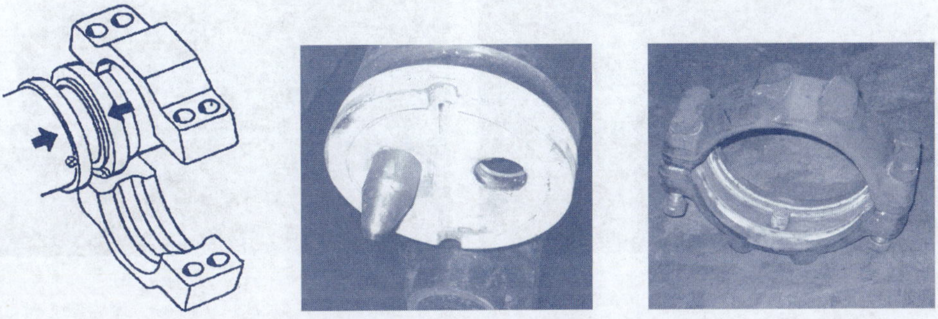

**图 6-14 半永久牵引杆及其连接环**

# 第三节　附属装置

## 一、电气车钩

电气车钩的作用是负责两列车连挂后的列车之间控制电路电气线路的对接，线路电压均在 110 V 级以下。不同地铁公司或同一地铁公司不同的车型电气连接器有着各自不同的结构形式，常见的有电气车钩在机械车钩的上方（见图 6-17）、下方（见图 6-15）和两侧（见图 6-16）等。但不论结构形式上怎样不同，其作用和原理都是一样的。

电气车钩由电气箱和传动装置组成，电气箱在传动装置的驱动下可以前后伸缩，如图 6-17 所示。在电气箱前后伸缩的过程中，电气箱的前盖通过传动机构能够同时打开或关闭。驱动装置的动力来自驱动风缸，传动装置有弹簧及杠杆。在驱动风缸没充入压力空气时，传动机构在弹簧弹力作用下使电气箱处于靠后的位置[见图 6-17（a）]，此时电气箱的前盖是关闭的，该位置即为车钩分离状态；当两钩连挂时，驱动风缸充入压力空气，通过传动机构使电气箱向前移动（弹簧被压缩），同时前盖被打开，实现两电气车钩的连接[见图 6-17（b）]，该位置即为车钩连挂状态。

图 6-15　电气车钩在机械车钩下方

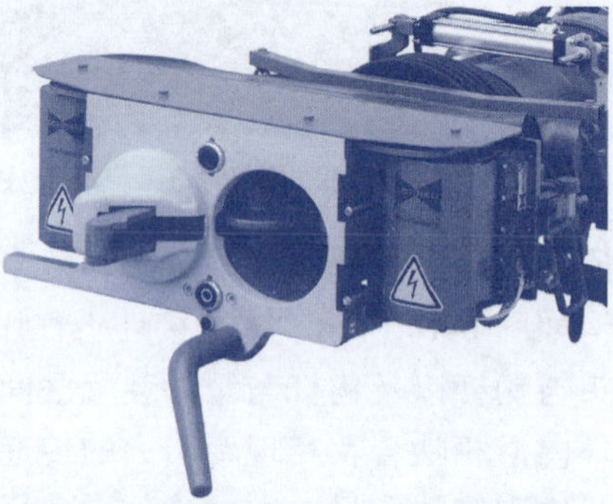

图 6-16　电气车钩在机械车钩两侧

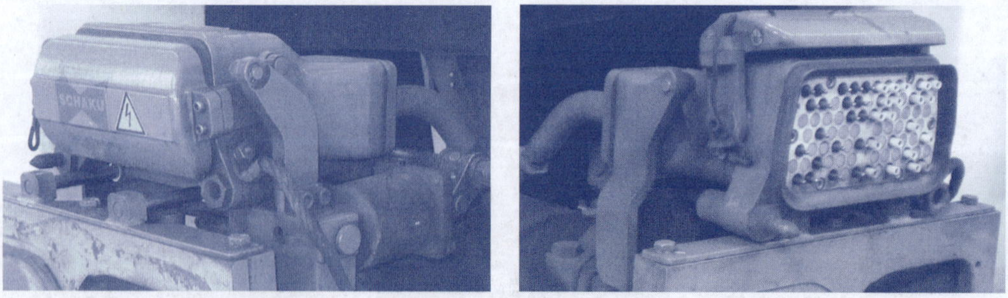


（a）分解位　　（b）连接位

图 6-17　电气车钩的连接位置和分解位置

电气车钩前端下部有一凸锥和锥孔，凸锥和锥孔以车钩垂向中心线为对称轴左右分布。其作用是在两电气车钩连接时实现定位对中。

电气车钩连接面上有 20 个插针触点和 20 个套筒触点，它们以车钩垂向中心线左右分布，且一一对应。连挂时插针触点全部插入套筒触点内，实现电气车钩的连接。

## 二、风管连接器

1. 不带自动开关的风管连接器

图 6-18 所示为不带自动开关的风管连接器，由阀壳、密封圈、滑套、橡胶套、弹簧、后接头、滤尘网等组成。

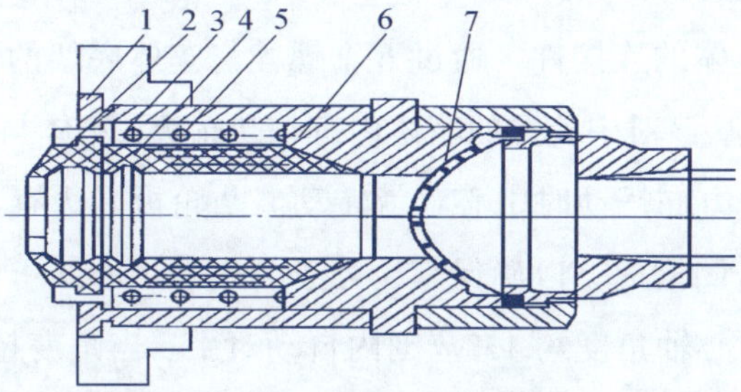


1—阀壳；2—密封圈；3—滑套；4—橡胶套；5—前弹簧；6—后接头；7—滤尘网。

**图 6-18　不带自动开关的风管连接器**

当车钩互相连挂时，最前端的密封圈互相接触受压，借助滑套、橡胶套和前弹簧使压力达到 70 ~ 106 N，保证气路开通时不会泄漏。在制动主管连接器后端的管路上装有一个截止阀。风管连接器接好后，将该阀打开，实现车辆间压力空气的沟通；解钩时，首先将截止阀关闭，以防止制动主管排风。

2. 自动开闭式风管连接器

图 6-19 所示为自动开闭式风管连接器，该连接器具有自动开关功能。当两车钩连挂时，密封圈、滑套、滑阀和弹簧受压，此时密封圈的作用是保证两车钩之间的密封，使气路开通时不泄漏；滑阀受压带动中心杆使弹簧受压，密封装置与阀体脱开，气路开通。由于滑阀与阀体之间设有密封圈，保证了滑阀与阀体之间的密封，使压缩空气沿风管连接器中心通路通向另一车钩。当解钩时，靠弹簧的压力使各部件恢复原位，气路断开。

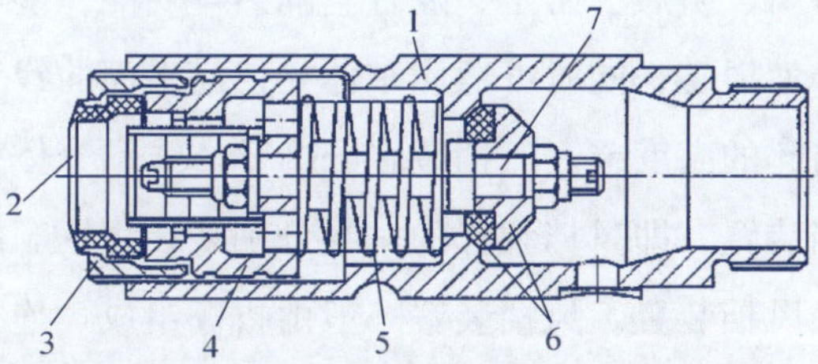


1—阀体；2—密封圈；3—滑套；4—滑阀；5—弹簧；6—密封装置；7—中心杆。

**图 6-19　带自动开关的风管连接器**

## 三、车钩安装吊挂系统

安装吊挂系统的作用是为整个车钩缓冲装置提供安装和支撑，在水平面内可绕销轴左右摆动 30°～45°，在垂直面内借助于球形轴套嵌有橡胶件可上下摆动 4°左右，以满足车辆运行于水平曲线和竖曲线的要求，从而保证列车通过所有水平曲线和竖曲线所需的各个方向自由度，保证整套装置在不连挂状态时保持水平，车钩中心线与车辆中心线重合，便于连挂。车钩通过该装置可以方便地调整车钩中心线的高度。

如图 6-5、图 6-6 所示，车钩安装吊挂系统主要包括安装座、对中装置和垂向支撑（高度调整）装置。

安装座是车钩与车体的连接件，通过 6 个螺栓与车体底架的牵引梁相连接。在安装座上装有一个对中装置，该对中装置的箱体内有一凸轮板，箱体与缓冲器中心轴牢固地连接在一起，当车钩水平方向摆动时中心轴就转动。凸轮板周边有 2 个凹槽，用弹簧垫圈把带有滚子的导杆压进凹槽内，以确保车钩处于列车的中心线上。在曲线轨道上解钩和连挂时，车钩能够绕中心轴角度约 15°范围内自动对中。当角度超过 15°时，可以手动摆动车钩进行列车的连挂。

车钩的质量和作用在它上面的垂直载荷都由橡胶和支撑弹簧所吸收。用 2 个六角螺栓把支撑弹簧固定在缓冲器的下面，弹性橡胶支撑允许车钩在受到垂向载荷时上下摆动一定角度的要求。车钩距轨面的高度可以通过支撑弹簧上的 2 个六角螺栓来调节。

# 第四节　贯通道装置

## 一、概　述

贯通道装置也叫风挡装置，位于两节车厢的连接处，是连接两车辆通道的重要组成部分，它具有良好的防雨、防风、防尘、隔音、隔热等功能，能够使旅客安全地穿行于车厢之间，保护不受外力损害，同时可适应车体在任何平面曲线和竖曲线的通过以及两相邻车辆因各种原因引起的高度差。风挡装置分为整体式和分体式，深圳地铁一号线车辆采用的是分体式风挡装置，即风挡装置的一半分别装在每辆车的端部；武汉地铁一号线车辆采用的是整体式风挡装置。风挡装置一般由折棚组成、连接座组成、渡板装置组成、顶板组成、侧护板组成五部分组成，如图 6-20 所示。

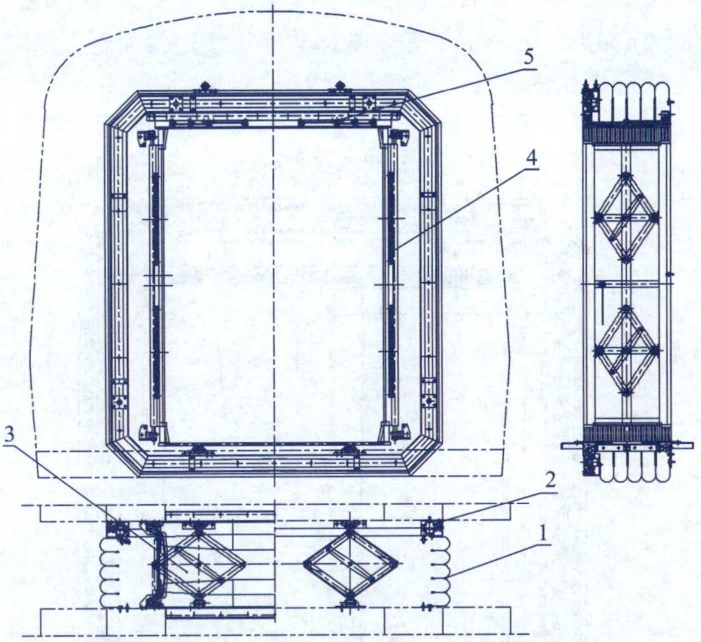


1—折棚组成；2—连接座组成；3—渡板装置组成；4—侧护板组成；5—顶板组成。

**图 6-20　武汉地铁一号线车辆风挡装置**

武汉地铁车辆风挡装置主要技术参数（B 型车）：

| | |
|---|---|
| 连接长度 | 520 mm |
| 净通过宽度 | 1 400 mm |
| 净通过高度 | 1 900 mm |
| 渡板距轨面高 | 1 100 mm |
| 隔热系数 | $k$<5.0 W/m²K |
| 隔音量 | ≥30 dB（A） |
| 气密性 | 压力从 3 600 Pa 降至 1 350 Pa 的泄漏时间需 50 s 及以上 |
| 阻燃性 | 所有非金属部件应符合（TB/T2402—93）《铁路客车用非金属材料阻燃要求》的规定 |
| 使用寿命 | 主要金属件寿命 30 年，折棚布寿命 15 年 |

## 二、基本原理及结构

1. 折棚组成

折棚由多折环状棚布缝制而成，每折环的下部设有 2 个排水孔。折棚体由特制的阻燃、高强度、耐老化人造革制作，在 – 45 ~ + 100 °C 能够正常使用。棚布采用双层夹心结构，大大提高了风挡的隔音、隔热性能。折棚体各折缝合边用铝合金型材镶嵌，折棚体的一端连接在车体端部，另一端与邻车端部的连接座连接固定，如图 6-21、图 6-22 所示。

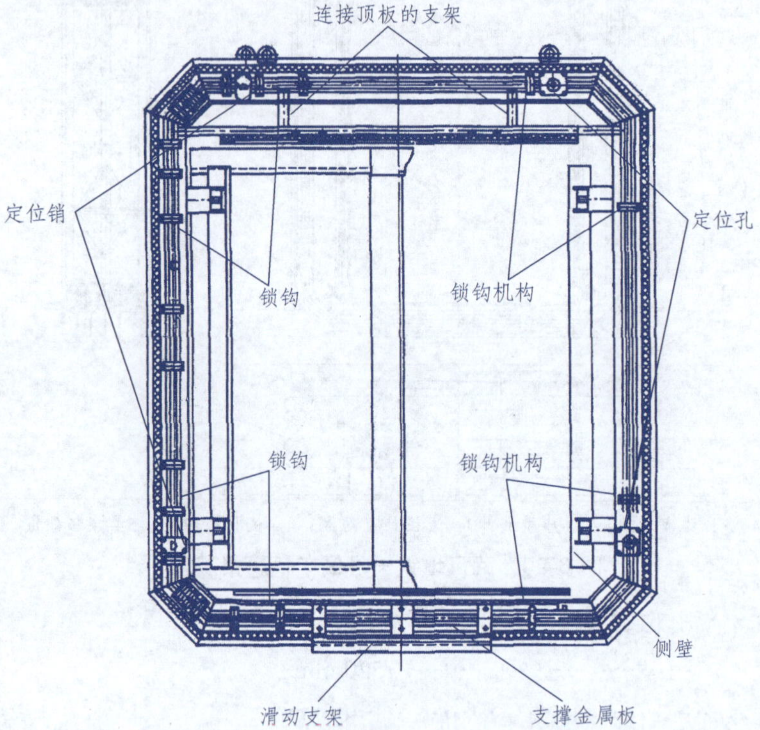


**图 6-21　地铁车辆折棚组成及锁闭机构**

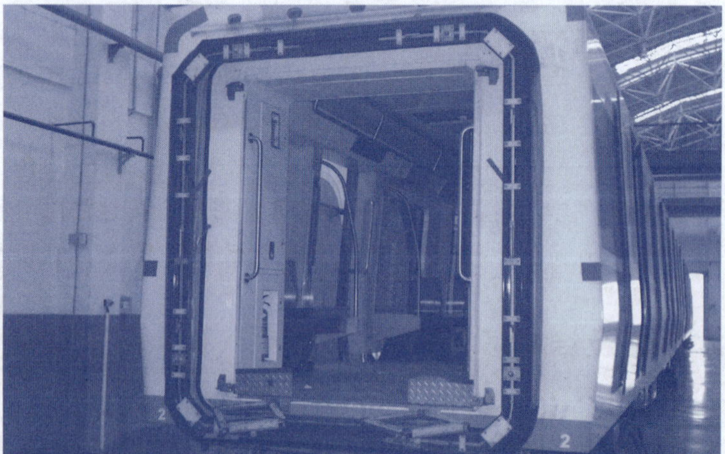

**图 6-22　武汉地铁车辆折棚组成**

2. 连接座组成

连接座组成由框架、导向座、连接板组成。其一端固定在车端，另一端与折棚组成通过锁闭机构连接，锁闭机构操作简单，快速解锁、分离或连挂接合、锁定。各结合面周边设有密封胶条，贯通道连接后胶条密封，使贯通道气密性好、不漏雨，不渗水，如图 6-21、图 6-23 所示。

图 6-23 武汉地铁车辆折棚连接座

3. 渡板装置组成

渡板装置由两个踏板、1 个渡板及渡板支承架组成。渡板支承架为连杆机构，连杆机构分别固定在两车端，渡板置于其上，连杆机构上设有渡板对中装置，用以防止车辆运行时渡板偏移，渡板为不锈钢板，踏板为花纹不锈钢板，各相对滑动面间设有磨耗板。渡板装置能够保证追随与适应连挂车辆运行过程中的各种复杂运动，具有足够的强度与刚度，能够确保乘客安全通过，并为站立的旅客提供安全地方，能承受 9 人/$m^2$ 的压力负荷，表面无凸起物及障碍物，如图 6-24、图 6-25 所示。

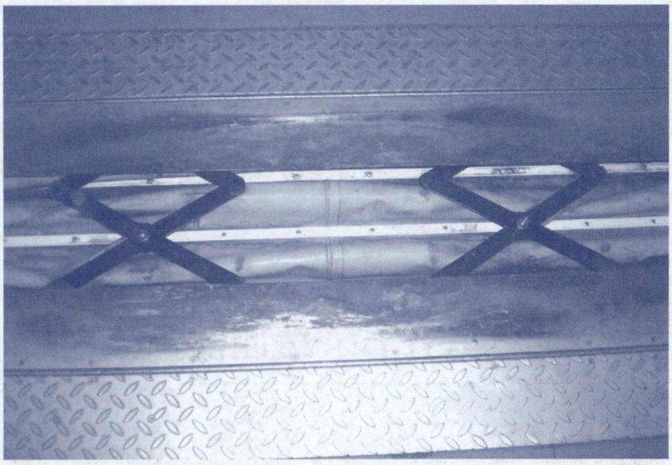

图 6-24 武汉地铁车辆渡板支撑机构

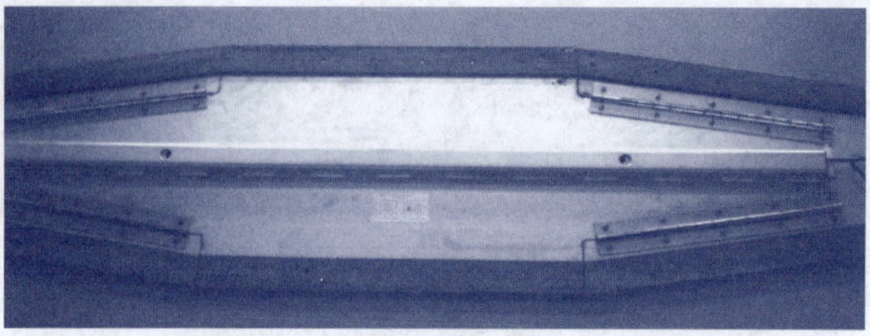

图 6-25　武汉地铁车辆渡板（背面）

4. 侧护板组成

侧护板的通道表面为拉丝不锈钢，内有铝型材与弧面橡胶条镶嵌而成的边护板，可实现拉伸和压缩，护板内表面设有连杆支承机构，使护板有足够的刚度，旅客可依靠护板；护板的两端与车体端部连接，可用专用钥匙快速打开、拆卸护板，如图 6-26 所示。

图 6-26　武汉地铁车辆侧护板组成（背面）

5. 顶板组成

每个通道顶板由 2 个边护板和 1 个中间护板组成，顶板内侧设有连杆机构，使车辆运行时中间护板始终保持在中间位置，不会偏移。顶板组成通过边框用螺钉固定在车体端墙上。

## 第五节　缓冲器

缓冲器是轨道交通车辆上车钩的配套装置，是车钩缓冲装置的重要组成部分。

## 一、缓冲器的作用与分类

### 1. 主要作用

用来缓和列车在运行中由于启动、制动以及调车作业时车辆相互碰撞而引起的纵向冲击和振动，具有耗散车辆之间冲击和振动的功能，从而减轻对车体结构的破坏作用，提高列车运行的平稳性和旅客乘坐的舒适性。

### 2. 缓冲器的原理

缓冲器是借助于压缩弹性元件来缓和冲击作用力，同时在弹性元件变形过程中利用摩擦和阻尼吸收冲击能量。

### 3. 缓冲器的类型

根据缓冲器的结构特征和工作原理，一般可将缓冲器分为以下几种类型：

弹簧式缓冲器；

摩擦式缓冲器；

橡胶缓冲器；

摩擦橡胶式缓冲器；

黏弹性胶泥缓冲器；

液压缓冲器及气-液缓冲装置等。

## 二、缓冲器的主要参数

决定缓冲器特性的主要参数是：

缓冲器的行程；

最大作用力；

容量；

能量吸收率；

初压力。

### 1. 缓冲器的行程

缓冲器受力后产生的最大变形量称为行程。

此时弹性元件处于全压缩状态，如再加大外力，变形量也不再增加。

缓冲器的行程不应太小，如行程太小，则速度变化率（加速度）太大，这就近似没有缓冲器一样，但缓冲器的行程也不能太大，行程太大则可能会影响列车的纵向动力学性能。

通常车钩缓冲器的行程为数十毫米到一百毫米之内。

### 2. 最大作用力

缓冲器产生最大变形量时所对应的作用外力。

缓冲器的最大作用力要比车体容许的载荷要小，否则当发生超限载荷时，车体将发生永久变形而损坏。

轻轨、地铁车辆缓冲器的最大作用力通常为：≤1 000 kN。

3. 容　量

缓冲器在全压缩过程中，作用力在其行程上所作的功的总和。它是衡量缓冲器能量大小的主要指标。如果容量太小，则当冲击力较大时就会使缓冲器全压缩而导致车辆刚性冲击。

4. 能量吸收率

缓冲器在全压缩过程中，有一部分能量被阻尼所消耗，其所消耗部分的能量与缓冲器容量之比称之为能量吸收率。

吸收率越大，表明缓冲器吸收冲击能量的能力愈大，反冲作用就愈小；

吸收率较小，则缓冲器必须往复工作几次方能将冲击能量消耗尽，这将加剧列车纵向冲动并导致车钩、车底架过早产生疲劳损伤。

一般要求能量吸收率在 70%左右。

5. 初压力

为缓冲器的静预压力。

初压力的大小将影响列车起动加速度。

缓冲器在满足容量要求的前提下，应尽量减小初压力。

## 三、缓冲器的结构与工作原理

它的作用是连接车辆、传递和缓和列车的纵向作用力、吸收列车冲击能量，以提高列车运行的平稳性和旅客乘坐的舒适性。

根据缓冲器的结构和工作原理，一般可分为以下几种类型：弹簧式缓冲器、摩擦式缓冲器、橡胶式缓冲器、摩擦橡胶式缓冲器、液压式缓冲器等。

1. 层叠式橡胶缓冲器

层叠式橡胶缓冲器的结构是在箱体内两端装有两个丛板（前从板和后丛板），中部是叠层橡胶和金属板，然后箱体与牵引杆分别与车钩杆和安装座相连，如图 6-27 所示。叠层橡胶是起缓冲减振作用的，在叠层橡胶中间夹杂的金属片是起散热作用的。

层叠式橡胶缓冲器的作用原理是当车钩受到载荷作用时（无论是拉伸还是压缩），缓冲器内的叠层橡胶都将产生压缩变形。在橡胶受力变形的过程中起到缓和冲击和消耗冲击能量的作用。其力的传递过程为：

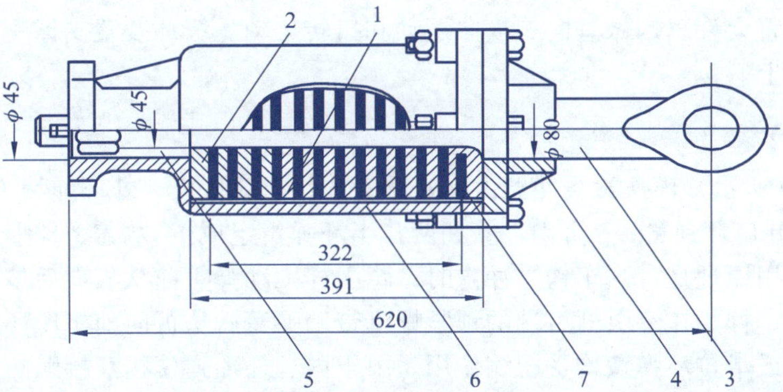


1—橡胶金属片；2—前从板；3—牵引杆；4—后盖；5—滑套；6—缓冲器体；7—后从板。

**图 6-27　层叠式橡胶缓冲器**

（1）压缩时：

车钩杆⟶箱体⟶前从板⟶橡胶金属片⟶后从板⟶牵引杆⟶安装座⟶车体。

（2）拉伸时：

车钩杆⟶箱体⟶后丛板⟶橡胶金属片⟶前从板⟶牵引杆⟶安装座⟶车体。

2. 环簧橡胶缓冲器

环形橡胶缓冲器主要由牵引杆、缓冲器体、环形橡胶弹簧等几部分组成。属于免维护的橡胶缓冲装置，缓冲器安装在车钩安装座上，在车钩承受拉压载荷的同时，缓冲器内的橡胶元件可以承受较大的剪切力，同时吸收拉伸和压缩能量。这种缓冲器可以根据不同容量的要求设计成 2 道或 3 道橡胶环，其结构及特性如图 6-28、图 6-29 所示。

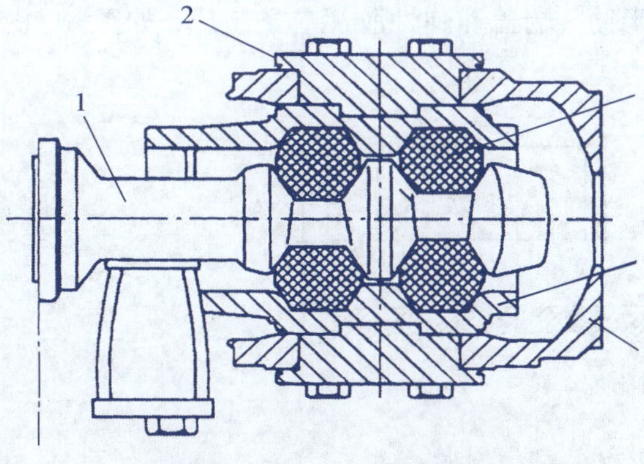


1—牵引杆；2—安装座；3—环形橡胶；
4—缓冲器体；5—支撑座。

**图 6-28　环形橡胶缓冲器**

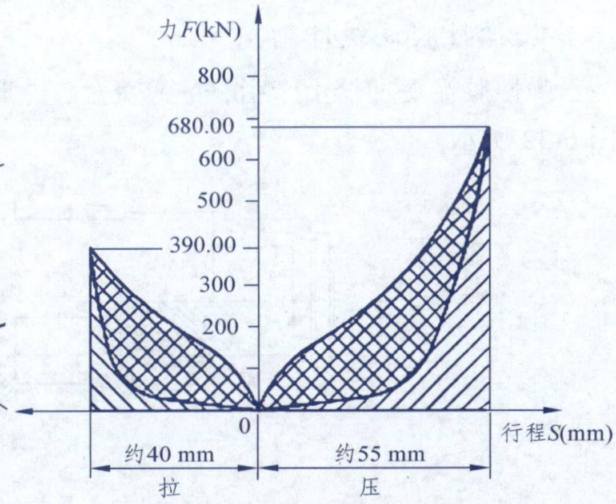


**图 6-29　环形橡胶缓冲器特性**

该缓冲装置允许车钩做垂向、横向摆动和扭转运动。缓冲装置支撑座用 4 个螺栓固定在车体底架上。

3. 环弹簧缓冲器

如图 6-30 所示，环弹簧缓冲器由弹簧盒、弹簧前后从板、外环弹簧（共 7 个）、内环弹簧（1 个开口环弹簧、5 个内环簧和两片半环弹簧组成）、端盖、球形支座、牵引杆等组成。其作用原理是：当车钩受冲击时，牵引杆推动弹簧前从板向后挤压环弹簧；当车钩受牵拉时，拧紧在牵引杆后端的预紧螺母带动弹簧后从板向前挤压环弹簧。所以不论车钩受冲击或牵拉环弹簧均受压缩作用。由于内、外环弹簧相互接触的接触面均做成 V 形锥面，受压缩相互挤压时，外环扩张，内环压缩，这样就产生的轴向变形，起到缓冲的作用。同时，内、外环弹簧接触面产生相对滑动，摩擦力做功消耗了部分冲击能。

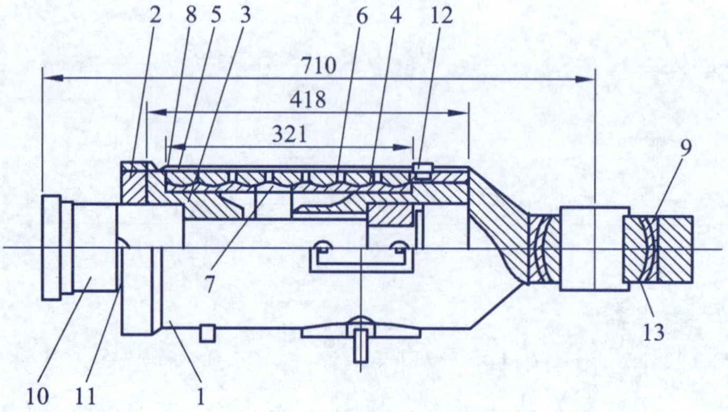


1—弹簧盒；2—端盖；3—前从板；4—后从板；5—外环弹簧；6—内环弹簧；7—开口弹簧；8—半环弹簧；9—球形支座；10—牵引杆；11—标记环；12—预紧螺母；13—橡胶嵌块。

**图 6-30　环簧缓冲器**

4. 弹性胶泥缓冲器

弹性胶泥缓冲器由牵引杆、弹簧盒、内半筒、端盖和弹性胶泥芯子组成，如图 6-31、图 6-32 所示。

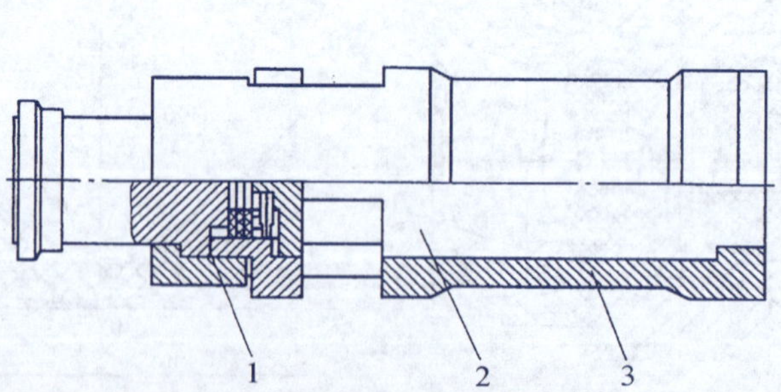


1—牵引杆；2—弹性胶泥芯；3—内半筒。

**图 6-31　弹性胶泥缓冲器结构**

弹性胶泥芯子是接受能量的元件，它是采用一种未经硫化的有机硅化合物，弹性胶泥作为介质，具有弹性、可压缩性和可流动性，其物理化学性能在 –50 ~ +250 °C 具有较高的稳定性，抗老化、无臭、无毒，对环境无污染。

图 6-32　弹性胶泥缓冲器实物图片

弹性胶泥具有固体和液体两种属性的特征，其动黏度比普通液压油大几十至几百倍，且可根据需要予以调节。

（1）车钩受拉时，纵向力传递顺序为：

牵引杆——→内半筒——→弹性胶泥芯子——→弹簧盒——→车体。

（2）车钩受压时，纵向力传递顺序为：

牵引杆——→弹性胶泥芯子——→内半筒——→弹簧盒——→车体。

可见，无论车钩受拉或受压，缓冲器始终受压。

5. 液压缓冲器

液压缓冲器起缓冲和减振的介质是一种高黏度的液压油，液压油装入缸筒一端，缸筒另一端为一带有小孔活塞的空腔。由于油的黏度很高，车钩在正常工作时，油不会通过小孔活塞杆进入缸筒另一端的空腔内，缓冲器可以承受纵向力。当车钩受到较高速度的冲击时，油通过活塞上的小孔进入缸筒的另一端的空腔，将冲击能转化成热能。其结构、原理及特性如图 6-33 所示。

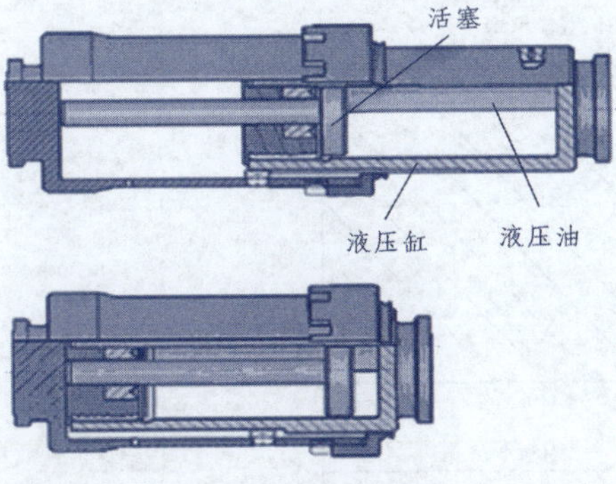


(a) 结构与原理

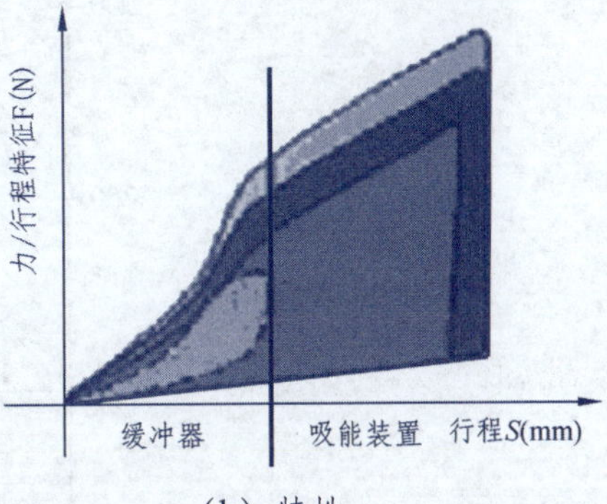


(b) 特性

图 6-33　液压缓冲器

6. 可压溃变形管

可压溃变形管是车钩缓冲装置的重要部件，用来吸收车辆冲击能量。它由一个预装载的压馈管和一个冲头组成，如图 6-34 所示。当车辆在事故中或在碰撞速度超过 8 km/h 时，车钩、缓冲器所受到的冲击力将超过缓冲器设定的容量，冲头压力使得可压溃管变形加宽，吸收多余的能量，起到保护车体的作用。可压溃变形管一旦变形，必须予以更换，它是一次性的部件。可压溃变形管的示功图如图 6-35 所示，压缩过程如图 6-36 所示。

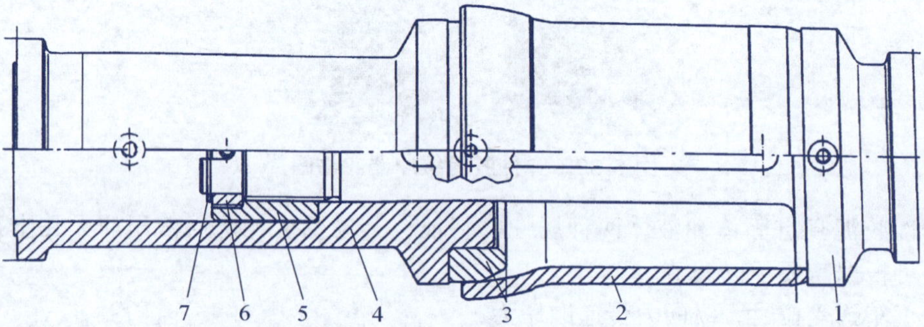


1—轴颈；2—压馈管；3—冲头；4—压溃体；
5—锁紧螺母；6—锁紧装置；7—保持环。

图 6-34　可压溃变形管结构

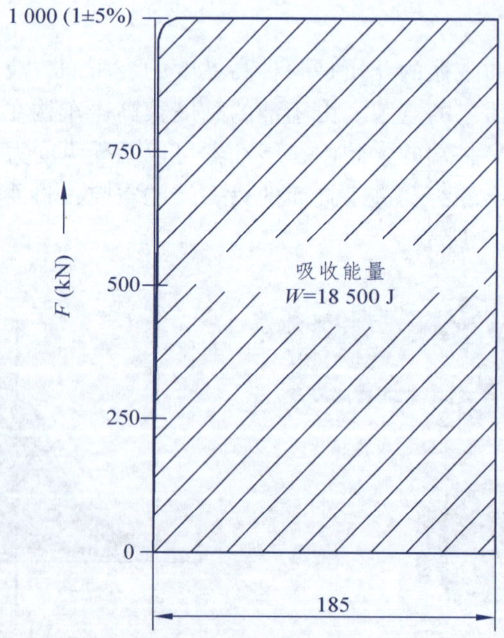


图 6-35　可压溃变形管的示功图

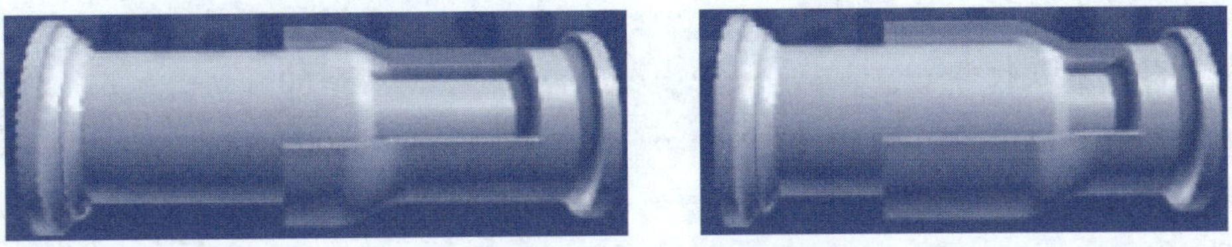

图 6-36　可压溃变形管变形过程

7. 车辆连接装置能量吸收级别

1）第一级能量吸收

第一级能量吸收是由可复原的能量吸收装置，如车钩缓冲器完成。当一列 $AW_0$ 工况的列车与另一列制动的 $AW_0$ 的列车相撞，且速度在 8 km/h 以下时，所产生的机械能量由该级能量吸收装置吸收，第一级能量吸收装置吸收产生的机械能后，车辆的任何部件不会被损坏。

2）第二级能量吸收

当两列车冲击速度为 8 ~ 15 km/h 时，第一级能量吸收装置发挥作用后，仍然不能完全吸收两列车相撞所产生的机械能，则第二级能量吸收装置——可压溃变形管——发挥作用。可压溃变管是不可复原的能量吸收装置。第二级能量吸收装置吸收产生的机械能后，除可压溃变形管外车辆的其他任何部件不会被损坏。通过以上二级能量吸收装置，可以防止车体在上述冲击力及冲击速度作用下发生永久变形，安全地保护乘客和车体。

3）第三级能量吸收

当列车冲击速度超过 15 km/h 的两列车相碰，前两级能量吸收装置无法完全吸收所产生的机械能，则第三级能量吸收装置（如过载保护装置）起作用。在自动车钩系统上设有过载保护装置，即一个过载保护鼓形套筒，当冲击力超过一定范围，即在前方的两级能量吸收容量全部耗尽后才起作用。它起车体的过载保护作用，可使车体不被损坏。

4）第四级能量吸收

第四级能量吸收则是通过适当设计司机室部位的底架及边梁的刚度使之成为能量耗散区，最大限度地保护乘客和客室。

8. 车钩缓冲装置技术参数

1）武汉地铁（B 型）车辆

武汉地铁（B 型）车辆钩缓冲装置技术参数如下：

车钩中心线至轨面高度……………………………………660 mm

车钩回转中心至连接面的距离……………………………1 225 mm

车钩连接面至安装座底面的距离…………………………1 350 mm

缓冲器容量…………………………………………………≥24 kJ

缓冲器最大行程……………………………………………………73 mm

缓冲器能量吸收率……………………………………………………≥60%

缓冲器阻抗力……………………………………………………800 kN

车钩抗压载荷……………………………………………………1 000 kN

车钩抗拉载荷……………………………………………………750 kN

最大竖直转角……………………………………………………≥±4°

最大水平转角……………………………………………………≥±30°

车钩连挂最大速度……………………………………………………5 km/h

2）深圳地铁（A 型）车辆

深圳地铁（A 型）车辆车钩缓冲装置技术参数如下：

压力（屈服力）……………………………………………………1 250 kN

拉力（屈服力）……………………………………………………850 kN

车钩长度（从钩面到中心轴）……………………………………………………$1\ 325^{+5}_{-5}$ mm

车钩长度（从钩面到螺钉紧固面）……………………………………………………$1\ 540^{+5}_{-3}$ mm

钩重（包括电缆）……………………………………………………约 440 kg

接合范围（在平直轨道上）：

水平……………………………………………………±170 mm

垂直……………………………………………………±90 mm

车钩杆：

吸能器预加载 ……………………………………………………（600±50）kN

释放载荷（静态，缓冲）……………………………………………………（1 000±50）kN

行程（缓冲）……………………………………………………约 185 mm

吸能能力（动态，缓冲）……………………………………………………约 185 kJ

橡胶缓冲装置：

行程，缓冲 ……………………………………………………约 55 mm

行程，牵引 ……………………………………………………约 40 mm

弹簧阻力，缓冲（静态）……………………………………………………680（1 ± 10%）kN

弹簧阻力，牵引（静态）……………………………………………………390（1 ± 10%）kN

吸能能力，缓冲（静态）……………………………………………………约 14.1 kJ

吸能能力，牵引（静态）……………………………………………………约 7.1 kJ

吸能率（静态）……………………………………………………约 65%

过载保护装置：

释放载荷（静态，缓冲）…………………………（1 100±50）kN

行程，缓冲 ……………………………………………约 30 mm

吸能能力（动态，缓冲）……………………………约 33 kJ

车钩的最大摆度：

水平 ……………………………………………………约 ± 45°

垂直 ……………………………………………………约 ± 6°

对中装置：

重新对中角度 ………………………………………约±15°

## 复习思考题

6.1 简述车钩缓冲装置的作用与分类。

6.2 刚性车钩与非刚性车钩相比有哪些优、缺点？

6.3 简述柴田式密接车钩的三态作用。

6.4 简述沙库式密接车钩的三态作用。

6.5 简述城轨车辆贯通道装置的作用。

6.6 简述城轨车辆缓冲装置的作用与分类。

6.7 简述可压溃变形管的结构及作用。

# 第七章　空调系统

## 第一节　制冷常用名词及概念

### 一、工质的基本状态参数

在热力工程中，用来实现热能和机械能相互转化的媒介物质叫工质。如内燃机以空气和油的燃烧物作为工质，蒸汽动力装置以水和水蒸气作为工质，而制冷装置则是以氨、卤代烃（商品名称为氟利昂）等作为工质。在给定瞬间，工质都会呈现一定的宏观物理状况即状态，描述工质状态的宏观物理量称为工质的状态参数。常用的状态参数有 6 个，即温度 $T$、压力 $P$、比体积 $V$、热力学能 $U$、焓 $H$ 和熵 $S$。状态参数是热力系统的单值函数，其值只取决于初终态，与过程无关。

#### （一）温　度

温度是表征物体冷热程度的物理量。同时也反映自发过程中热能传递的方向：温度高的物体会自发地向温度低的物体传递热能。

如果两物体的温度相等，则两物体间不发生热量的传递而处于热平衡状态。

温度数值的标尺叫温标。它规定了温度的读数起点（零点）和测量温度的基本单位。目前，国际上用得较多的温标有华氏温标、摄氏温标和热力学温标。

1. 摄氏温标

摄氏温标又叫国际温标，符号为 $t$，单位为 °C。在一个标准大气压下，冰的溶点（或水的冰点）规定为 0 度，水的沸点为 100 度。中间划分 100 等份，每等份为摄氏 1 度。

2. 华氏温标

华氏温标的符号为 $t_F$，单位为℉。在标准大气压下，冰的溶点为 32 度，水的沸点为 212 度，中间划分 180 等份，每等份为华氏 1 度。

3. 热力学温标

热力学温标的符号为 $T$，又称开尔文温标或绝对温标，单位为 K。它规定分子运动停止时的温度为绝对零度；而一个标准大气压下纯水的冰点温度为 273.16 K，沸点温度为 373.16 K，从冰点至沸点分为 100 等份，每等份为热力学温度 1 度。

4. 三种温标的换算

$$t=T-273.16 \text{ 或近似 } t=T-273$$

$$t=5\times(t_F-32)/9$$

### （二）压　力

单位面积上所受的垂直作用力称为压力。国际标准单位：帕斯卡（简称帕）；符号：Pa，1 Pa=1 N/m$^2$。以前工程技术上普遍采用工程制单位，即公斤力每平方厘米（kgf/cm$^2$）。二者的换算关系为：

$$1\ \text{kgf/cm}^2=9.81\times10^4\ \text{Pa}$$

### （三）比　热

比热又叫比热容，是使单位质量物体的温度每升高 1 °C 时所需的热量。单位为：J/(kg · °C)。

### （四）焓

焓是一个复合的状态参数，是表征系统中所有的总能量，它是内能与压力位能之和。当工质在一定的状态（压力 $P$、容积 $V$、温度 $T$）时，焓具有一定的数值，说明工质所具有的总能量。

1 kg 工质的焓称为比焓，有时也简称为焓，以符号 $h$ 表示，单位为：J/kg 或 kJ/kg。

## 二、蒸汽液体两相转变过程中的几个概念

在制冷工程中，经常利用工质（氨、氟利昂）的液气两相的转变来实现人工制冷的目的。

### （一）液体的气化

在密闭容器中，液态转化气态的速率大于气态转变为液态的速率时，液体就逐渐减少而蒸汽逐渐增加，这一过程称之为液体的气化。

气化的方式有蒸发和沸腾两种；蒸发是在任何温度下都会发生于液体表面的气化过程；沸腾是在整个液体的内部发生的剧烈气化过程。

气化是吸热过程，如果外界没有供给热量，气化的结果会从液体内部分子的平均动能获取，从而使液体温度降低。

气化热是单位重量液体气化为同温度的蒸汽时所需的热量。

### （二）蒸汽的液化

在密闭容器中，当液态转变为气态的速度小于气态转变为液态的速度时，液体就逐渐增多而蒸汽逐渐减小，这就称为蒸汽的液化过程。

凝结热是单位重量蒸汽凝结为液体时所放出的热量称之为凝结热。它的数值与相同条件下的气化热相等。气化和液化是气液相变的两种相反过程。

### （三）饱和状态

密闭容器中的液体，在一定的温度下，蒸汽压力会自动保持在一定数值上，这时液气两相转变就达到了动平衡，此时空间气态分子的浓度不变。这个状态称之为这个液体的饱和状态。

相当于饱和状态的蒸汽和液体分别称为饱和蒸汽与饱和液体。饱和状态时蒸汽压力称为饱和压力。饱和液体的温度称为饱和温度。

### （四）显热与潜热

1. 显　热

对固态、液态或气态的物质加热，只要它的形态不变，则热量加进去后，物质的温度就升高，加进热量的多少在温度上能显示出来，即不改变物质的形态而引起其温度变化的热量称为显热。如对液态的水加热，只要它还保持液态，它的温度就升高；因此，显热只影响温度的变化而不引起物质的形态的变化。

2. 潜　热

对液态的水加热，水的温度升高，当达到沸点时，虽然热量不断的加入，但水的温度不升高，一直停留在沸点，加进的热量仅使水变成水蒸气，即由液态变为气态。这种不改变物质的温度而引起物态变化（又称相变）的热量称为潜热。

### （五）蒸汽的定压发生过程

制冷工程中所用氨、氟利昂等制冷剂，从液体转变为气态时，均经历了未饱和液体（过冷液体）、饱和液体、湿蒸汽、干饱和蒸汽及过热蒸汽五种状态。

图 7-1 是 1 kg 温度为 0 °C 的水在恒定压力 $P_{b1}$ 下加热，最后变成过热蒸汽过程的示意图。

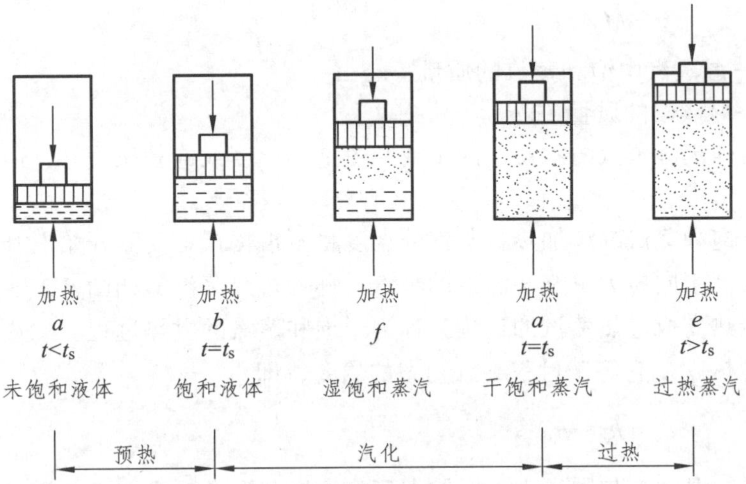


**图 7-1　定压下水蒸气产生过程示意图**

将此过程表示在 $T$-$s$ 图上，如图 7-2 中 $a_1$-$b_1$-$b_1'$-$b_1''$-$c_1$ 所示。

当液体的温度低于它所受的压力对应的饱和温度时，称之为未饱和液体。当液体的温度达到它所受的压力对应的饱和温度时，称之为饱和液体。对图 7-1 中的 a 状态 0 °C 的未饱和水，在 $P_{b1}$ 压力下加热，水吸热后首先其温度升高，比容略有增大。当水的温度升高到 $P_{b1}$ 压力对应的饱和温度 $t_{b1}$ 时，未饱和水就变成了饱和水，如图 7-1 中的 b 状态。这一过程，称为未饱和水的加热过程，将此过程表示在 $T$-$s$ 图上，如图 7-2 中所示的 $a_1$-$b_1$。过程中吸收的热量，称为液体热 $q_y$。因为是定压加热过程，所以液体热等于过程终初态的焓差，即：

$$q_y = h_{b1} - h_{b2}$$

同压力下饱和液体的温度 $t_b$ 与未饱和液体的温度 $t_a$ 之差，称为过冷度，用 $\Delta t_1$ 表示，即

$$\Delta t_1 = t_b - t_a$$

对处于 b 状态的饱和水继续加热，饱和水在保持饱和温度 $t_{b1}$ 不变的情况下，开始吸热沸腾汽化。由于饱和水汽化后产生蒸汽，所以比容增加较快。此时容器内的饱和水与饱和蒸汽的混合物如图 7-1 中 f 状态，称之为湿饱和蒸汽，简称湿蒸汽。湿蒸汽不断吸热，其中蒸汽含量就不断增多，当湿蒸汽中最后一滴水变成蒸汽时（见图 7-1 中 d 状态），汽化过程结束。这种饱和温度下的干蒸汽称为干饱和蒸汽。上述由饱和水吸热汽化变成干饱和蒸汽的过程，称为饱和水的汽化过程。将此过程表示在 $T$-$s$ 图上，如图 7-2 中 $b_1$-$b_1'$-$b_1''$ 所示。过程中任何一个状态，均为饱和状态，即压力、温度均为饱和压力 $P_{b1}$、饱和温度 $t_{b1}$。过程中吸收的热量称为汽化潜热 $q_r$。它等于过程终、初态的焓差，即

$$q_r = h_{b1}'' - h_{b1}$$

湿蒸汽的热力性质与其所含蒸汽的比例有密切关系，因此把 1 kg 湿蒸汽中所含饱和蒸汽的质量百分比，定义为干度，以 $\chi$ 表示：

$$\chi = M'/M$$

式中　$M'$——湿蒸汽中饱和蒸汽的质量（kg）；

$M$——湿蒸汽的质量（kg）。

显然，要确定湿蒸汽的状态，除了要知道饱和温度或饱和压力外，还必须知道其干度 $\chi$。

如果对干饱和蒸汽继续加热，蒸汽的温度将不再保持不变而开始上升，比容继续增大。这种温度高于同压力下饱和温度的蒸汽，称为过热蒸汽，如图 7-2 中的 $c_1$ 状态。由干饱和蒸汽吸热变成过热蒸汽的过程，称为干饱和蒸汽的过热过程。过热过程中吸收的热量，称为过热 $q_g$。它等于过程终、初态的焓差，即

$$q_g = h_{c1} - h''_{b1}$$

过热蒸汽的温度 $t_g$ 与同压力下干饱和蒸汽的饱和温度 $t_b$ 之差，称为过热度。

$$\Delta t_r = r_g - t_b$$

综上可知，在定压 $P_{b1}$ 下，将 1 kg 温度为 0 °C 的未饱和水加热成温度为 $t_{c1}$ 的过热蒸汽的过程中所需的总热量为

$$q_z = q_y + q_r + q_g = h_{c1} - h_{a1}$$

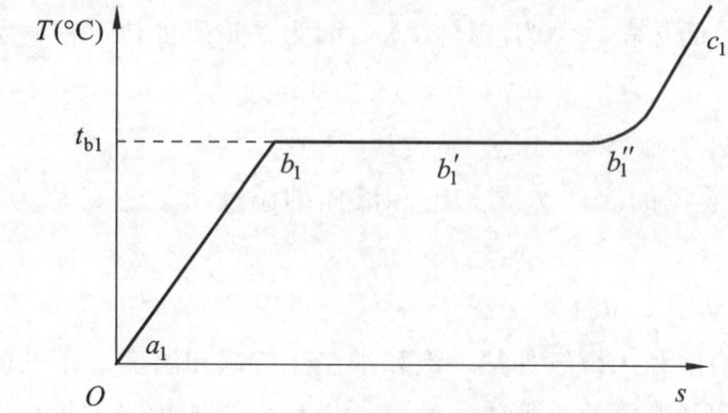


图 7-2　定压下水蒸气产生过程的 $T$-$s$ 图

## 第二节　制冷的基本原理

空调制冷：用一定的方法使物体或空间的温度低于周围环境介质的温度，并且使其维持在某一范围内。

制冷的方式有五种：

（1）蒸汽压缩式制冷；
（2）半导体制冷；
（3）吸收式制冷；
（4）蒸汽喷射式制冷；
（5）涡流管制冷。

一般城轨车辆都采用蒸汽压缩式制冷。

1. 制冷工程中对蒸发温度的定义

在一定的压力下，液体温度达到沸点（即饱和温度）就会沸腾，在制冷技术中，常把这个饱和温度称为蒸发温度。沸腾的液体如果继续加热，它就会因吸收了气化潜热而相变成饱和蒸汽。在同一压力下，不同的液体蒸发温度不同，所吸收的气化潜热也不同。

2. 蒸汽压缩制冷机的工作原理

制冷剂在一个封闭的系统中，只消耗压缩机的功就能反复地实现制冷剂由液体变为蒸汽，再由蒸汽变为液体的相态变化，并通过这种相态变化将低温处的热量转移到高温处去，这就是蒸汽压缩式制冷的工作原理。

3. 蒸汽压缩制冷机组的组成及各组成部分作用

蒸汽压缩制冷机组主要是由压缩机、冷凝器、膨胀阀和蒸发器四大部件组成的，并用管道连接，形成一个封闭的循环系统，如图 7-3 所示。

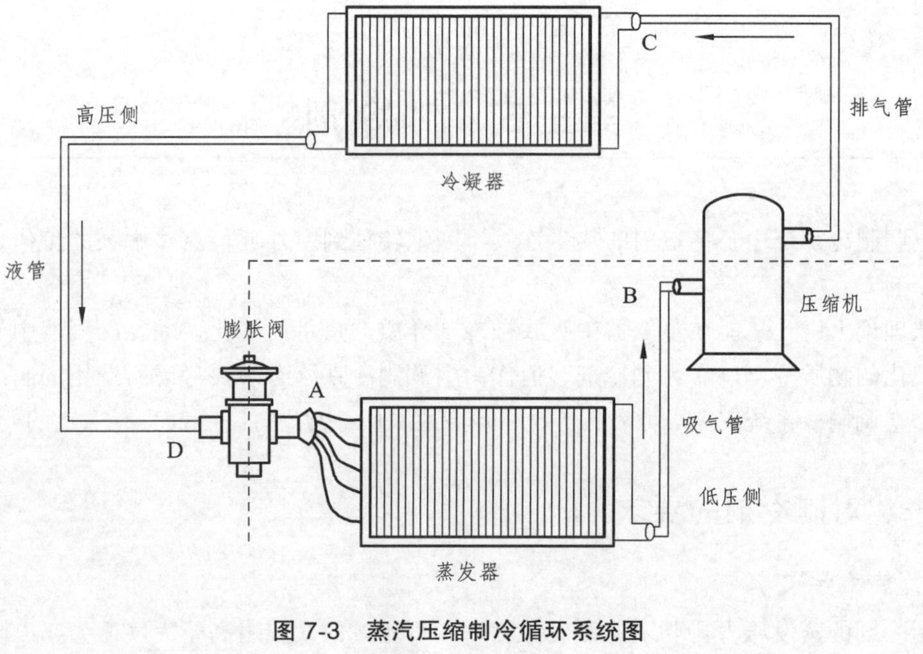


图 7-3　蒸汽压缩制冷循环系统图

四大组成部件的作用如下：

（1）蒸发器：是制冷的部件，经膨胀阀的制冷剂气液混合物在蒸发器内气化，吸收被冷却物的热量变为气体。

（2）制冷压缩机：它是制冷系统中最主要的部件，它吸入蒸发器中低压制冷剂蒸汽，将其压缩成达到冷凝压力的高温、高压蒸汽，然后排至冷凝器。

（3）冷凝器：是放热的部件，它的作用是将来自压缩机的高温高压的制冷剂蒸汽冷凝成高压的液体。在冷凝的过程中，制冷剂蒸汽放出热量，被水或空气带走。

（4）膨胀阀：制冷剂的高压液体经节流，压力从冷凝压力降至蒸发压力，一部分液体由于降压而变为蒸汽，制冷剂成为气液两相混合物。

4. 蒸汽压缩制冷机组工作过程

（1）制冷剂液体在蒸发器中吸收被冷却物体（如室内的空气）的热量，而气化成低压低温的蒸汽后被压缩机吸入（A→B）。

（2）压缩机消耗一定的机械功将制冷蒸汽压缩成压力、温度都较高的蒸汽并将其输入冷凝器（B→C）。

（3）高温、高压的制冷剂蒸汽在冷凝器内被环境空气（或水）冷却，制冷剂蒸汽放出热量后被冷凝成液体，此时的制冷剂液体还处于高温、高压状态（C→D）。

（4）高温、高压的制冷剂液体经过膨胀阀节流降压、降温后进入蒸发器（D→A）。

此时的制冷剂液体已变为低温、低压状态。在蒸发器中，低温、低压的制冷剂又吸收被冷却物体的热量蒸发成相对的低温、低压的制冷剂蒸汽，再被压缩机吸入。如此周而复始地循环。

## 第三节 制冷剂

空调制冷系统中，将室内的热量连续不断地转移到室外环境空气中去的工作物质称为制冷剂。

从理论上讲凡是能在蒸发器中吸收被冷却介质的热量而气化，并在冷凝器中放出热量而液化的物质都可以作为制冷剂，但作为空调制冷系统必须要考虑所选用的制冷剂能使整个空调制冷系统安全、可靠、高效和经济地工作，因此对制冷剂是有一定的要求的。

### 一、对制冷剂的要求

1. 热力学要求

制冷剂的蒸发压力在要求的蒸发温度下，不能过低，应略高于大气压力，以防外界空气渗入系统而降低制冷能力；在要求的冷凝温度下，冷凝压力不能过高，压力过高一方面给系统的密封增加难度，同时还要提高系统的高压部分的耐压能力，增加了设备的重量和成本，另一方面又使压缩机的压缩功增大，压缩机的实际排气量减小。

另外，制冷剂的临界温度要高，以便用环境空气（或水）来冷却，而凝固温度要低，以便获得较低的蒸发温度。

制冷剂的单位容积制冷量也应越大越好。这样当制冷量一定时，单位容积制冷量越大，制冷剂的循环量就可减少，同时可缩小压缩机和系统的尺寸。

2. 物理性质要求

制冷剂的黏度和比重要小，以减少制冷剂在制冷装置中流动阻力。制冷剂的导热系数与放热系数尽量大些，以提高换热器的传热效率，减小传热面积。

制冷剂有一定的水溶性。制冷剂最好不含水分，但实际上制冷系统中难免渗入极少量的水分，若制冷剂能溶解少量的水分，在蒸发温度低于 0 °C 时，系统就不易产生“冰塞”现象而影响制冷装置的正常运转。

制冷剂与润滑油的互溶性好则有利于润滑油渗透到各运动部件的摩擦面以改善润滑条件，并且在蒸发器等各换热器的传热面上也不易形成油膜面阻碍传热。缺点是制冷剂含油量增加会引起蒸发温度升高，造成制冷能力下降。

3. 化学性质要求

制冷剂应有良好的化学稳定性。在制冷剂的工作温度和工作压力范围内，应不分解、不聚合、无燃烧和爆炸的危险。

4. 生理学性质要求

制冷剂应对人体无毒、无刺激性气味。

## 二、空调制冷剂性能

氟利昂是饱和碳氢化合物的卤素衍生物的总称，氟利昂以符号“R”配以二位数字（甲烷族）或三位数字（乙烷族）表示。所配的数字的第一位数是实际的碳原子数减 1，如为 0，则省略；如为 4，则为非共沸混合物；如为 5，则为共沸混合物。第二位数是实际的氢原子数加 1。第三位数是氟原子的个数。例如：

| 化学名称 | 化学分子式 | 代号 |
|---|---|---|
| 二氟二氯甲烷 | $CCL_2F_2$ | R-12 |
| 二氟一氯甲烷 | $CHCLF_2$ | R-22 |
| 四氟乙烷 | $CH_2FCF_3(C_2HF_4)$ | R134a |

氟利昂的优点：无毒、燃烧和爆炸的可能性小，对金属不腐蚀。绝热指数小，因而压缩机的排气温度较低。

氟利昂的缺点：单位容积制冷量较小，因而制冷剂的循环量大；比重大，引起流动阻力大；放热系数低；含有氯原子的氟利昂遇明火（400 °C 以上）会分解出少量剧毒的光气；对天然橡胶和树脂有腐蚀作用；易漏泄，又不易发现，要求系统有良好的密封性。此外，价格也较贵。

R134a 不能与传统的矿物油共用，专门合成的酯类油容易分解，危及压缩机安全；具有高度的吸湿性，要求对系统进行仔细地抽空和干燥处理，给实际应用带来不少麻烦；用于替代 R22 时容积制冷量下降约 20%～30%，需要更大的压缩机排量。

R407c 性能：由 HFC-32、HFC-125 和 HFC-134a 按质量百分比 23%、25%、52%混合而成的非共沸制冷剂，目前国外主要用于大中型制冷系统 HCFC-22 的替代物品。R407c 的成分中 R134a 所占比例超过 50%，也不能与矿物油共用，但采用 R407c 新型环保制冷工质压缩机容积制冷量变化不大。

## 三、制冷剂液体过冷、过热对制冷循环的影响

在理论循环中认为从冷凝器中流出和进入节流装置的制冷剂都是饱和液体状态，而在实际制冷装置中，制冷剂在冷凝器中冷凝成液体后还在继续向外放热而变成过冷液体（未饱和液体）后才流出，特别在车辆制冷装置中，冷凝器采用风冷，液体的冷凝温度总是高于环境气温，从冷凝器出来的制冷剂液体在储液器和管路中流动还要不断地向外界放热而继续过冷。因此，冷凝器流至节流装置前总有一定的过冷度。饱和温度与过冷液体的温度的差值称为过冷度。过冷度越大，节流损失就越小，单位质量制冷量就越大，因此液体的过冷循环将提高制冷系数。

在理论循环中，我们假定由蒸发器流出和被压缩机吸入的制冷剂都是饱和蒸汽，从蒸发器出口至压缩机吸入口之间的管路不存在热交换。实际上，制冷剂的蒸汽温度总是低于被冷却介质的温度，从蒸发器流出的饱和制冷剂，在通过吸气管流进压缩机时，还将从冷却介质处或外界吸收部分热量而变成过热蒸汽，因此压缩机实际吸入的是过热蒸汽。如果制冷装置所采用的压缩机要求低温制冷剂蒸汽冷却电机（如全封闭式和半封闭式压缩机），制冷剂蒸汽在到达压缩机吸气腔时的过热度就会更大。

（1）若吸入蒸汽的过热热量全部来自被制冷的室外，则会增加冷凝器的热负荷。这种过热度越大，制冷系数和单位容积制冷量降低越多，所以称为有害过热。为了减少管路的有害过热，吸气管路都必须用隔热材料包扎起来。

（2）若吸入蒸汽的过热热量全部来自被制冷的室内，则制冷剂的单位质量制冷量就应该由蒸汽制冷部分和过热阶段所吸收的热量两部分组成。这时制冷剂的制冷系数比理论循环提高了，这种过热对制冷循环是有益的。

# 第四节　地铁列车客室内空气参数的确定

地铁列车的运输任务是单一的运送短途乘客，这就要求客室内要有卫生清洁而且是舒适的环境条件。

## 一、客室内空气参数

根据人们的生活实践和人体生理卫生上的要求以及车内的特点，可分析出影响车内人体卫生和舒适性的主要因素是（空气四度）：

（1）客室内的空气温度；

（2）客室内的相对湿度；

（3）人体周围空气的流动速度；

（4）客室内空气的洁净度。

上海地铁车辆客室内夏季的空调参数：

客室内的温度…………………………………………$t = 27$ °C

客室内的相对湿度……………………………………$\varphi = 65\%$

客室内空气流速………………………………………0.5 m/s（在 1.2～1.7 m 处）

车内空气含尘量………………………………………≤0.5 mg

每辆车总的通风量……………………………………8 000（直流车）；8 500（交流车）

每辆车总的新风量 ……………………………………4 000（直流车）；3 200（交流车）

## 二、外气参数的确定

外气参数的选定是根据本地区的地理位置和气象条件所确定的。以上海地铁车辆为例：

上海的纬度…………………………………………………31°10′

上海的经度…………………………………………………121°29′

上海的年平均温度…………………………………………16.1 °C

上海的月平均最高温度……………………………………27.8 °C

根据以上的气象地理条件，上海地铁车辆的客室空调只在夏季进行制冷调节，冬季不进行采暖调节。为了改善驾驶员的工作环境，司机室设有电加热采暖。

要使列车空调设备具有良好的经济性和运行完好性，将其外气条件定为：

隧道内：

外部气温……………………………………$t = 35$ °C

相对湿度……………………………………$\varphi = 60\%$

地　面：

外部气温……………………………………$t = 32.2$ °C

相对湿度……………………………………$\varphi = 68\%$

# 第五节　空调系统的主要组成部件

## 一、制冷压缩机

压缩机是蒸汽压缩式制冷装置中的一个重要部件，它是推动制冷剂在制冷系统中不断循环的动力，起着压缩和输送制冷剂蒸汽的作用，因此制冷压缩机常称为蒸汽压缩式制冷装置的主机。

目前，空调制冷常用的压缩机有四种：活塞式，涡旋式，螺杆式，离心式，如图 7-4 所示。

### （一）活塞式制冷压缩机

1. 活塞式制冷压缩机的工作过程

压缩机的理论工作过程是由等压吸气、绝热压缩和等压排气过程组成的。但由于气缸存在余隙容积，压缩后的气体不能排尽，因此实际上要比理论工作过程多增加一个膨胀过程，即活塞由上死点回程时，余隙内剩余气体开始膨胀，直至压力低于吸入气体的压力。所以压缩机实际工作过程与理论工作过程存在很大的差异，主要是：

（1）实际上压缩机有余隙容积。

（2）吸、排气过程中存在流动阻力损失。

（3）制冷剂气体与气缸等机件接触处有热交换。

（4）吸、排气阀和活塞环等处还有漏泄损失，以及在工作时运动机构的摩擦面要消耗摩擦功等。由于这些因素的影响，使得压缩机实际工作过程的输气量要小于理论过程，而功率消耗则大于理论过程。

2. 活塞式制冷压缩机的结构

按压缩机与电动机的组合方式的不同可分为开启式、半封闭式和全封闭式三种，压缩机的内部结构如图 7-5 所示。

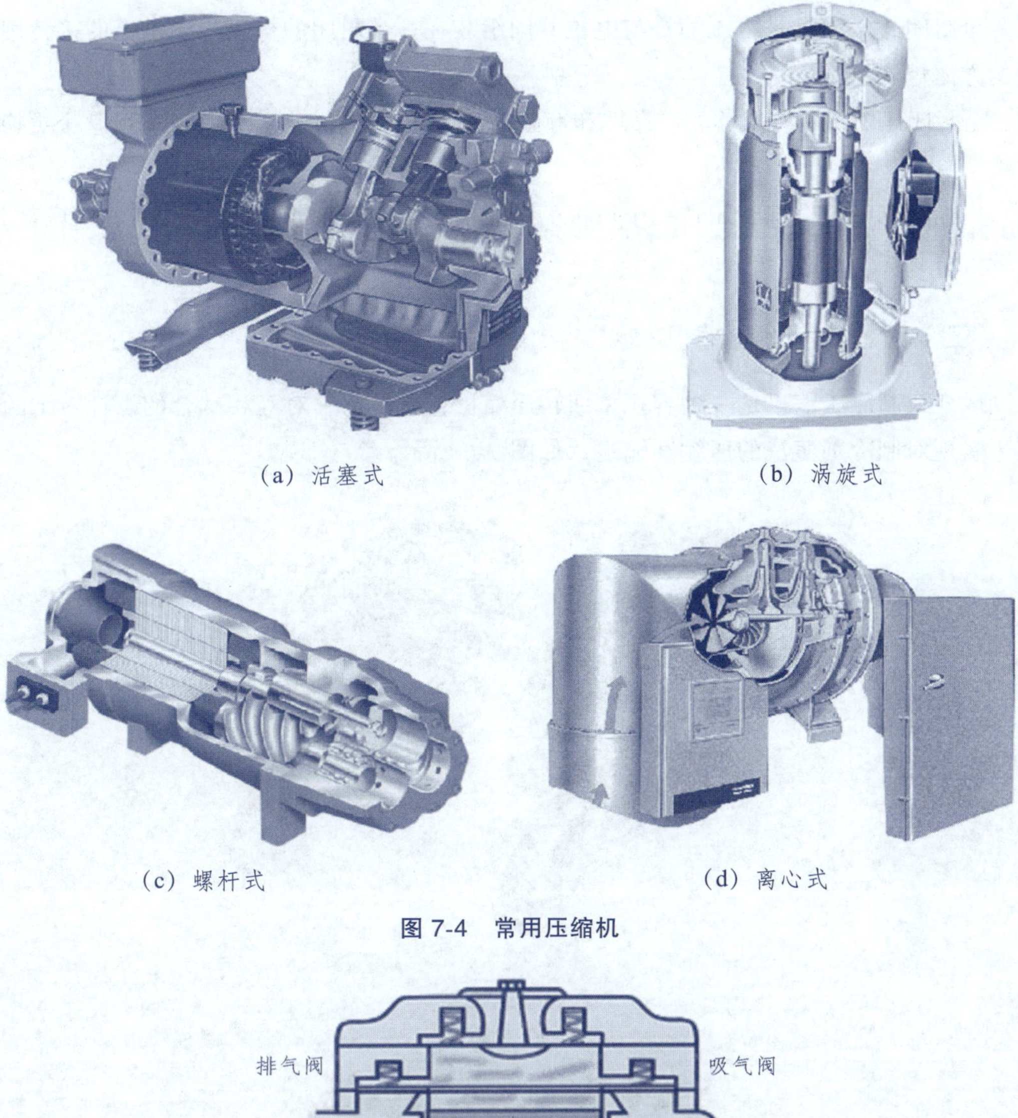

(a) 活塞式　　(b) 涡旋式

(c) 螺杆式　　(d) 离心式

图 7-4　常用压缩机

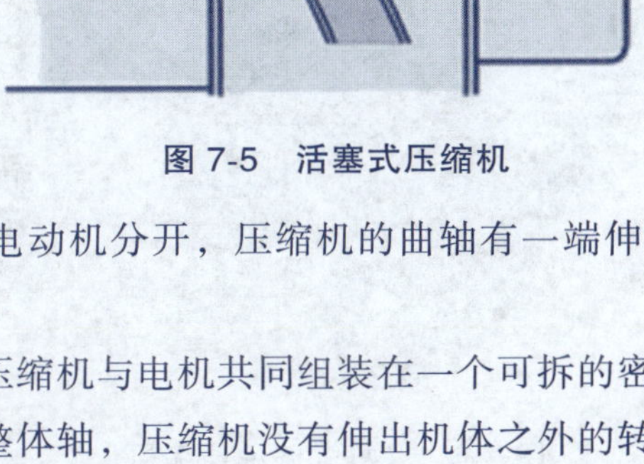


图 7-5　活塞式压缩机

开启式是压缩机和电动机分开，压缩机的曲轴有一端伸出机体，并通过联轴器与电机相连。

半封闭式压缩机是压缩机与电机共同组装在一个可拆的密封机壳内，压缩机的曲轴和电机的转子轴是一根整体轴，压缩机没有伸出机体之外的转动部件。

全封闭式压缩机是将压缩机与电机共同组装在一个封闭的机壳内，机壳的接缝用焊接的方法焊式。

全封闭压缩机具有足够的可靠性和寿命，一般不需维修，若有损坏则采取整个更换的方法。

压缩机和电机全部封闭在一个可拆的罩壳内。罩壳是用薄钢板冲压成上、下两部分，组装后将其焊为一体。

## （二）螺杆式制冷压缩机

螺杆式制冷压缩机是一种容积型回转压缩机，它是由一对互相啮合的螺杆转子的互旋来实现对制冷剂蒸汽的压缩和输送，如图 7-6 所示。

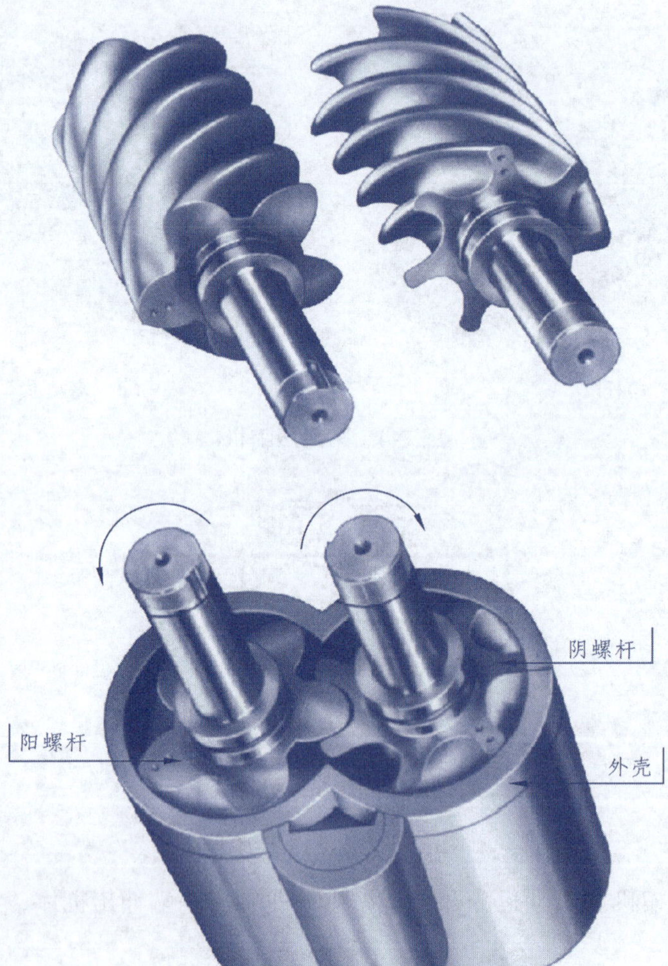


图 7-6　螺杆式制冷压缩机

螺杆式制冷压缩机主要由压缩机的机体、阳转子、阴转子及电机等组成。两个互相啮合的转子平行地安装在机体内，彼此反向旋转，一般主动转子的端面齿形是凸齿，称为阳转子或阳螺杆；从动转子的端面齿形是凹齿，称为阴转子或阴螺杆。螺杆压缩机的蒸汽压缩容积是由啮合的转子和气缸内壁组成的，阳螺杆的凸齿相当于活塞，阴螺杆的凹齿与气缸内壁所组成的容积就相当于气缸，随着转子的旋转，压缩容积沿着转子的轴向移动，因此螺杆的一端为吸气端，另一端则为排气端，并在压缩机机体的前、后端盖上也相应地开有吸、排气口。

由于螺杆具有较好的刚性和强度，吸、排气口又无阀片，故一旦液体制冷剂通过时，不容易产生“液击”。

### （三）涡旋式制冷压缩机

涡旋式制冷压缩机结构如图 7-7 所示。

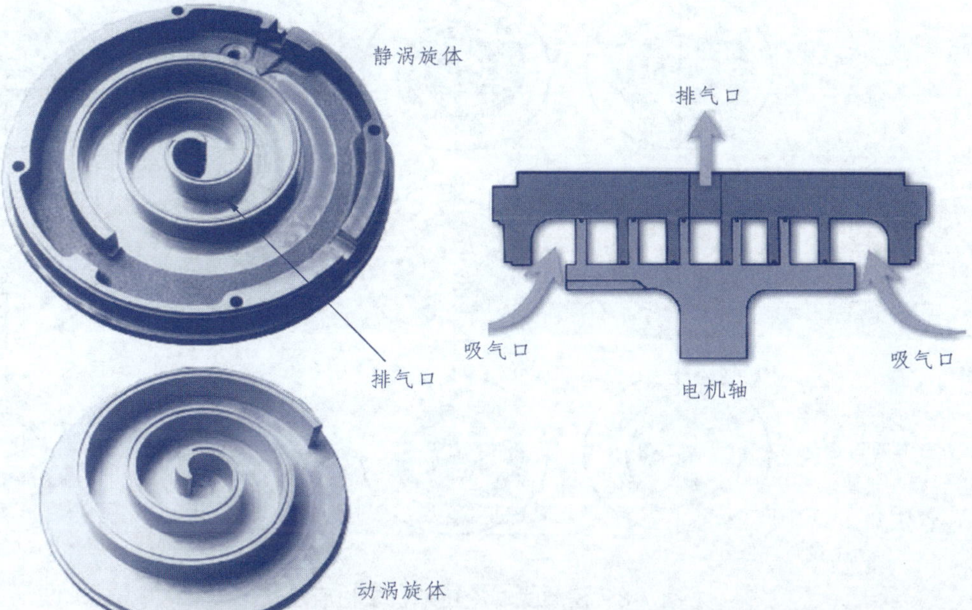


**图 7-7　涡旋式制冷压缩机结构示意图**

涡旋压缩机主要部件是两个形状相同但角的位置相对错开 180°的渐开线涡旋盘，其一是固定涡旋盘，而另一个是由偏心轴带动，其轴线绕着固定涡旋盘轴线做公转的绕行涡旋盘，如图 7-8 所示。工作中两个涡旋盘在多处相切形成密封线，加上两个涡旋盘端面处的适当密封，从而形成好几个月牙形气腔。两个涡旋盘间公共切点处的密封线随着绕行涡旋盘的公转而沿着涡旋曲线不断转移，使这些月牙形气腔的形状大小一直在变化。压缩机的吸气口开在固定涡旋盘外壳的上部。当偏心轴顺时针旋转时，气体从吸气口进入吸气腔，相继被摄入到外围的与吸气腔相通的月牙形气腔里。随着这些外围月牙形气腔的闭合而不再与吸气腔相通，其密闭容积便逐渐被转移向固定涡旋盘的中心且不断缩小，气体被不断压缩而压力升高，最后由静盘中心部位的排气孔轴向外排出。

（a）第一个圆周运动
吸气过程

（b）第二个圆周运动
压缩过程

（c）第三个圆周运动
排气过程

图 7-8　涡旋式制冷压缩机工作原理

## 二、换热器及其辅助设备

### （一）换热器

在制冷系统中，除有起主导作用的压缩机外，还必须包括起换热作用的换热器——冷凝器和蒸发器。

1. 冷凝器及风机

冷凝器是制冷机的主要热交换设备，如图 7-9 所示。其作用是使从压缩机出来的高温高压制冷剂蒸汽在其中向冷却介质——水或空气——放热，冷却、冷凝成高温高压的过冷液体。

冷凝器为了增强换热时的空气流动循环，空调机组采用强迫通风的对流冷却，并通过轴流式风机来强化制冷剂在冷凝器中的凝结放热过程，如图 7-10 所示。

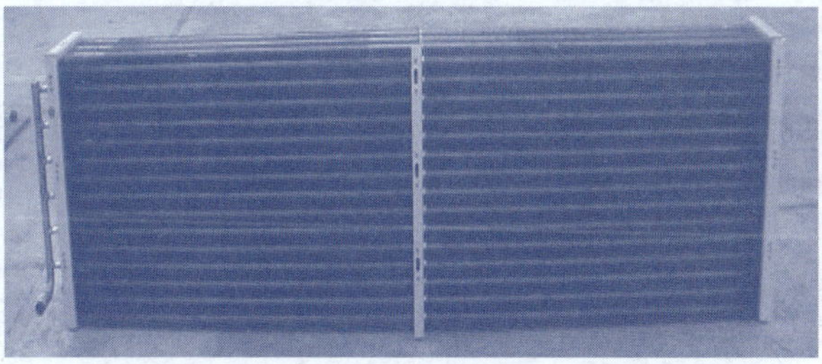

图 7-9 冷凝器

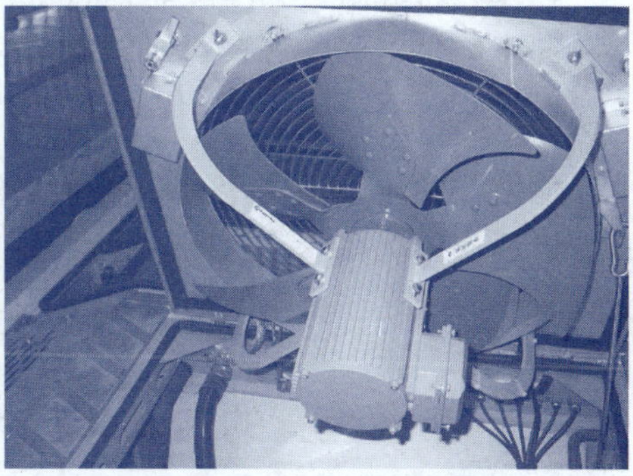

图 7-10 冷凝风机

2. 蒸发器及风机

在蒸发器中，制冷剂液体在较低温度下蒸发而转变为蒸汽，利用制冷剂的蒸发潜热，吸收被冷却介质的热量而使被冷却介质的温度降低。因此，蒸发器是制冷系统中产生和输出冷量的设备。蒸发器、冷凝器一般是由铜管、铝散热片或铜散热片与带有不锈钢端板/支撑板构成的，如图 7-11 所示。

蒸发风机为两台离心式风机，兼有吸风和送风的双重功能，如图 7-12 所示。

图 7-11 蒸发器

图 7-12 蒸发风机

## （二）辅助设备

1. 干燥过滤器

干燥过滤器用于吸收制冷回路上可能存留的少量潮气和杂质，从而防止系统在热力膨胀阀的节流口形成冰堵与冰塞，提高系统运行的可靠性。

2. 气液分离器

为避免制冷压缩机吸入液体制冷剂，在制冷压缩机的回气管上，可设置气体分离器，对制冷剂蒸汽中的液体分离储存。

3. 油分离器

在压缩机排出口和冷凝器之间安装油分离，使制冷剂气体中的润滑油在压缩之后设法排回压缩机。

4. 储液器

储液器的作用是储存制冷循环中的氟利昂液体，均衡调节制冷系统中氟利昂的需要量，以适应工况在一定范围内变动时制冷剂流量的变化。对于小型全封闭系统，当负荷变动较小时，往往省略储液器。

## 三、空调装置的自动化控制

城轨车辆空调装置以自动控制为主，在自动控制部分发生故障时，采用手动调节装置。城轨车辆空调系统的自动化控制包括：

（1）制冷剂供液量的自动调节。

（2）压缩机制冷量的自动调节。

（3）被冷却对象温度工况的自动控制。

（4）自动保护装置。

### （一）制冷剂供液量的自动调节

在制冷系统中，能够按一定需要向蒸发器中供应液体制冷剂的设备，总称为流量控制设备。

自动调节流量的设备很多，对蒸发器供液量的自动调节通常用热力膨胀阀，如图 7-13 所示。热力膨胀阀也称自动膨胀阀，它除了利用蒸发器出口处制冷剂蒸汽的过热度来调节制冷剂流量外，还对高压液体制冷剂起节流降压作用，使制冷剂一出阀孔就沸腾膨胀为湿蒸汽，故也称节流阀。

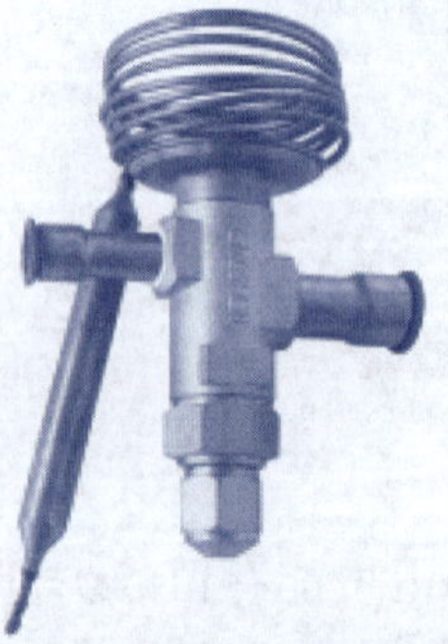

图 7-13　热力膨胀阀

热力膨胀阀按平衡方式的不同，可分为内平衡式和外平衡式两种。

1. 内平衡式热力膨胀阀

内平衡式热力膨胀阀的结构如图 7-14 所示，它是由感温包、毛细管、膜片、顶杆、阀座、阀针及调节机构等组成。膨胀阀接在蒸发器的进口管上。感温包内充注制冷剂，放置在蒸发器出口管道上，感温包和膜片上部通过毛细管相连，感受制冷剂离开蒸发器时的温度，膜片下方感受的是蒸发器入口压力。如果空调负荷增加，液压制冷剂在蒸发器内提前蒸发完毕，则蒸发器出口制冷剂温度将升高，膜片上方压力增大，推动阀杆使膨胀阀开度增大，进入到蒸发器中的制冷剂流量增大，制冷量增大；如果空调负荷减小，则蒸发器出口制冷剂温度减小，以同样的作用原理使得阀开度减小，从而控制制冷剂的流量。

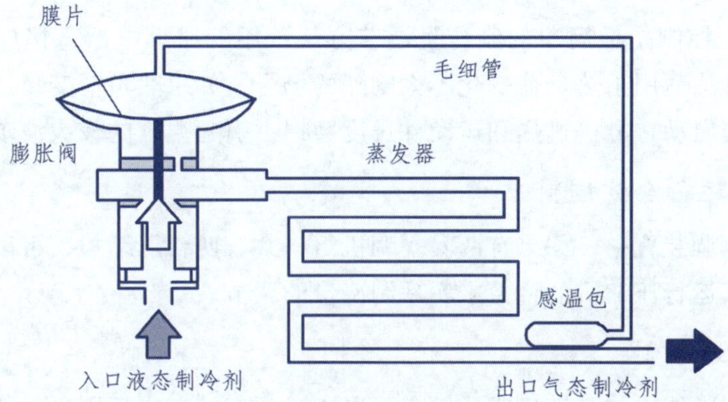


图 7-14　内平衡式热力膨胀阀原理

2. 外平衡式热力膨胀阀

当蒸发器盘管较长，制冷剂在盘管中流动阻力引起的压力降较大时，蒸发器的进口和出口将有较大的压力差，如仍采用内平衡式膨胀阀，将增加阀门的关闭过热度，导致热力膨胀阀供液量不足，就应采用外平衡式热力膨胀阀，如图 7-15 所示。

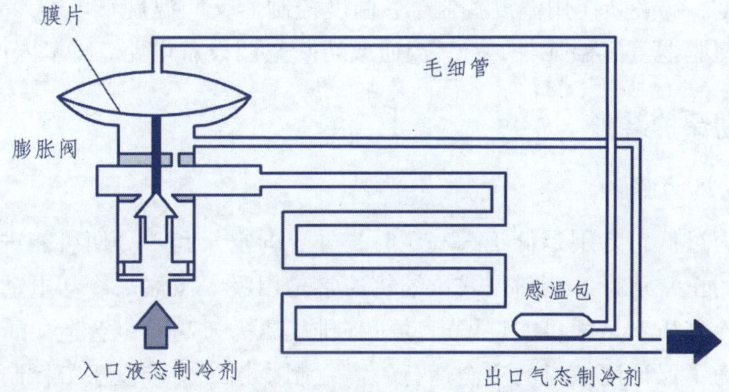


图 7-15　外平衡式热力膨胀阀原理

外平衡式热力膨胀阀的结构与内平衡式基本相同，只是它的膜片下方不与供入蒸发器的制冷剂接触，而是设有一个空腔，用平衡图管与蒸发器出口连接。所以膜片下面承受的压力不是节流后蒸发进口的压力，而是出口压力，其调节特性就不受盘管中由于流动阻力所引起的压力差的影响。所以在蒸发器冷却盘管较长，阻力损失较大，应采用外平衡式热力膨胀阀。

### （二）压缩机制冷量的自动调节

车辆空调装置经常应用的制冷量调节方法有压缩机启停控制；压缩机运行台数控制及采用变频调速几种方式。

1. 压缩机启停控制

压缩机启停控制是最简单的制冷量调节方法，用低压继电器直接控制压缩机的启停，这种调节方法适用于热负荷变化不太剧烈的场合。如果热负荷变化过大、过频，会造成压缩机频繁启动，电机过热和运动件过度磨损，引起温度的较大波动。

2. 压缩机运行台数控制

在单元式空调装置中，如果有两套空调机组，共有四台压缩机，可以根据热负荷的变化，改变投入运行压缩机的台数来实现制冷量的调节。

3. 变频调速控制

压缩机的制冷能力与其转速成比例，可以通过改变转速实现制冷量的调节。变频调速是采用变频器改变电机的输入电压，使转速平滑改变，是一种较方便和理想的变速能量调节方式，随着电子工业的发展，制冷及空调装置中已大量采用。

### （三）被冷却对象温度工况的自动控制

热力膨胀阀只能控制制冷剂的流量而不能保持蒸发温度和蒸发压力为一定值。要控制客室内的温度，就必须使用温度控制器。温度控制器又叫温度继电器，采用热敏电阻、接触温度计或膨胀盒等感温元件，控制接通或切断空调设备电路，使车内保持规定温度。

### （四）自动保护装置

1. 吸排气压力保护

若吸气压力过低，特别是低于大气压时，外界的空气和水分便可能进入制冷系统，影响制冷装置的正常运行。全封闭式压缩机通常是用吸入蒸汽来冷却电动机的，吸气压力过低造成制冷工质不足很可能烧毁电动机。排气压力过高，也会造成压缩机或高压侧部件的损坏。为了保证压缩机的安全运行，需在制冷系统中装设压力控制器以实现压力保护功能。

### 2. 油压差的保护

当压缩机采用由油泵强迫循环的润滑系统时，是以油泵的出口压力与曲轴箱压力（吸气压力）之差作为动力，迫使润滑油流到各运动部件的摩擦面，达到润滑要求。因此，必须使油压表所指示的油压值至少比吸气压力高 0.075 ~ 0.15 MPa。若油泵润滑系统发生故障，使循环油的压力下降而不能正常供油时，摩擦面将得不到充分的润滑，很容易发生拉伤甚至抱轴事故。因此，为了保证压缩机的安全运行，采用压差控制器作为润滑系统的保护控制装置。一旦润滑压力与吸气压力之差低于正常值，压差控制器就会动作，切断主电机电源，使压缩机停止运行。压差控制器又称油压继电器。

### 3. 配电电路保护

配电电器主要用于配电电路，用来对电路及设备进行保护以及进行电能分配、接通和分断线路等，主要有熔断器及自动开关两种。

1）熔断器

熔断器主要作为短路保护用。当熔断器通过的电流大于规定值时，以它本身产生的热量使熔体熔化而切断电路。

2）自动开关

自动开关又称为空气断路器，是一种自动切断电路故障用的保护电器。当电路内出现过载、短路或欠电压等情况时能自动切断电路。

### 4. 控制电路保护

控制电器主要用于控制受电设备，使其达到预期要求的工作状态。控制电器的种类有接触器和继电器两种。

1）接触器

接触器是用来接通或断开主电路的一种控制电器，可以进行远距离控制。

接触器工作原理：电磁系统把电能转变为机械能，使触头系统进行分断和闭合，从而切断或接通电路。由于负载经常频繁启动，车辆空调装置中大量采用了交流接触器，用作新风机、废气排风机开停控制，通风机电机开停控制，冷凝风机电机开停控制，压缩机开停控制以及电加热器开停控制等。

2）继电器

继电器是在输入信号作用下动作的自动控制电器。按输入量的物理性质划分，有电压继电器、电流继电器、功率继电器、时间继电器、温度继电器等。

（1）中间继电器。是用来增加控制电路中的信号数量或将信号放大的继电器，通过它可进行中间转换，增加控制回路或放大控制信号。

（2）时间继电器。在敏感元件获得信号后，执行元件要延迟一段时间才能动作的继电器叫作时间继电器。常用的晶体管时间继电器主要做延时用，使压缩机与冷凝器、蒸发器风机分开启动，避免短时间内启动电流突增，损坏机组。

（3）温度继电器。可作为过热保护和恒温控制用。作为过热保护的温度继电器，其结构简单，作用原理与热继电器相似，装设在被保护发热设备附近。当设备温度超过规定值时，双金属触点动作，切断电路，用来对电热取暖做缺风过热保护及对压缩机做过热保护。

作为恒温控制用的温度继电器又称为温度控制器，用来进行制冷自动控制，压缩机排温控制及电加热温度控制。

（4）热继电器。是根据电流通过热元件产生的热效应（包括延时）而动作的继电器，主要用来进行冷凝风机电机过热保护，通风机电机过热保护，压缩机电机过热保护，新风机，废排风电机过热保护。

#### 5. 空调装置联锁控制保护

车辆空调的各种设备，除利用自动控制元件进行自动控制和自动保护外，还要进行如下的联锁，以便协调工作。

（1）通风机与压缩机联锁。通风机先开后关，压缩机后开先关，否则热负荷很小，车顶蒸发器会过冷结霜或导致压缩机吸入液态蒸汽而发生“液击”现象，损坏压缩机。

（2）通风机与空气预热器联锁。通风机先开后关，空气预热器后开先关，以免空气预热器过热烧毁或引起火灾。

（3）压缩机与空气预热器、加热器联锁，不能同时开动。

（4）压缩机与冷凝器排风扇及电磁阀联锁，可同时开闭。

### （五）空调装置自动化控制附件

#### 1. 电磁阀

电磁阀是一种开关式的常闭自动阀门，通常与液面控制器、压力控制器、温度控制器等配合使用。作为执行元件，它可以接受各种感应机构以及手动开关给出的信号，打开或关闭阀门。

电磁阀被普遍用在制冷系统的输液管上。作为供液电磁阀，与压缩机电动机的控制线路相连，配合压缩机的停开而自动接通或断开输液。当停车时，压缩机停止供液，避免大量制冷剂液体进入蒸发器，从而防止压缩机再次启动时产生液击。

#### 2. 止回阀

止回阀又称单向阀，是根据阀前阀后制冷剂压力差而自动启闭的阀门。它的作用是使制冷剂只做一定方向的流动，防止其逆向流动。当压缩机安装处温度低于冷凝器或储液器安装处温度时，为避免停车后制冷剂倒流回压缩机，应在排气管上装止回阀。

#### 3. 安全阀

制冷系统中高压侧的冷凝器、储液器上装有安全阀，当作用在阀门上的制冷剂压力超过弹簧的调定值时，安全阀被顶开，制冷剂向低压系统排出，避免了超压引起的事故，起到安全保护作用。

4. 熔　塞

在小型制冷系统中，常用熔塞代替压缩机的高压安全阀。熔塞的中心钻有小孔，在小孔中浇灌了易熔合金。熔塞通常装在冷凝器上，当由于某种原因使冷凝器的温度过高时，合金熔化，制冷剂经小孔排出。

5. 观察镜

观察镜又称液位指示器，它不直接起保护作用，但可以观察到制冷系统关键部位的内部情况，以便操作人员及时掌握系统工作是否正常。观察镜在制冷系统的某些部位（如蒸发器入口、油分离器出口、储液器等）安装，用以指示制冷系统管路中制冷剂液体流动情况及回油状况，储液器的液位及曲轴箱的油位等。

## 第六节　城轨车辆空调装置

### 一、系统布置和气流组织

为便于安装、维护，城轨车辆空调装置基本采用集中式布置，即除了一些控制部件外，将空调制冷通风系统的主要部件都集中布置于一个机箱内，整个机组箱体安装于车辆顶部。这样的设计使得机组具有结构紧凑、占用空间小、制冷管路短、可以实现快速整体更换的优点，目前为轨道车辆普遍采用的一种形式，如图 7-16 所示。

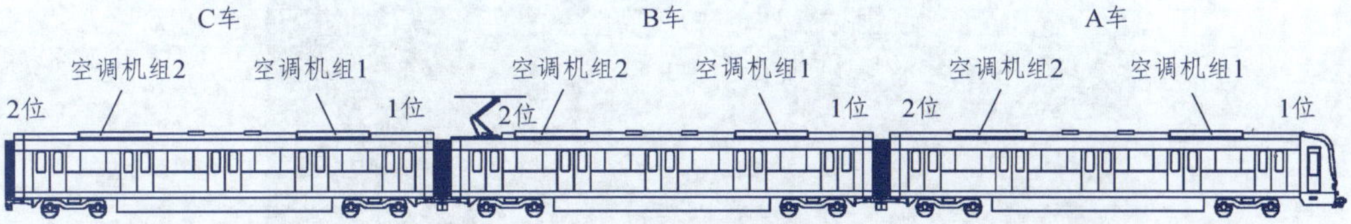


**图 7-16　轨道车辆空调机组布置图**

车顶空调机组将经过处理的风，从一端（或两端）通过送风口送出。为保证均匀送风，车厢顶部还设置有送风通道，通过送风通道将风均匀地输送到整节车厢。而回风一般不设专门的回风通道，回风方式也没有固定的模式。目前大致有以下 3 种模式：通过车厢顶部中间回风、通过车厢顶部两侧回风和通过车厢（座位）底部回风。图 7-17 所示为一种空调机组送、回风口布置图。

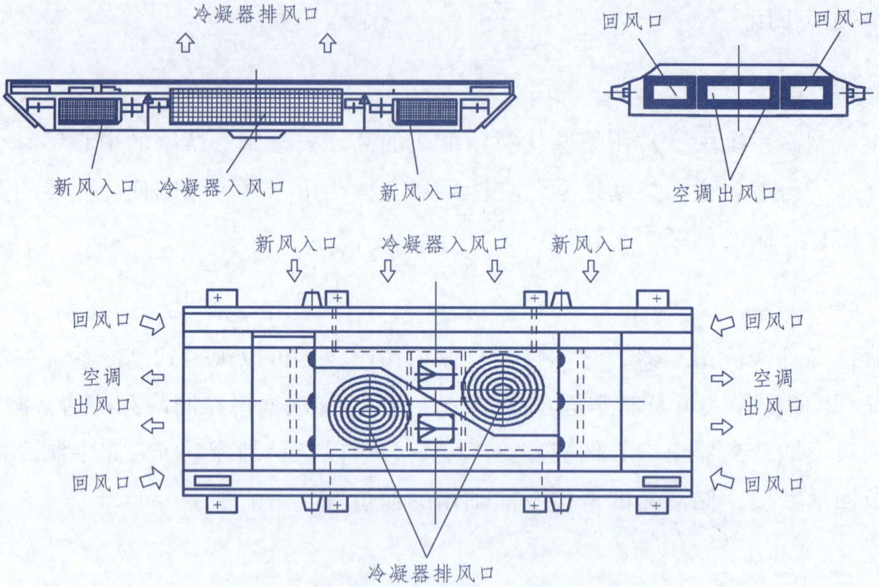


图 7-17　空调机组送、回风口布置图

## 二、车顶一体式空调机组的组成

城轨车辆的空调机组由空气处理室和压缩机/冷凝器室两部分构成，并被组合在一个不锈钢制的箱体内，通过 4 个安装座与减振垫一起被固定在车顶上。

图 7-18 所示为广州地铁一号线车辆空调装置。包括连接软风道在内的尺寸为：2 950 mm（长）×1 850 mm（宽）×455 mm（高），每台机组的重量为 889 kg。

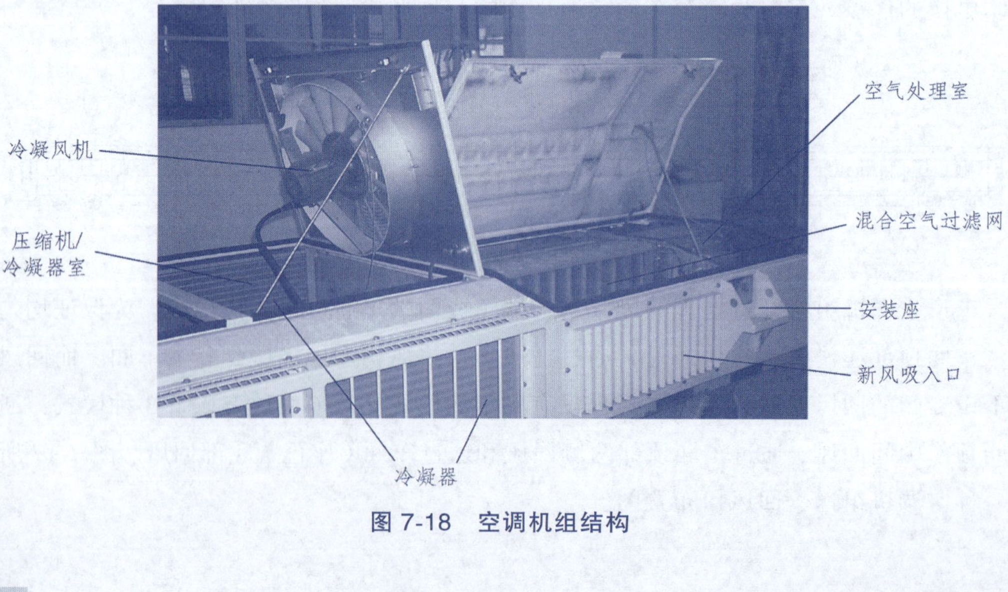


图 7-18　空调机组结构

空气处理单元主要包括的部件有：回风调节板、新风调节板、蒸发器、送风机、紧急逆变电源、制冷管路电磁阀、热力膨胀阀、空气挡板调节用电磁阀、温度传感器、新风气动风缸、回风气动风缸、新风百叶窗、新风过滤器（金属材料）、混合空气过滤器（无纺布材料）等，如图 7-19 所示。

图 7-19　空气处理室

压缩机/冷凝器室主要包括的部件有：1 台螺杆式压缩机、2 台冷凝风机、2 台冷凝器、4 个压力开关、1 个压缩机卸载阀、储液器、干燥过滤器、湿度/流量显示器等，如图 7-20 所示。

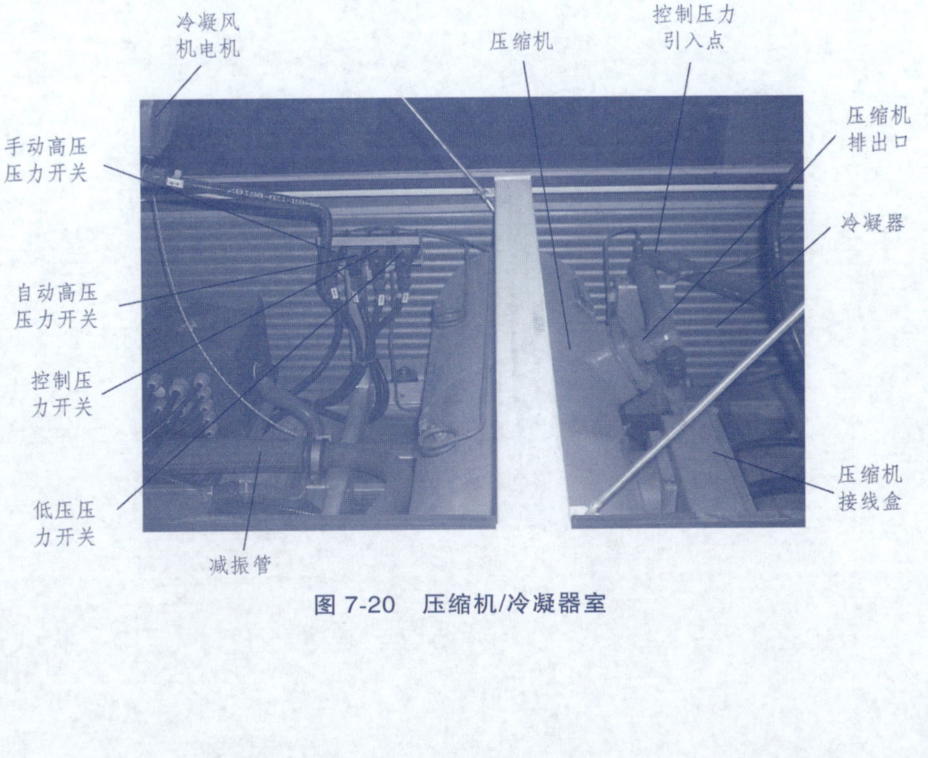


图 7-20　压缩机/冷凝器室

## 复习思考题

7.1 简述蒸汽的定压发生过程。

7.2 简述蒸汽压缩制冷机组组成及各组成部分作用。

7.3 何谓制冷剂液体过冷、过热？制冷剂液体过冷、过热对制冷循环有何影响？

7.4 简述活塞式制冷压缩机的工作过程。

7.5 简述螺杆式制冷压缩机的结构与工作过程。

7.6 简述涡旋式制冷压缩机的结构与工作过程。

# 参考文献

[ 1 ] 严隽耄. 车辆工程[M]. 北京：中国铁道出版社，1993.

[ 2 ] 连苏宁. 城市轨道交通车辆构造[M]. 北京：机械工业出版社，2011.